玩转期货50招
(三)

一阳 著

图书在版编目（CIP）数据

玩转期货 50 招. 三 / 一阳著. —北京：地震出版社，2021.6
ISBN 978-7-5028-5220-7

Ⅰ. ①玩… Ⅱ. ①一… Ⅲ. ①期货交易－问题解答 Ⅳ. ①F830.9-44

中国版本图书馆 CIP 数据核字(2020)第 220124 号

地震版 XM4670/F(6008)

玩转期货 50 招（三）
一阳 著

责任编辑：范静泊
责任校对：凌 樱

出版发行：地 震 出 版 社

北京市海淀区民族大学南路 9 号　　邮编：100081
　发行部：68423031　68467991　　传真：68467991
　总编室：68462709　68423029　　传真：68455221
　证券图书事业部：68426052　68470332
　http://seismologicalpress.com
　E-mail:zqbj68426052@163.com

经销：全国各地新华书店
印刷：北京市兴星伟业印刷有限公司

版(印)次：2021 年 6 月第一版　2021 年 6 月第一次印刷

开本：787×1092　1/16

字数：244 千字

印张：16.5

书号：ISBN 978-7-5028-5220-7

定价：50.00 元

版权所有　翻印必究

（图书出现印装问题，本社负责调换）

前　言

掌握自己的盈利遥控器

古时战场36计厮杀，取胜如探囊取物；今朝期货50招博弈，获利唾手可得。

《玩转期货50招(三)》共讲解了多种操盘技巧、看盘思路、市场多空现象，涉及的实战交易层面较广，对全面提升投资者的实际操盘技巧有一定的指导意义。

在期货市场进行交易，盈利由谁决定？当然是由投资者自己决定。你掌握正确的操盘方法越多，对市场的理解就越深入，看待问题就越全面，处理各种波动的策略也就会越周全。这样一来，就可以从多个视角审视当前的市场，还怎么可能会持续性亏损呢？

我们虽然决定不了期货市场的变化，但可以管理自己的交易情绪，可以灵活运用自己的交易技术和方法。因此，笔者才会说：期货36计，是你来掌握自己盈利的遥控器！

当然，我们也要认识到，虽然盈利的结果由投资者自己决定的，但盈利的幅度则由市场决定。行情大，盈利就多；行情小，就算投资者自身的操盘技术再高超、再全面，也没有机会获得超高的收益。

谁都想让盈利的遥控器每天保持打开的状态，但必须首先问一下自己的实战水平如何。这个市场充满了武装到牙齿的主力、机构，到处都是投资几十年的实战高手，遍地都是经验丰富的交易老手，如果你是一个初涉期货市场的新手，凭什么赚走他们手中的钱——凭什么？请你仔细想一下，只有把这个问题彻底搞清楚了，你才不会变成"炮灰"，才不会拱手把你辛辛苦苦干实业赚来的钱送给他们。

也许你找不到答案，没关系，笔者告诉你！凭什么？凭《玩转期货50招》！只要你跟随笔者认真学习本书中的内容，那么，盈利的遥控器也就交到了你的手中！

为感谢各位读者朋友的一贯支持，笔者每周二、四还有期货投资技巧公开培训视频课程，欢迎各位读者朋友持续学习、不断地提升自己的实战能力。周一、三、五还有其他内容的资讯，例如：交易机会提示、各品种当前强弱力度排名、实战操作技巧图例讲解等，欢迎大家阅读。

同时，凡购买"一阳"名下系列书籍的读者朋友，均可与我联系，获得以下两个福利服务：①联系助教免费领取随书赠送的20个期货投资技巧教学视频，以帮助你进一步提高对市场的理解深度；②可免费参与一次周末现场特别辅导课。

笔者联系方式：

QQ：987858807(李助教)

QQ：1741864815(孙助教)

电话：13810467983　　　18588880518

目 录

玩转期货50招之一	瞒天过海——悄然反转一眼辨	1
玩转期货50招之二	围魏救赵——逆向思维做突破	17
玩转期货50招之三	借刀杀人——强势抗跌意在涨	33
玩转期货50招之四	以逸待劳——调整期间等机会	49
玩转期货50招之五	趁火打劫——强势波动快交易	67
玩转期货50招之六	声东击西——破线是假启动真	85
玩转期货50招之七	无中生有——下跌尽头涨机现	103
玩转期货50招之八	暗度陈仓——明为上涨实下跌	121
玩转期货50招之九	隔岸观火——龙头不动二线飞	139
玩转期货50招之十	笑里藏刀——阳尽而阴多小心	155
玩转期货50招之十一	李代桃僵——板块分化两头做	169
玩转期货50招之十二	顺手牵羊——强势领涨带跟风	183
玩转期货50招之十三	打草惊蛇——潜伏点位藏良机	195
玩转期货50招之十四	借尸还魂——借你下跌换我涨	209
玩转期货50招之十五	调虎离山——寻找我方优势位	217
玩转期货50招之十六	欲擒故纵——千金难买价回头	227
玩转期货50招之十七	抛砖引玉——一浪更比一浪强	237
玩转期货50招之十八	擒贼擒王——锁定龙头盈利高	249

玩转期货50招之一
瞒天过海——悄然反转一眼辨

周二、四公开课听众张弘文：

我最近发现了价格波动的一种常见现象，当价格下跌到底部开始逆转趋势上涨时，总会向上顶破布林线指标上轨的压力，而后引发一轮上涨行情的出现。不知我说的这种现象对不对，还望一阳老师解答一下。

一阳：

你观察得很正确，这的确是价格波动过程中的一种常见现象。之前在直播公开课培训中我也曾讲过：下降趋势中，压力位什么时候压不住价格了，那么，上涨行情也就有可能到来了。你发现的这种波动规律也就是我所说的，在价格下跌的过程中，上轨往往会发挥很好的压制作用，不断地促使价格下跌。但是，当下跌结束，上涨行情要展开时，必然会向上顶破各种压力，而上轨是压力的一种，所以，必然会顶破它。

周二、四公开课听众张弘文：

这是我发现的第一个现象，随之又引来了新的问题。有一些案例顶破了上轨的压力然后转为上涨，但还有一些案例并没有顶破上轨就形成了上升的趋势。这种走势如果出现，我就有些应付不了了。

一阳：

你说的这种技术形态对投资者来说有一定的欺骗性。上轨压力好好的，但价格就是在不知不觉中形成了上升的趋势，等发现的时候，只能进行止损操作。这种带有隐蔽性与欺骗性的上涨走势就是"瞒天过海"。

"瞒天过海"技术形态指的是：价格下跌到底部区间之后开始上涨，在初期上涨过程中，价格并没有大力度地顶破上轨的压力，发出明确的转势信号，而是很隐蔽地悄然上涨，在上涨的时候由于价格依然位于上轨压力之下，看上去就好像是很正常的下跌后的反弹，但在不知不觉之中便使得布林线指标中轨改变了方向，从而形成了明确的上升趋势，等投资者发现的时候，价格已经涨了一定的幅度，更低位置的买点(空头最佳获利点)已经没有了。

周二、四公开课听众张弘文：

这可真的是"瞒天过海"啊！价格的波动很好地隐藏了其真实目的，看着是反弹，其实却是要转势上涨。

一阳：

这种技术形态出现时，成交量往往也是萎缩的，若是放量出现倒也好识别，但无量的波动使得它的技术形态更像是反弹。所以，对于这种具有隐蔽性、欺骗性的走势，在实战操作时以放弃为好，因为把握难度太大，绝大多数投资者是应付不了的。

下面结合具体案例进行讲解。

菜粕1901合约2018年10月19日1分钟K线走势图(图1-1)。

图1-1

一阳：

先来看一下菜粕1901合约2018年10月19日1分钟K线的走势，你来说一下价格下跌转为上涨时的走势有什么技术特点？

周二、四公开课听众张弘文：

这种走势我经常看到。价格下跌之后，K线快速地向上顶破上轨的压力，从而展开了一轮持续性的上涨。突破上轨压力是一个关键的技术形态。

一阳：

在价格下跌过程中，上轨的压力将会始终发挥着作用并促使着价格的连续回落，有的时候根本用不着上轨，中轨就把价格死死地按下去了。因此，上升趋势想要形成就必须先突破上方的压力，突破了中轨只是克服了空方的第一道防线，什么时候可以解决掉上轨这个空方的最终防守线，那么，上升趋势才有可能真正地展开。因此，突破上轨压力就是价格由空转多重要的标准。

在价格上涨的过程中，成交量的变化是否应当关注一下呢？

周二、四公开课听众张弘文：

这也是我困惑的一个地方。我发现有的案例中价格突破上轨时会明显带量，但有的案例中成交量却并不怎么放大，这个问题还要请您来讲解一下。

一阳：

成交量可看可不看。在这个案例中，菜粕的价格上涨时就没有放量，这说明价格突破上轨时有量可以完成突破，没有放量也可以转势上涨。当然，放量的走势效果更好，其转势的可靠性会更高。因为一旦出现放量，要么说明空方资金在大量撤退，这有助于价格的上涨，一来空方出局全部是买入平仓，增加了多方的力量，二来空方撤离了，价格上涨压力也就减轻了，因此有助于价格上涨；要么说明此时有多方资金在大举介入。而无论是哪个原因，都将会提高价格上涨转势的概率。

有的案例形成了放量上涨，有的未形成放量也照涨不误。因此，放量与否并不做要求。

下面再来看一个案例。

豆一1901合约2018年9月28日1分钟K线走势图（图1-2）。

一阳：

在豆一1901合约2018年9月28日1分钟K线图1-2中，价格出现了一轮大幅上涨的走势。在上涨中途调整的过程中，布林线指标下轨对价格产生了强大的支撑作用，从而促使第二轮强势上涨走势出现。由此可见，在价格上涨的过程中，只要布林线下轨可以产生强大的支撑作用，则上升趋势便会很好地延续。

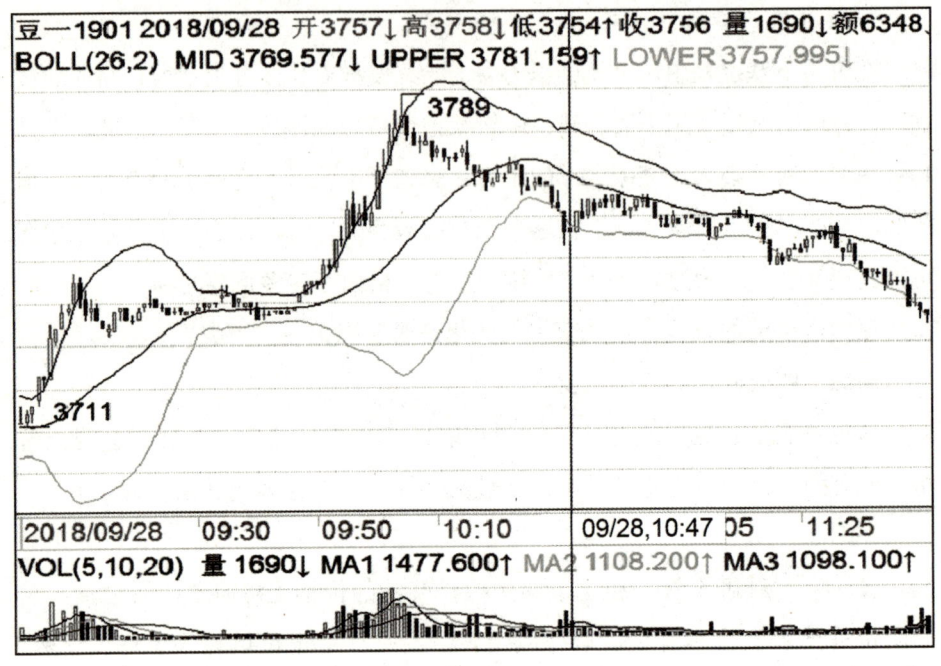

图1-2

在价格上涨到顶部之后发生转势的时候，技术形态又产生了怎样的变化呢？

周二、四公开课听众张弘文：

价格见顶开始回落时的走势是不能定性为下跌走势的，因为此时布林线指标中轨依然向上，其性质只能定义为上涨后的调整，只不过调着调着就与下跌的走势紧密地连续在一起了。

价格跌到中轨附近时曾受到了支撑，不过最终中轨并没有阻止住价格下跌的步伐。而下跌到下轨位置的时候，则干脆利落地跌破了下轨的支撑。一旦下跌到这一多方最终的防线且失守，则意味着价格的波动由此进入空头状态。跌破下轨使得价格的波动性质彻底由多转向了空。

一阳：

随着价格跌破下轨现象的出现，布林线指标中轨也随之形成了下降的趋势,跌破下轨与中轨转向基本同时发生,这样的走势可以使得投资者轻易地发现方向的转变以及价格波动性质的改变。因此,价格的走势没有对投资者进行任何隐瞒,所有的一切结果都及时地呈现在投资者面前。

周二、四公开课听众张弘文:

对于这样的走势,在确定新的交易机会时没有任何难度,该止盈的或该止损的都可以在正确的时机做出正确的交易反应。

一阳:

菜粕与豆一的走势都不属于"瞒天过海"形态,它们都是价格正常转向时发生的易于识别的技术形态。有了这两个案例的对比,则以下案例中的技术差别就会变得非常明显。下面一起来看一下价格的波动是如何"瞒天过海"的。

沪锌1811合约2018年10月12日1分钟K线走势图(图1-3)。

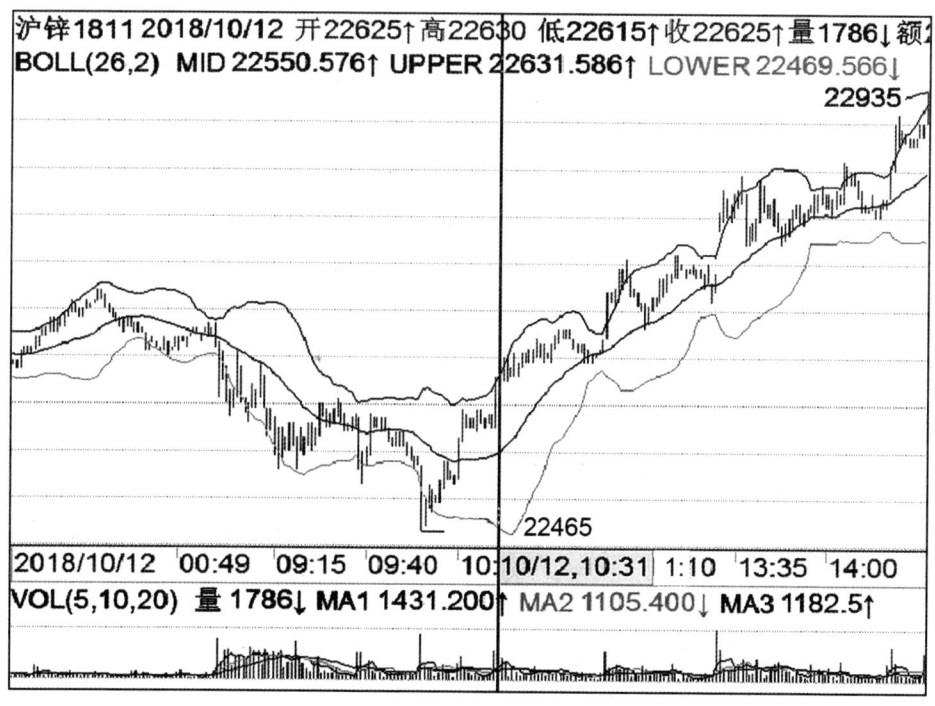

图1-3

一阳:

在沪锌1811合约2018年10月12日1分钟K线图1-3中,价格在下跌过程中,上轨的压力始终发挥作用,从而促使下跌不断出现。在价格下降趋势中,就是要对压力作用不断识别。不管什么方式的压力，只要能发挥效果，上涨行情便很难展开。

下跌到底部、价格转势向上的时候，压力作用又有怎样不同的体现呢？

周二、四公开课听众张弘文：

下跌到最低点的时候，价格反弹到上轨附近时同样受到了压力，但并没有像之前一样直接出现回落，而是形成了横盘走势，随后价格突破横盘的高点产生了一波持续性的上涨行情。这种走势与前两个案例相比有了很大的变化，价格突破上轨压力的时候，中轨的方向却已产生了明显的改变，实在让人摸不着头脑。

一阳：

之前的案例中，价格顶破上轨的时候，中轨同步转变方向。而在本案例中，价格也顶破了上轨，但在顶破上轨的时候，中轨早已明确转变了方向，这是"瞒天过海"走势与正常转势走势最大的不同之处。

此时如果盯着中轨的方向操作，当中轨转向时，由于上轨压力依然存在，此时直接进行做多操作胜算的把握性也不是太大。但如果盯着上轨压力被突破后再操作，则多单的介入点会处于较高的位置，做与不做都比较为难。

周二、四公开课听众张弘文：

如果手中还拿着空单，这个时候平不平仓也很难受。平仓吧，上轨压力还在，还没有出现最终的平仓信号；不平仓吧，中轨方向却转为向上，并不适合再继续持有空单。

一阳：

之所以叫这种技术形态为"瞒天过海"，就是因为上轨的压力很好地把价格趋势转变的事实隐藏了起来，其技术走势具有很强的欺骗性。无论是按上轨压力做，还是按中轨方向做，都有正确之处，也有错误之处。

周二、四公开课听众张弘文：

面对这样的走势还真是棘手。那该如何操作呢？

一阳：

具体如何做，这要看投资者的能力。对于能力并不太高的广大投资者来说，碰到这种"瞒天过海"技术形态时，还是以放弃为好，什么时候价格的走势形态目的都非常明朗时，再入场操作为宜。

豆一1901合约2018年10月19日1分钟K线走势图（图1-4）。

图1-4

一阳：

在豆一1901合约2018年10月19日1分钟K线图1-4中，价格在经过了一轮大幅下跌后，其转势时的技术特征都哪些？

周二、四公开课听众张弘文：

在豆一的案例中，价格波动的欺骗性更明显了。一大轮下跌之后，价格出现反弹，在反弹的过程中从未出现大实体的阳线，这说明多方的力量并不算太强，同时，在反弹的过程中成交量也始终保持着萎缩的状态，说明没有什么资金愿意入场积极地进行做多操作。

价格反弹到上轨时，受到了压力并产生了回落。面对这种走势，手中的空单肯定是要继续持有的，在上轨压力依然可以发挥作用的时候，空单是没有必要平仓出局的。

结合量能情况及上轨压力的作用可以确定：价格此时的空头性质并未得到改变。

一阳：

从受压回落开始，价格的波动性质开始骗人了。"瞒天过海"形态中又有着怎样的矛盾之处？

周二、四公开课听众张弘文：

因为上轨压力是空方的最后一道防线，所以在下降趋势中进行分析时，上轨压力是必须考虑的重要因素。等价格最终突破上轨压力时，已有了一定幅度的上涨，此时的空单利润必定大幅回吐。

若从中轨的方向进行判断，在价格还没有突破上轨压力的时候，中轨已经转为明确的上升趋势了，若按中轨方向进行操作，应当平仓空单；若按上轨压力操作，却又可以继续持有空单。这就是"瞒天过海"形态操作的矛盾之处。

一阳：

面对矛盾的走势，若手中没有持仓，应当放弃这一区间的操作，因为价格的波动并没有形成标准的技术形态。若手中持有空单，此时操作应当在中轨方向转向时进行平仓操作。实战操作方向是第一位的，在方向转向的时候，手中的持仓必须出局。而上轨压力只是判断价格波动性质的手段，其重要性位于方向之后。

周二、四公开课听众张弘文：

您这样一讲，以后就知道该如何交易了。空仓的就耐心等到标准技术形态出现后再进行操作，手中持有空单的就在中轨转变为上升趋势时离场，而不必理会上轨压力是否发挥作用。

沪镍1811合约2018年9月28日1分钟K线走势图（图1-5）。

一阳：

在沪镍1811合约2018年9月28日1分钟K线图1-5中的走势与之前的案例略有不同，先后形成了两次"瞒天过海"的技术形态。你先来讲一下第一次形成"瞒天过海"走势时的技术特征吧。

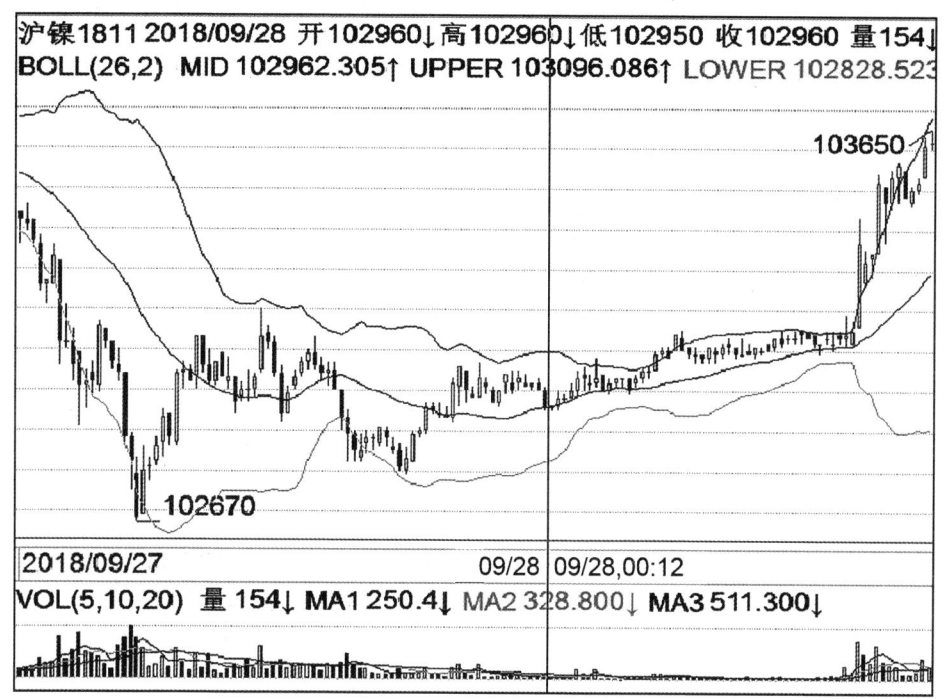

图1-5

周二、四公开课听众张弘文：

价格连续下跌后，由于布林线指标通道较宽，因此留给价格足够大的波动空间。反弹区间内，价格整体波动重心相比最低点要靠上，使得布林线指标中轨发生了方向上的转变，在中轨方向转向时，价格却依然位于上轨的下方。

一阳：

这种走势是由于价格在反弹的高位区间运行带动中轨形成方向上的转变，因为相比下跌的低点，平均收盘价有所提高而导致的。又由于通道较宽，价格波动的空间足够大，所以，上轨的压力一直发挥着作用。这种的形态会对投资者对未来的判断产生困惑。跟着中轨方向操作吧，上轨压力还在，价格的空头性质还没有彻底改变；跟着上轨压力走吧，中轨方向的改变又很头疼，左右为难。因此，面对这种矛盾走势，应当放弃操作。

第一次"瞒天过海"形态由于价格的调整并未到位，因此，价格继续出现了下跌，使得上涨行情没有展开。而第二次的"瞒天过海"形态又有怎样的特点呢？

周二、四公开课听众张弘文：

第二次形成"瞒天过海"走势的时候，上轨压力依然存在。同样在上轨压力发挥作用时，布林线指标中轨发生了方向的转变，上轨的压力隐藏了价格波动性质改变的事实，对投资者的分析产生了干扰。

一阳：

下跌之后的"瞒天过海"，"瞒天"指的是上轨的压力，它是最重要的干扰点。因为在下降趋势过程中，投资者已习惯性地跟着上轨的压力进行判断，所以，下跌到底部以后，只要上轨压力依然存在，便会继续认定价格保持着空头波动状态。而"过海"则是中轨方向的改变，这是实战操作的重点。其实只要投资者始终跟随价格的波动方向走，始终以方向的判断为第一位，便不会被上轨压力所欺骗。

顶破上轨压力，中轨同步转为向上的走势固然是最棒的，但是，上轨压力存在，而中轨已转变了方向，这样的走势也可以确定为多头性质的开始，只不过没有任何矛盾的多头形态还需要在中轨转变方向之后再去顶破上轨。因此，中轨方向的改变才是趋势转变的根本所在。顶破上轨是一个重要的分析辅助项，可以配合方向起到确定价格波动性质的作用。

沪锌1811合约2018年9月14日1分钟K线走势图（图1-6）。

一阳：

分析了几个下跌后转为上涨的"瞒天过海"的形态之后，再来看几个上涨后转为下跌的"瞒天过海"形态。沪锌1811合约2018年9月14日1分钟K线图1-6中，价格出现了一波震荡上涨的走势后，出现连续回落的走势。从初期回落的过程来看，价格的波动性质为正常的调整，因为，一是成交量保持着萎缩状态，二是中轨并未改变上升的趋势。

但随着调整的进一步延续，价格的波动发生了质的变化。你来说一下都有哪些因素影响了多与空的转变。

周二、四公开课听众张弘文：

价格在整体波动的过程中，成交量没有提示投资者任何的异常，K线形态也没有明显的异常，因为K线始终没有向下跌破布林线指标下轨，这说明多方还守着最后一道防线。可以提示投资者，多转空性质变化的只有布林线指标中轨的方向，随着价格连续回落，布林线指标中轨也由上升趋势转为下降趋势。

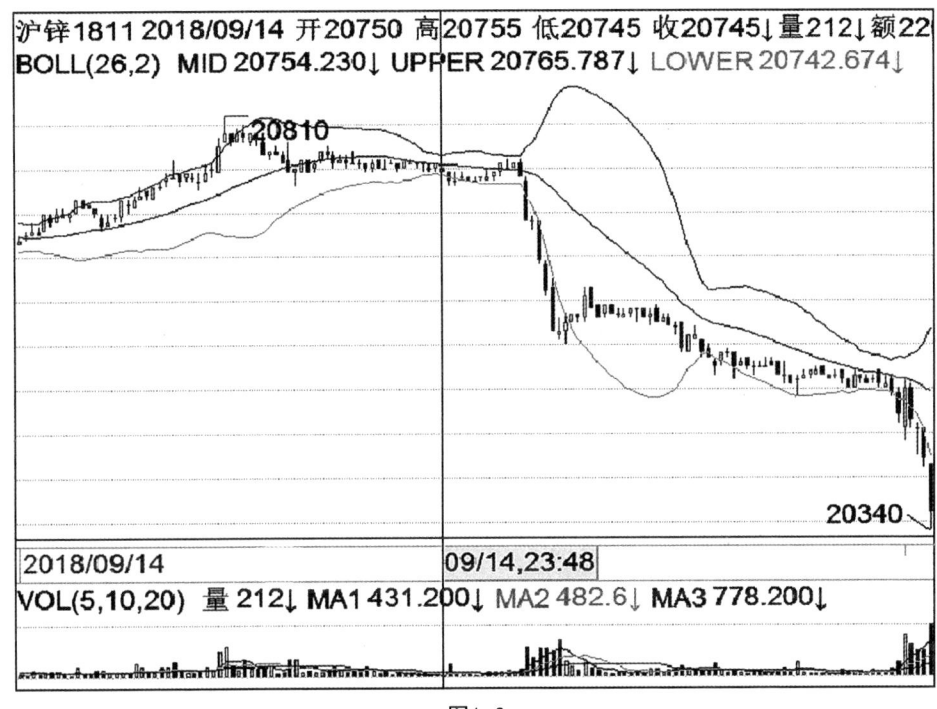

图1-6

一阳：

布林线指标中轨由上升趋势转变为下降趋势，但K线却依然位于布林线指标下轨以上，这种走势就是"瞒天过海"的技术形态。

如果看布林线指标下轨，它的支撑作用依然存在，并未失守这一道防线。但如果看布林线指标中轨，悄然之间中轨线已经转为下降趋势，价格的波动此时已经由多转为空。

周二、四公开课听众张弘文：

中轨转向是向投资者发出的第一个风险信号，它只不过被下轨的支撑隐藏了起来，瞒住了投资者。只有在价格向下跌破下轨支撑时，所有的转势信号才会明确显露出来。因此，为了避免这种干扰性走势的影响，紧盯布林线指标中轨方向的变化才是重中之重。

一阳：

多数情况下，中轨转向而价格没有跌破下轨时，真正的下跌行情并不会出现，这一阶段多半会进行蓄势震荡缓慢下跌，只有在价格后期明确跌破下轨支撑时，才会出现更为凌厉的下跌走势。"瞒天过海"走势虽然具有欺瞒性，但把握住中轨这个核心也就不难解决了。

棉花1901合约2018年10月12日1分钟K线走势图（图1-7）。

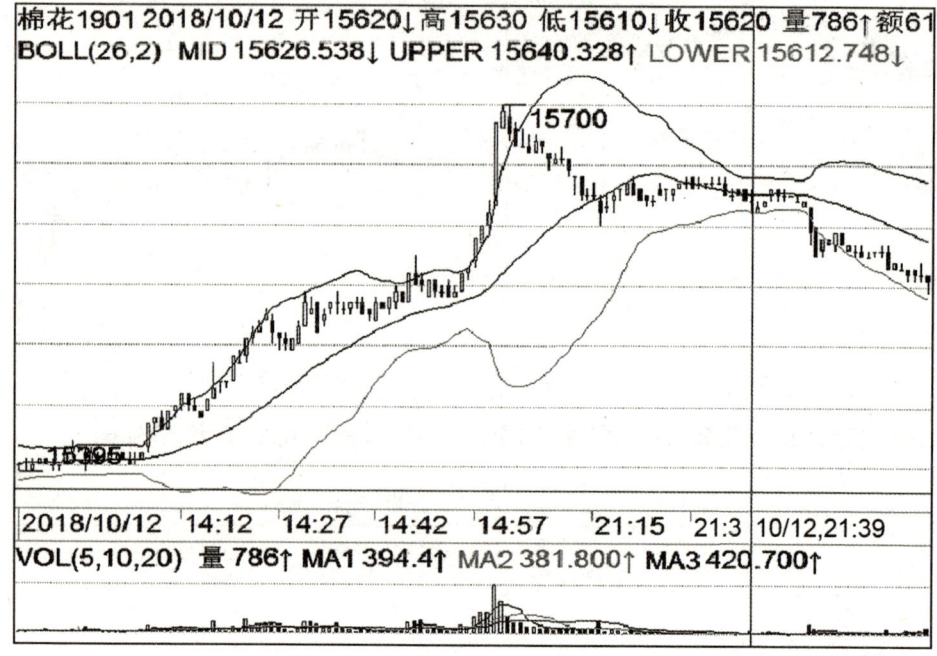

图1-7

一阳：

在棉花1901合约2018年10月12日1分钟K线图1-7中，价格经过两大波上涨之后出现转势。在回落初期，中轨方向依然明确，并且中轨还对第一轮回落的低点起到了支撑作用，因此，无法判断此时价格的波动是否改变了多头的性质。那中轨支撑之后的走势又该如何分析呢？

周二、四公开课听众张弘文：

受到中轨支撑后，价格继续弱势震荡。在震荡过程中，布林线指标下轨一直对价格产生着支撑的作用，这使得多头形态并没有因为价格的震荡回落而遭到破坏。但是，在这一波动区间，布林线指标中轨却由上升趋势转变为下降趋势。中轨方向的转变是价格波动性质发生变化的主要信号。

一阳：

下轨支撑有效往往是由于布林线指标通道处于相对宽一些的状态，因此留给价格足够的波动空间，就算这一区间内价格的波动重心有所下移，也不足以导致多头形态遭到彻底破坏。

但在实际操作过程中，投资者却不能只是依据下轨支撑而操作，跟随方向操作才是永远正确的。因此，当中轨方向发生转变时，投资者应将手中的多单及时卖掉，中轨方向发生转变是多单出局的最后底线。

周二、四公开课听众张弘文：

中轨方向发生转变后，布林线指标往往会在后期连续变窄，而后价格进一步回落时便会跌破布林线指标下轨的支撑。在价格没有跌破下轨支撑之前，投资者不宜操作，而一旦中轨向下，价格也向下跌破下轨支撑，就可以入场进行做空操作了。

一阳：

形成中轨转向但下轨依然有支撑的"瞒天过海"形态时，投资者应当平掉手中的多单，此时仍不宜入场做空，因为下轨这道最后的防线还没有被攻克。平仓是因为方向变了，不入场做空是因为多头形态并未被彻底破坏，这个交易规则一定要理解。

豆粕1901合约2018年10月19日1分钟K线走势图（图1-8）。

一阳：

豆粕1901合约2018年10月19日1分钟K线在10:30布林线指标中轨发生了方向上的转变，但此时布林线下轨却依然发挥着支撑作用。很显然，这就是"瞒天过海"的技术形态，不过这一次的形态失败了，因为价格最终并未跌下去，而是向上突破了上轨并延续之前的上升趋势，如图中箭头所示的位置。

经过再一次的上涨后，第二次的"瞒天过海"形态再度出现，这一回成功的技术形态都有哪些特点呢？

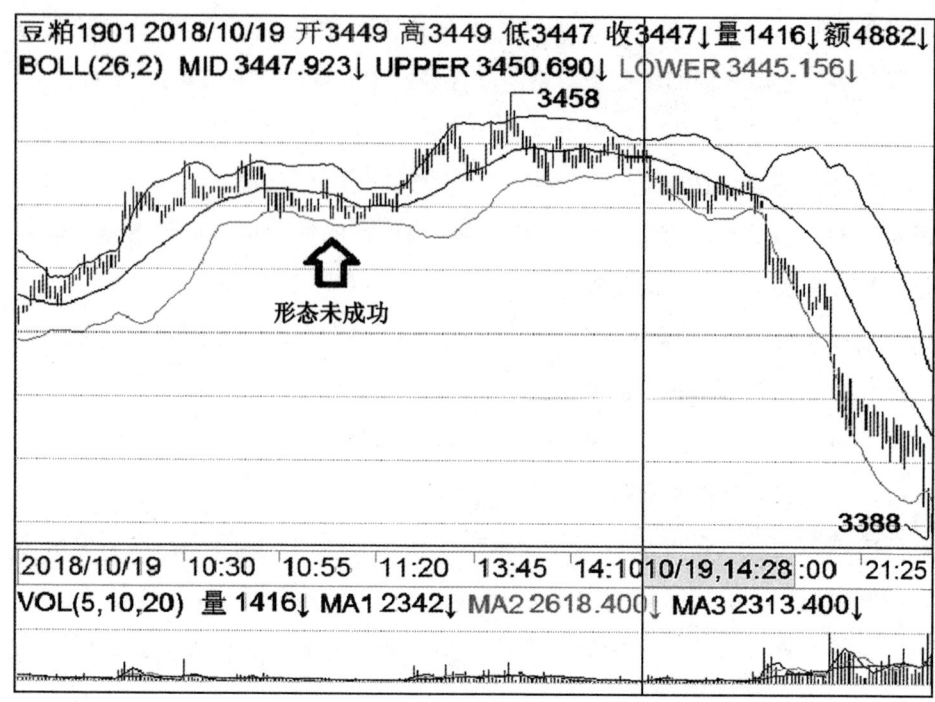

图1-8

周二、四公开课听众张弘文：

第二轮上涨结束后，价格出现调整，随着波动重心的降低，布林线指标中轨由上升趋势转变为下降趋势，由于下轨依然支撑并未被跌破，所以可以确定，这就是"瞒天过海"的技术形态，下轨的支撑掩盖了价格波动方向转变的事实。

第二次的"瞒天过海"形态之所以可以成功，主要原因是在中轨方向发生转变以后，布林线指标上轨的压力发挥了巨大作用，它促使着价格不断地连续回落。

一阳：

中轨转为上升趋势之后，只要下轨的支撑作用一直有效，那么价格便会一直上涨，就算是中轨转变为下降趋势，但下轨的支撑作用也可以阻止价格的下跌。在很多"瞒天过海"案例中，价格只有在后期跌破了下轨之后才可以产生真正的下跌。而中轨转变为下降趋势后，只要布林线上轨没有被突破，则价格便会在压力的促使下不断回落。第一次的"瞒天过海"形态之所以失败，就是因为上轨的压力被攻克了。而第二次"瞒天过海"形态之所以可以连续下跌，则是因为上轨一直发挥着压力的作用。

周二、四公开课听众张弘文：

中轨决定价格的波动方向，这是重中之重，要始终跟着中轨的方向走。而在价格形成上升趋势时，下轨起到重要的辅助分析作用，只要下轨支撑有效，上升趋势就容易延续，就算中轨此时发生了方向的转变，价格也可以被下轨的支撑阻止下跌。反之，上轨则会形成重要的压力，对价格的下跌产生促进，并对上涨起到压制。

"瞒天"其实就是上升趋势时下轨的支撑作用，以及下降趋势时上轨的压力作用；而"过海"就是布林线指标中轨方向的转变。如果只看中轨方向跟着操作，虽不会受干扰，但很多时候，分析观点往往并不全面。而想获得全面的分析就要多关注上轨或下轨，同时分析中轨的方向。当中轨方向与下轨的支撑或上轨的压力作用发生矛盾时，投资者就会搞不清楚具体趋势是怎么一回事了。

"瞒天过海"果然厉害，许多投资者对于标准形态的识别都困难，更别提这些具有欺瞒性的形态了。

一阳：

"瞒天过海"算是一种较为常见的欺瞒性走势，想要解决它只需要记住一点就可以：中轨向上时必须有突破上轨压力的现象共同出现；中轨向下时必须有价格跌破下轨支撑现象的出现。这样一来，"瞒天过海"也就瞒不住投资者的双眼了。

任何操作都是这样，技术条件要素未被全部满足时，容易给投资者的操作或分析造成干扰。只要投资者坚持等待所有技术条件都满足时再操作，欺瞒走势也就不会对操作产生任何影响了。

玩转期货50招之二
围魏救赵——逆向思维做突破

一阳：

围魏救赵是古时精彩的一种解救战，它的重点在于逆向思维，这一点与期货市场的交易一模一样。当价格形成顺势走势的时候，都是顺向思维，而在面对某些波动的时候，则必须使用逆向思维来进行操作。这种思维方式在期货市场与围魏救赵的思路是一致的，只不过具体含义可能有所差异。

周二、四公开课听众孙天志：

我参加了您每周二、四公开课程以后，学到了不少全新的交易理念以及交易手法，跟着老师学习果然比以前自己盲目地自学效果更好。了解了您的培训方式以后，下一步准备进一步深入学习，参加您的内部培训课程。

现在您又提出了一个新的观点——逆向交易思维。对此我不是太理解，希望您可以详细讲解一下。

一阳：

要说逆向思维需要先说说顺向思维。比如说价格形成向上突破走势时，应当在突破点进行做多操作，这种就是顺向思维。而逆势交易则不同于顺势交易的方法，比如突破之后失败，价格重新回到了突破位，这时该怎么进行分析呢？围魏救赵的逆向思维就可以起作用了。

周二、四公开课听众孙天志：

我记得您在公开课培训的过程中曾经讲过，如果价格形成向下突破之后没有连续快速地下跌，那么，此时的突破十有八九就是假的。既然价格重新回到了突破点，那肯定说明这个突破是假的，因此，应当在价格重新回到突破点位的时候进行止损操作。

一阳：

价格重回突破点的确说明之前的突破走势是假的，止损是必须进行的。

但除了止损,难道就没有别的操作方法了吗?

周二、四公开课听众孙天志:

我记得您说过这样一句话:如果下跌是假的,那么后面的上涨就是真的;如果上涨是假的,那么后面的下跌十有八九就是真的。价格向上突破之后又跌回到突破位,这说明突破上涨是假的,这样一来,价格回落的下跌便是真的。重回突破点的时候可以采取反手的方式进行操作,平掉之前多单的同时还可以进行做空的操作。

一阳:

你讲的这种操盘方式就是逆向思维,它相比顺势交易的思维方式来说有一些"不可理解",但却可以像围魏救赵一样达到更好的效果。下面结合具体案例来讲解一下在突破点如何运用这种逆向思维的方式进行操作。

沪锌1811合约2018年10月15日1分钟K线走势图(图2-1)。

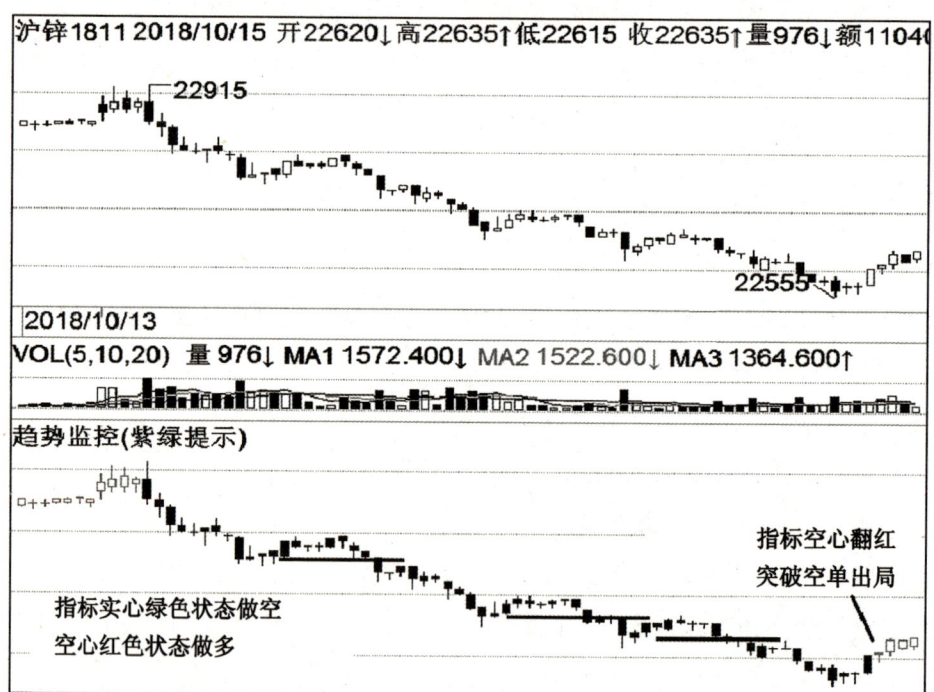

图2-1

一阳:

在沪锌1811合约2018年10月15日1分钟K线图2-1中,价格形成了明确的下降趋势。在价格震荡下行的过程中留给投资者许多的交易机会，逢反弹的高点可以做空，或者在价格向下创出新低的时候进行突破操作。顺势交易应当成为投资者的主要操盘手段，因为这一时期空头的形态稳定性非常高，如果连顺势交易都赚不到钱，那些类似围魏救赵使用逆向思维的方法就更难以实现盈利了。

周二、四公开课听众孙天志：

从沪锌的走势来看，价格在下跌的过程中虽然有好几次反弹的走势，但每一次反弹的幅度都不高，意味着这并不是进行逢高做空操作的最好机会，不知我说的是否正确？

一阳：

的确是这样的。在价格反弹的时候反弹的幅度都非常小，虽然这样的小幅反弹意味着空方的力量非常大，价格后期继续下跌的概率极大，但是，反弹没有形成更高的高点，使得逢高做空的操作难以进行。因此，在沪锌的价格下跌过程中，最佳的操作方式并不是逢高做空，而是在价格反弹结束向下破位的时候运用突破的手法进行做空操作。

周二、四公开课听众孙天志：

从图2-1中的走势来看，共形成了三次有效的突破，每一次突破之后价格都快速摆脱了突破点并下行，这时只要坚定地执行顺势交易的做空信号，都可以实现盈利。

一阳：

顺着价格的方向进行操作，技术形态稳定且盈利的概率极高，操作的思路也简单，不需要拐来拐去、来回转变。从图2-1沪锌的走势可以看到，真实的突破有什么特点呢？那就是突破之后摆脱突破点的位置，它与需要运用逆向操作思维的突破技术形态有着非常明显的差别。

在进行突破操作的时候，突破点是非常容易确认的，只要价格向下创出新低，就可以入场进行操作，而具体持仓时则可以参考趋势监控指标的信号，只要指标保持着实心绿色的状态，便可以一路持仓，当形成了空心红色状态时，空单就可以出局。成功的空单突破形态在指标翻红时就是止盈，失败的假突破就是止损。

周二、四公开课听众孙天志：

我来总结一下成功突破的技术特点：价格形成向下的突破走势之后，将会连续下行远离突破点，就算突破后形成反弹，其反弹的高点也将会在突破点之下。简而言之，突破形成之后可以给投资者带来盈利增长的就是真突破。

原油1812合约2018年10月9日1分钟K线走势图（图2-2）。

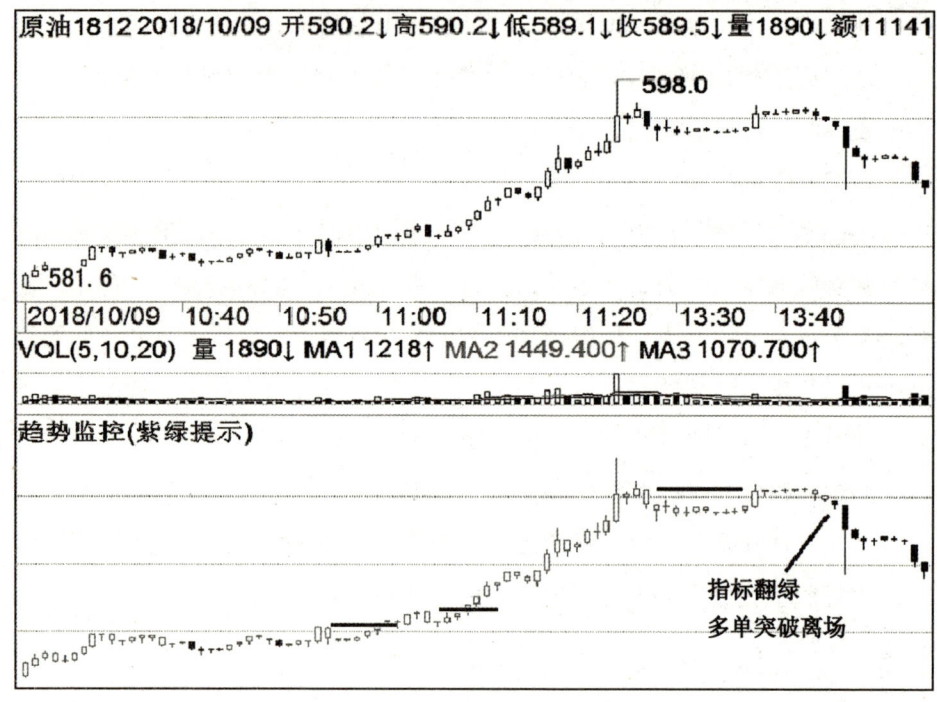

图2-2

一阳：

在原油1812合约2018年10月9日1分钟K线走势图2-2中，价格出现了震荡上涨的走势，应当以怎样的操作思路去面对这种技术形态呢？

周二、四公开课听众孙天志：

您曾经在周二、四公开课中讲过，价格上涨过程中有三种操盘手法。第一种是趁价格调整时进行逢低做多的操作，第二种是在调整结束后价格向上创新高时在突破点进行做多操作，第三种是在价格高于突破点之后继续上涨时进行追涨操作。不过，由于绝大多数投资者不太适合运用追涨的方式进行操作，所以，上涨过程中应当以逢低做多和突破这两种操盘手法为主要交易手段。

一阳：

追涨操作对心态要求较高，但大多数投资者的综合素质并未达到这种要求，所以不建议大家使用。平时经常进行追涨操作的，结果往往是亏损。

逢低做多与突破是价格波动过程中两种主要的操作手段，其中逢低做多形态需要等待。在原油的走势中，价格调整回落的幅度非常小，没有任何机会进行逢低做多的操作。所以，须使用突破的方法作为原油上涨过程中的主要操作手段。

周二、四公开课听众孙天志：

在价格上涨过程中，出现了几次向上创新高的走势，突破操作就是这样，一旦创新高便可以入场进行操作。什么样的点位入场进行操作非常容易确定，并且还可以在价格上涨之前确定出来。

一阳：

上涨途中形成的突破都是真实的，虽然形成突破时的位置各不相同，但是这些突破有一个相同的技术特征：价格形成突破之后便快速摆脱了突破的点位，这便是真突破的必然走势，也是区分真假突破的主要技术手段。真的则快速上行，假的则不能快速上涨。

趋势明确向上，价格也在买点形成之后按趋势方向延续，这样的操作手法就是顺势思路。下面来看一下怎样的走势需要采取逆向思维进行操作。

热卷1901合约2018年9月27日3分钟K线走势图(图2-3)。

一阳：

在热卷1901合约2018年9月27日3分钟K线走势图2-3中，价格在下跌中途出现了一次成功突破的走势，此时的突破有什么样的技术特征？

周二、四公开课听众孙天志：

在价格创出新低之后，便出现了连续下跌的走势，从而快速远离了突破的点位，后面虽然形成了反弹，但是反弹的高点也位于突破点的下方(图2-3中A)。形成突破便远离突破位，是真突破的技术特征。

图2-3

一阳：

下跌到底部区间后，价格再度形成了一次向下的突破（图2-3中B），这一次的突破又有怎样的技术特征呢？

周二、四公开课听众孙天志：

价格同样是轻松地越过了突破点位，创下新低之后却没有快速继续下行，而是出现了反弹的走势，并且重新回到了突破点的位置。

一阳：

真突破形成之后用顺势的方法进行操作就可以了，而面对假突破走势就需要使用围魏救赵的逆向思维进行操作了。创出新低但价格又回到了突破点以上的走势意味着什么呢？

周二、四公开课听众孙天志：

意味着破位下跌的走势是假的，按您的话来说：突破是假的，那么此时的反弹上涨走势就会是真实的。

一阳:

如果下跌是假,则上涨就是真。那么,何时是上涨的起点呢?即价格重新回到突破点位的时候。因此,价格向下形成突破走势时可以用顺势的思路进行做多操作,而一旦重新回到突破点,就可以在价格越过突破点时入场做多。具体的交易即使用反手功能,把手中的空单转变为多单,这样的操作就是我所说的重要的逆向交易思路:若下跌是假,上涨便是真。

下面再来看一个有变化的"围魏救赵"的技术形态。

甲醇1901合约2018年10月8日5分钟K线走势图(图2-4)。

图2-4

一阳:

在甲醇1901合约2018年10月8日5分钟K线图2-4中,价格经过一轮反弹之后再次下跌并突破了之前的底部,如果不看后面的走势,在价格向下并创出新低的时候该如何进行操作呢?

周二、四公开课听众孙天志:

此时应当入场做空,因为前低点的价格是事先存在的,因此,什么点位入场做空完全可以提前确定。

一阳：

如果价格的突破是真实的，那么后面必然会连续下跌，但这个突破却是假的，向下突破之后马上便涨了回来。突破是真是假可以用突破的点位来识别，真的突破会快速远离该点位，假的突破必然会重新回来，不愿意摆脱这个区间。

周二、四公开课听众孙天志：

按照您之前说的逆向思维的操作方法，在价格重新回到突破点位的时候应当平空仓，而后反手做多。

一阳：

面对"围魏救赵"的技术形态就是如此操作。但这个案例与前一个案例有明显的不同之处：甲醇的案例中，价格突破之后马上便收了回来；而在热卷的案例中，价格在突破点下方待了几天之后才重新回到突破点。

你来仔细琢磨一下，这两者之间对操作有什么样的影响呢？

周二、四公开课听众孙天志：

通过仔细对比这两个案例，我发现在热卷的走势中介入点比较容易确定，因为价格位在突破点下方待了几天，而甲醇则是突破形成便马上回来了，介入点有一些不太容易确定。

一阳：

热卷的价格在突破点下方待了几天，留给了投资者足够的反应时间来分析价格的变化；甲醇的走势下去就上来，很容易令人措手不及，思路扭转不过来的也就产生了亏损并错过了最佳的做多介入点。

周二、四公开课听众孙天志：

由此来看，在进行操作时，最好是选择类似热卷案例的走势，类似甲醇的技术形态只进行止损操作了。毕竟如果没有反应过来就匆忙操作，结果并不一定好。

焦炭1901合约2018年10月10日30分钟K线走势图（图2-5）。

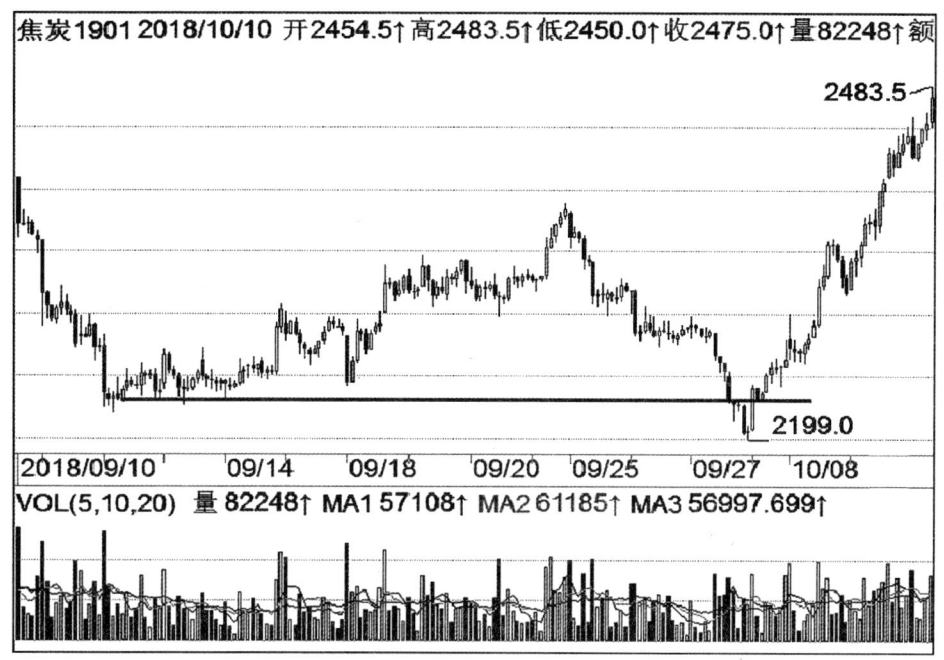

图2-5

一阳：

焦炭1901合约2018年10月10日30分钟K线走势图2-5中，又出现了一个新的技术问题。这个技术点与前两个案例又有所不同，你能看出来焦炭与前两个案例的区别吗？

周二、四公开课听众孙天志：

前两个案例之中，价格突破的都是临近的低点，相距的时间都比较短，而在焦炭的走势中，它突破的是十几天前的低点，时间的间隔较大。

一阳：

没错，这就是焦炭案例中的特殊之处。这个案例告诉我们什么呢？不要在意时间的跨度，只需要关注"围魏救赵"这个技术形态是否形成就可以了。

周二、四公开课听众孙天志：

那在具体实战操作时，是不是相距时间短的低点要比相距时间长的低点效果更好呢？因为其走势具有更好的连贯性。

一阳：

是这样的，时间间隔近的技术形态是标准形态，而时间跨度较远的则是变形的形态，但这并不影响技术细节的运用。从焦炭的案例来看，该如何进行操作呢？

周二、四公开课听众孙天志：

价格在突破之前低点的时候，应当入场做空，但在价格跌破了之前低点之后，很快便重新回到了突破点的位置，价格未能连续下跌便意味着突破的走势是假的，这个时候就可以逆向思维在价格重回突破点时入场做多。

一阳：

焦炭的案例与热卷的案例都是好的技术形态，因为它们在突破了前低点之后，都在突破点下方运行了几天，这种现象非常好，留给了投资者足够的决策时间，甚至还可以直接画线在突破点设置反手交易。

周二、四公开课听众孙天志：

突破低点的时间跨度可以不必理会，如果价格形成了突破，但并没有远离，而是在突破点下方待的时间比较长，这样的技术形态是否也可以不必理会时间的跨度呢？

一阳：

这是不可以的。价格向下突破之后很快又回到突破点位是不能改变的，如果时间过长则说明多方上攻的力量较小，逆向波动的形态往往是较为快速的，突破下去之后不宜待得太久。所以，此时不可以和顺势跌破前低点一样不理会时间的跨度，这一点一定要注意。

甲醇1901合约2018年10月17日30分钟K线走势图（图2-6）。

一阳：

看完了下跌的技术案例，再来看一下上涨的案例。在甲醇1901合约2018年10月17日30分钟K线图2-6中，价格经过充分的调整之后再度向上创出了新高，新高的出现往往意味着新一轮上涨行情的开始。但该如何分析后面的横盘呢？

周二、四公开课听众孙天志：

突破之后价格正常的走势应当是快速地向上攻击，而本案例中价格却长时间不起涨，因此可以确定突破是假的。

图2-6

一阳：

这样说虽然不能算错，但有一些武断，此时应当做好多种应对准备。长时间不起涨，这不满足真突破的技术特征。所以，应当做好面对假突破的准备；突破后虽然不起涨，但波动重心也并未下跌，价格虽然涨不上去，但也跌不下来，并且价格调整的位置在前高点上方。因此，这样的技术形态也有可能转变为多头的调整性质，须做好价格有可能继续上涨的准备。

周二、四公开课听众孙天志：

此时您是做了两份交易计划，即价格下跌的应对与价格上涨的应对准备，这的确是严谨多了，不管价格是涨是跌，都有办法进行处理。

一阳：

实战交易很多时候比的就是谁的交易策略更加全面，这样才可以轻松地化解风险并把握机会。

经过一段时间的横盘之后，价格果然没有成功起涨而是跌了回来，并向下回到了突破点，这个时候便可以确定：之前的突破是假的，在价格向下跌破了突破点的时候，应当平掉手中的多单并反手开设空单。

一阳：

在这个案例中形成了刚才交流的走势：价格突破之后于突破点上方运行的时间较长，经过长时间的震荡又重新跌破了突破点。这种形态虽然也可以按围魏救赵的思路进行操作，但最好还是不要操作形成时间长的案例。

周二、四公开课听众孙天志：

价格突破前期高点或前期低点时，可以不理会时间的长度。但价格突破之后重新回到突破点位，则尽量要在较短的时间内完成这个技术动作。

焦炭1901合约2018年10月18日5分钟K线走势图（图2-7）。

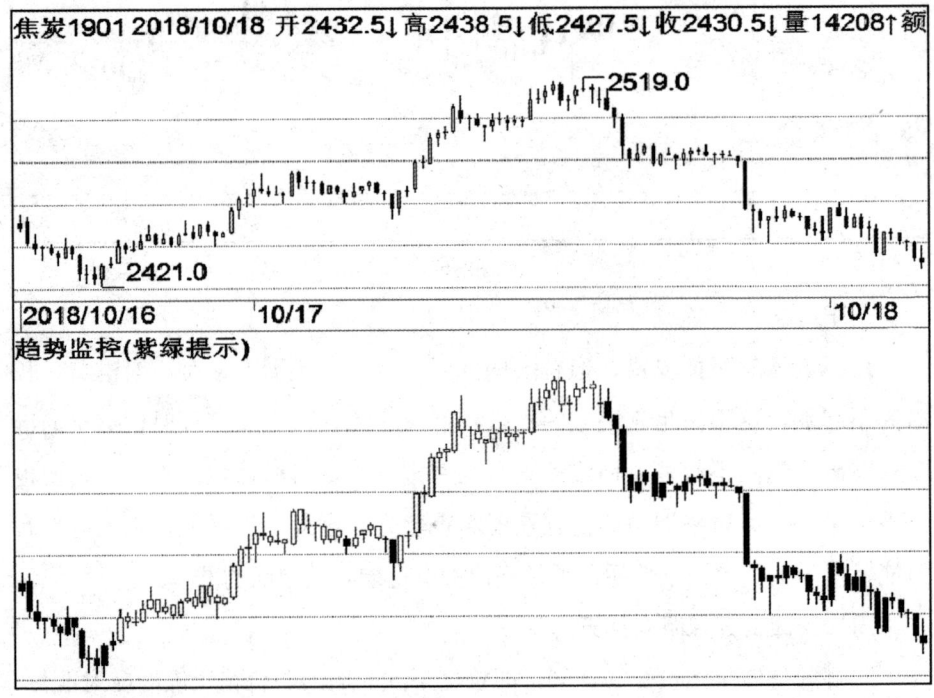

图2-7

一阳：

在焦炭1901合约2018年10月17日5分钟K线图2-7中，价格形成了完整的五浪运行形态，在整个价格上涨过程中，该如何进行操作呢？

周二、四公开课听众孙天志：

无论价格如何波动，突破操作肯定是少不了的。您曾说过，突破走势是价格波动过程中的必见形态。也就是无论价格如何波动，都必然见到向上或向下的突破走势。对于必然见到的技术走势，又怎能不对它进行操作呢？

一阳：

除非价格在箱体内波动，否则，想要上涨，就必然越过之前的或临近的高点，下跌则必须跌破临近的或之前的低点。所以，突破走势是价格绕不过去的坎。除了突破操作，还有什么样的操盘手法？

周二、四公开课听众孙天志：

我们还可以在价格的上涨中途进行逢低做多的操作，但这取决于价格是否形成了充分的调整。在前几个案例中，由于价格回撤的幅度非常小，因此没有机会逢低做多与逢高做空。而在焦炭的案例中，价格形成了充分的调整，逢低做多的机会也就留给了投资者。

一阳：

逢低做多与突破是所有投资者在实战操作过程必须掌握的操盘技巧。突破是必见走势，而逢低做多与逢高做空技术形态属于是常见形态，它们不是必然见到的，要注意与突破之间的区别。

经过两大轮上涨之后，价格再度上涨并完成了突破，按顺势的思路操作，此时应当继续入场做多。在实际操作过程中，这种操作手法正确吗？

周二、四公开课听众孙天志：

仅说突破是可以入场操作的，但从实战角度来讲，我个人主张放弃高位的突破，因为价格已经涨了两大波，上涨的空间透支得也差不多了，这个时候技术形态虽然满足要求，但可能的上涨空间并不大，再加上属于第五浪的上涨，在这个位置进行突破操作其实并不是好的决策。

一阳：

你说得非常正确。之前的案例讨论中并没有提及位置这个概念，突破走势可以出现在各个位置，在低位时都是顺势思路，但涨到了高位就不宜再用了。这个时候要更多留意的是逆向思路的操作方式。

由于焦炭位置已高，因此，再次形成突破时不宜操作，而是应当在价格重新回到突破点下方时平仓多单并且入场做空，此时围魏救赵逆势思维的运用便可以捉住价格后期连续下跌的空单盈利机会了。

PTA1901合约2018年7～10月日K线走势图(图2-8)。

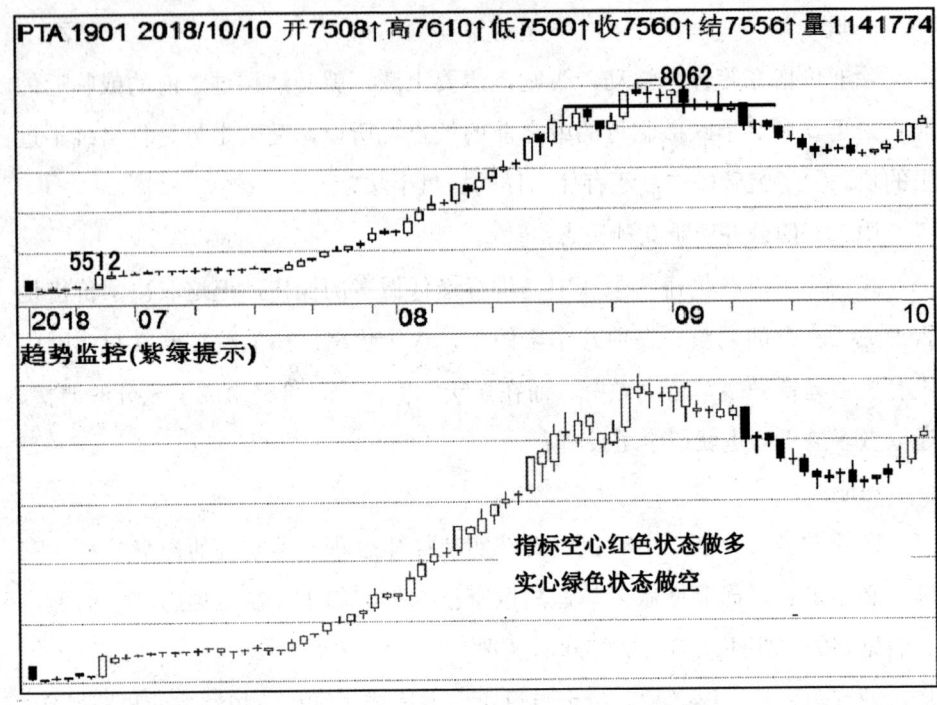

图2-8

一阳：

在PTA1901合约2018年7～10月日K线走势图2-8中，价格在上涨的过程中保持着单边运行的态势，面对这样的走势又该如何操作呢？

周二、四公开课听众孙天志：

这样的走势可真令人头疼。逢低做多的机会根本没有，因为价格从来没有在上涨过程中出现过调整。

同时，突破的走势也没有。要想进行突破操作，得要求价格有所调整并留下一个低点，但在PTA上涨过程中出现调整的时候，价格已经到了高位，对这个时候的突破，我是肯定要放弃了。

逢低做多没有机会做，突破也没有机会做，看来只能进行追涨的操作了。

一阳：

的确如此。面对PTA的上涨行情，只有在上涨中途采取追涨的操作，因为它的买点全在主升浪的起涨初期，一旦错过就只能去追。不过，好在这种方式的上涨并不多见，所以，假如错过了机会也没什么可惜的，多数行情都会在上涨或下跌时留给投资者中途介入的机会。

上涨到高位之后，价格的突破有着怎样的技术特征呢？

周二、四公开课听众孙天志：

突破的形态还是非常好的。一根实体的大阳线显得价格上涨的力量也挺大，但要谨慎面对随后的走势，这是因为价格突破之后并未连续上涨，而是一直保持着震荡的状态。突破而不起涨便可以确定这是假突破了，同时，考虑到突破后的形态是横盘，所以也得留意进一步的上涨。

一阳：

经过一番震荡之后，价格并未上涨，而是重新跌回了突破点，这就意味着之前的突破必定是假的了，价格的波动性质确定后，接下来的事就简单了：在价格跌回突破点的时候，平仓手中的多单并入场做空。

周二、四公开课听众孙天志：

如真突破连续上涨，便持仓等待盈利；但若突破后价格重新回到突破位，则形成了围魏救赵的技术形态。这个时候便可以在突破点进行反手交易，同样也有钱赚。不管价格是上涨还是下跌，都有办法赚钱，顺势思维赚一头，逆势思维吃两头！

玩转期货50招之三
借刀杀人——强势抗跌意在涨

一阳：

借刀杀人是指借他人之手达到自己的目的。在期货市场中也存在大量"借刀杀人"的案例。

周二、四公开课听众王勇：

我们周二、四参加老师的公开课，这就是一种"借刀杀人"的形式，借助您二十余年的实战经验，来提高我们的操盘水平。学习您著的投资技巧类书籍，进一步更深入地参加您的内部培训课程。

一阳：

当自己的能力达不到目的时，借助他人之力是最省心省力的方式。很多投资者进行了长时间的操作却始终无法盈利时，就一定要意识到自己能力的不足，依然执迷于靠自己的能力进行交易，这个时候往往会不断地亏损。此时，与一些有实力、有能力的高手进行合作，无疑是最佳的操盘方式，直接借助他人之力完实现自己的获利目标，这岂不更省心省事？我们的目的是盈利，至于如何具体操盘，操作什么品种等细节，全部可以交给他人进行。我曾说过这样的话，如果有谁可以稳定地每年获得翻倍的收益，我就会把全部的资金交给他来打理。自己天天游山玩水，这该有多逍遥快活。

周二、四公开课听众王勇：

我们借的不是"刀"，而是"杀人"这个果，既达到了目的，自己还不费力，这才是处理事情的最高境界。那么，针对价格的波动，是否也存在"借刀杀人"的情况呢？

一阳：

价格在波动的过程中，的确也存在"借刀杀人"的情况。它具体的表现是：主力借助整体市场的上涨或下跌作掩护，以达到自己震仓或发动行情的目的。

下面来看具体的案例。

沪镍1901合约2018年10月25日分时走势图（图3-1）。

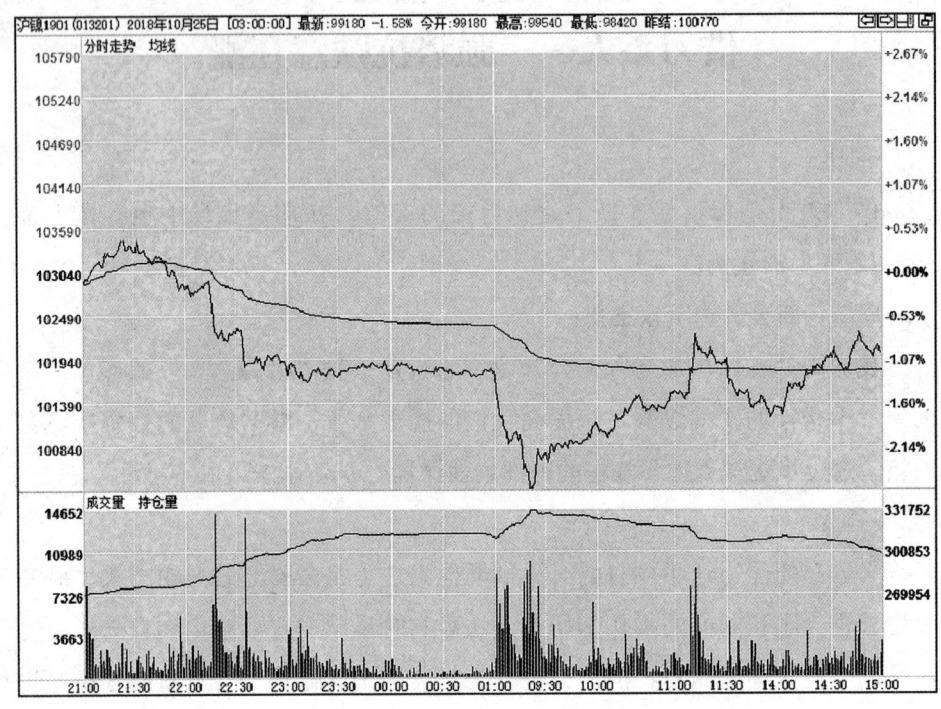

图3-1

一阳：

沪镍1901合约开盘之后的走势有着怎样的技术特征呢？

周二、四公开课听众王勇：

夜盘的时候整体是下跌的，这段时间因为趋势方向明确，只需要做空就可以了。难的是白天的操作，整体走势是下跌，但又出现了连续的反弹，这就有可能会造成亏损。

10月25日开盘后，价格略做上冲便出现了下跌的走势。开盘上冲时，由于分时线在均价线上方，所以此时应当保持看多思路并寻找调整低点做多。在随后的走势中，做多操作又都需要止损。

我们看图3-1的走势就太简单了。分时线一直在均价线下方待着，形成了典型的持续下跌的走势，反弹高点的做空机会、突破新低的做空机会多的是，随便抓住一个都可以获得非常不错的收益。

一阳：

到了晚上11点时，出现了一轮长时间的横盘走势，这个时候又该如何分析呢？

周二、四公开课听众王勇：

市场中有句老话：横起来多长，涨起来多高。想必这应当是在为蓄势上涨做准备吧。

一阳：

从价格走势判断来看，你的基础的确比较差。这些基本的运行结构你认识得并不全面，还需要加强学习啊。

横起来多长，涨起来多高。这句话没错，但它的场景是价格跌到了底部。但此时价格也就跌了一点多，并没有进入深幅下跌的区间。所以，从幅度上来看，形成底部的可能性并不大，这样小的跌幅远没有到达跌无可跌的程度。

长时间横盘过程中，成交量越来越少，这说明资金参与的积极性非常低；价格长时间弹不起来，这就说明多方力量非常虚弱。再结合其他技术综合分析便可以确定：价格后期还有进一步的下跌空间。

周二、四公开课听众王勇：

通过老师的讲解，我对横盘有了新的认识，看来横盘的出现并不是坏事，虽然从时间上来看挺折磨人，半天都没有动静，但它却是机会将要到来的信号。以后在小跌幅区间再出现横盘的走势，就知道该如何进行操作了。

一阳：

至于白天开盘后价格连续反弹的走势也就简单了。只要跟着趋势类指标，比如布林线指标或移动均线指标，就可以知道在连续反弹的过程中该如何进行做多的操作。

对沪镍的走势进行了一个基本的判断之后，我们再来看有色金属板块其他品种的走势，看过四个品种后也就知道了什么是"借刀杀人"的走势了。

沪铜1812合约2018年10月25日分时走势图（图3-2）。

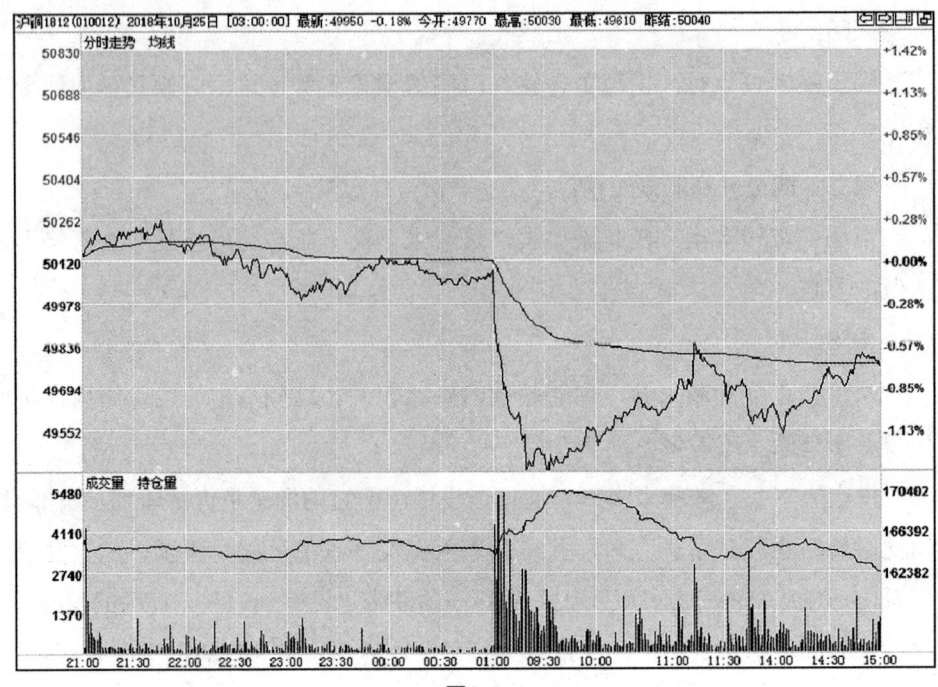

图3-2

一阳：

沪铜与沪镍的走势非常相似。就沪铜与沪镍相比，夜盘下跌的时候应当选择谁进行操作呢？

周二、四公开课听众王勇：

应当选择沪镍进行操作，这是因为沪镍的跌幅更大，您曾在直播公开课中说过：做多要盯着涨幅大的做，做空就要找跌幅大的做，擒贼先擒王。

一阳：

看来对目标选择的基本方法你是掌握了。盯对目标这是操盘时的重要环节，盯错了目标虽然也可以实现盈利，但获利的幅度要小许多。只有那些波动幅度大的品种才可以带来巨大的获利空间，如果强势的龙头都不能给投资者带来大的盈利，那些弱势的品种就更不要想了。

周二、四公开课听众王勇：

沪铜在沪镍横盘时产生了走势上的差异，沪镍横盘它反弹，这应当也是下跌幅度不大造成的结果吧。

一阳：

是这样的。因为跌幅不大，说明沪锌空方力度不如沪镍大，所以沪锌横盘可以反弹一定的幅度，但从整体走势来看，它与沪镍的波动状况是十分相似的，毕竟它们都属于同一个板块，走势肯定具有高度的相关性。

沪锌1812合约2018年10月25日分时走势图（图3-3）。

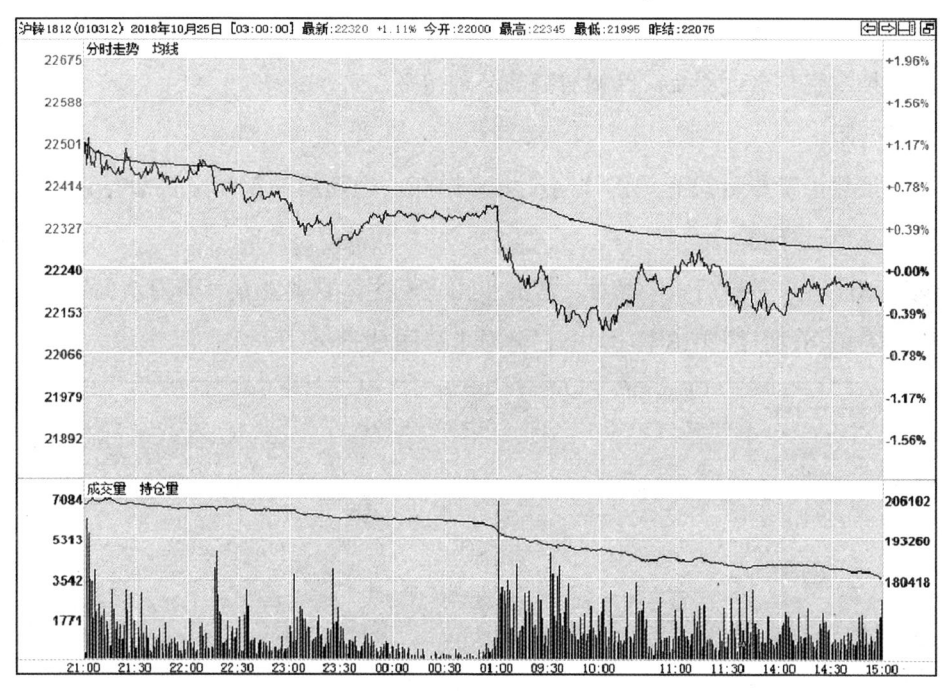

图3-3

一阳：

沪锌在开盘后的走势形态其实比沪镍、沪铜要简单一些。开盘后价格便保持着波动重心向下的走势，这向投资者提示了明确的交易方向。但在实战操作时，沪锌应当进行做空的操作吗？

周二、四公开课听众王勇：

只看技术形态的确可以做空，但如果结合价格的涨幅来看就不可以了。因为在夜盘开盘时，它的涨幅是最大的。您在直播公开课中说过：永远不要做空涨幅大的品种。

一阳：

之所以不做空涨幅大的品种，是因为涨幅大说明多方力量强，做空就要找空方力量强且多方力量弱的品种进行操作。因此，从多方力量弱的角度来说，沪锌并不是最适合的操作目标；若从空方力量强的角度来说，市场中肯定有下跌的品种，或者是涨幅更小的品种。综合而言，不应对沪锌进行做空的操作。

周二、四公开课听众王勇：

您这样一讲，我马上就彻底理解您说的意义了，"永远不要对涨幅居前的品种做空与永远不要对跌幅居前的品种做多"。

一阳：

虽然沪锌早盘没有像沪镍与沪铜一样涨，但随后的整体走势却与它们两个是完全一样的。

下面再来看最后一个品种，差异也由它产生，它要开始"借刀杀人"了。

沪铅1812合约2018年10月25日分时走势图（图3-4）。

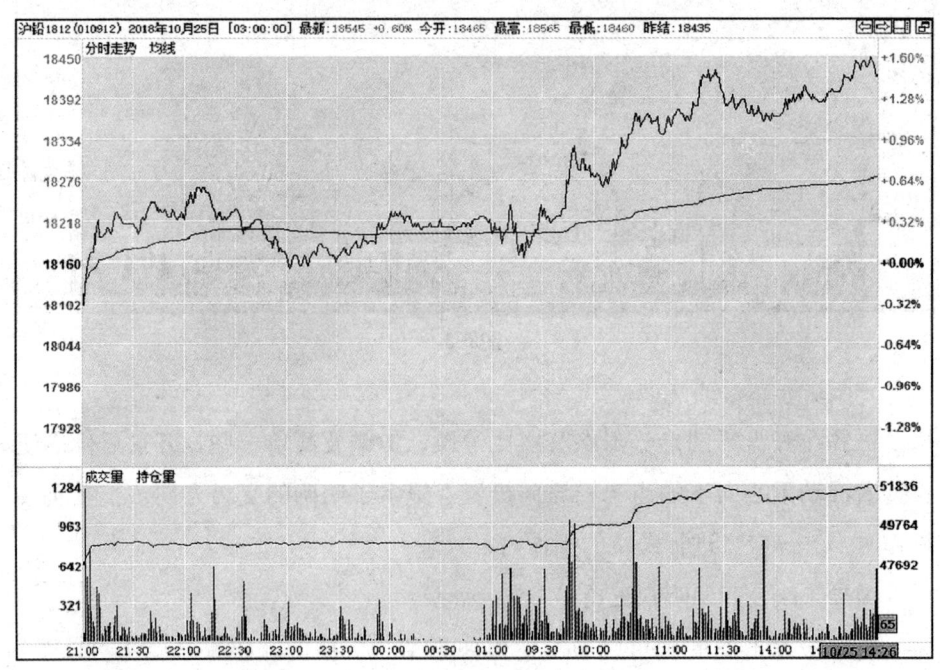

图3-4

一阳：

你来说一下沪铅夜盘时的走势有什么特征吧。

周二、四公开课听众王勇：

夜盘开盘的时候，沪铅跟沪镍与沪铜一样都出现了上涨，这一阶段并没什么特别的，技术形态与另外两个类似，但幅度却又小于沪锌。所以，抛开具体形态来说，沪铅并不是最好的操作对象。结合技术形态来看，倒是可以做一下多单。

一阳：

一个品种如果涨幅落后，肯定是要减分的。但如果技术形态的确比涨幅高的更漂亮，则是可以一做。毕竟盈利靠的是形态，较大的涨幅只是用来加分的。

早盘开盘的上涨结束后，后面的走势又是如何的呢？

周二、四公开课听众王勇：

上涨结束之后的下跌，这四个品种是完全一样的，都是同一时间形成了相同方向的波动，只不过沪铅的跌幅最小。

一阳：

此时的跌幅小为后面的上涨埋下了伏笔。小幅度下跌之后的反弹过程中，它的技术形态也最强，其他三个品种的反弹都位于均价线的下方，只有沪铅的反弹位于均价线的上方。

最小的下跌幅度以及最强的反弹形态注定了沪铅随后的涨幅不凡。

我们把它们四个后面的走势结合在一起进行对比，这样你就可以看出沪铅是怎样"借刀杀人"了。

有色金属板块2018年10月25日分时走势图（图3-5）。

一阳：

从夜盘的走势来看，沪铅没有太多的与众不同之处。随着沪镍、沪铜的上涨，它在开盘后也上涨了；其余三个品种下跌时，它也跟着跌了。虽然幅度小，但走势方向是完全一致的。随后，其余三个品种反弹，它也反弹了，只不过反弹时它爬到了均价线的上方，其波动性质与其余三个完全不同，问题就发生于日盘开盘的时候。日盘开盘后的走势有怎样的技术特征呢？

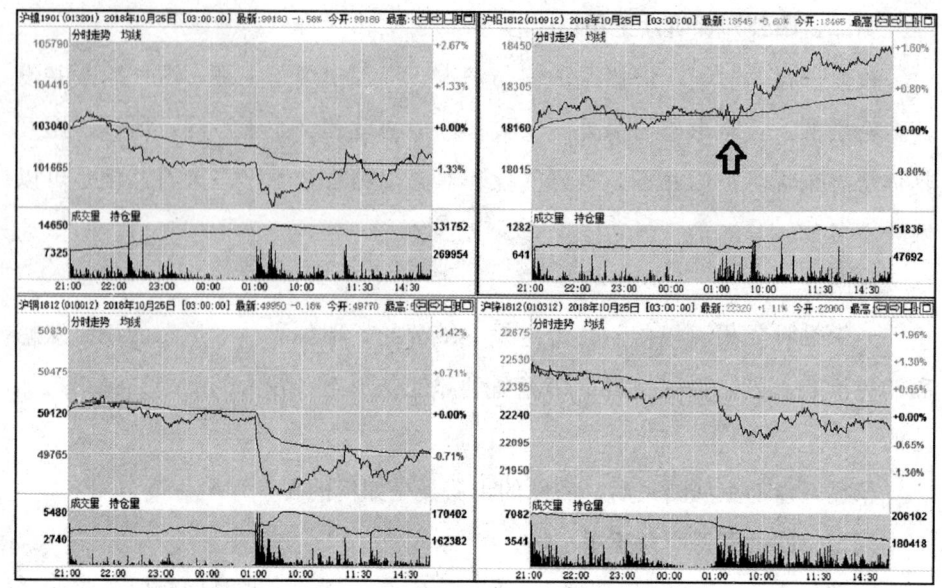

图3-5

周二、四公开课听众王勇：

日盘开盘后，沪镍大幅杀跌，沪铜日盘开盘时也是大幅杀跌，沪锌同样出现了较大幅度的下跌，而沪铅也跌了，但又只是跌了一点儿，这个差异就太大了。

一阳：

其余三个品种日盘开盘后都创出了新低，但是沪铅却并没有创出新低，这是一个最大的差异点。为什么它跌不动呢？其实，夜盘的走势已经告诉我们了，沪铅的空头力量是非常弱的。所以，任凭日盘开盘时其余品种大幅杀跌，它就是跌不动。

跌不动只是其中一个技术特征，另一个重要的技术特征是：其余三个品种刚有一点儿反弹动作，沪铅便马上创出了新高。新高的出现在上升趋势中意味着新一轮上涨行情的开始，放在沪铅身上也是如此。

周二、四公开课听众王勇：

真是强者恒强啊！看来夜盘的拒绝下跌，就是为了日盘的上涨。

一阳：

其他品种大幅杀跌好比是狂风暴雨，沪铅居然在狂风暴雨中屹立不倒，这说明盘中的资金在积极地做多。狂风暴雨时不倒,而狂风暴雨结束艳阳天出现时,它又岂能不涨?

这就是沪铅的"借刀杀人"走势,它借助同一板块其他品种的下跌这把"刀","杀"了空方资金。看到同板块其他品种的下跌,空方资金自然想要来分一杯羹,但可惜却中了圈套,被多方资金反杀。

周二、四公开课听众王勇:

原来是这么回事,多方借其他品种大幅做空的"刀",来完成自己对空方的"杀"。看来以后市场再出现大幅杀跌时,要密切留意那些不跌的品种了。一旦狂风暴雨结束,它们就要启动行情了。

一阳:

杀跌有两种形式:一种是集体杀跌,这个时候没有什么品种是不跌的,此时就不能用"借刀杀人"的方式进行操作了;另一种是分化式杀跌,有的大幅杀跌,有的就会像沪铅一样拒绝下跌。这个时候才能运用"借刀杀人"的分析方法,并不是任何情况的杀跌都可以用这种方式操作。

其实除了沪铅之外,沪铝也形成了"借刀杀人"的走势,只不过它后期的涨幅表现不如沪铅这么强。再来看一下它的走势从而加深印象。

沪铝1812合约2018年10月25日分时走势图(图3-6)。

一阳:

沪铝夜盘的走势其实有些呆滞,成交量非常少。它拒绝下跌除了技术形态本身之外,没有什么资金参与是另一个重要的原因。夜盘的走势没有什么特殊之处,日盘的走势才是重点。

周二、四公开课听众王勇:

日盘开盘后,沪铝的价格同样出现了杀跌,它的跌幅比沪铅的要大,或许这就是它的后期涨幅不如沪铅的原因吧。

一阳:

正是如此。沪铝的杀跌幅度大于沪铅的,这说明它的多方力量弱于沪铅的。所以,它未来的涨幅也必然会小于沪铅的。

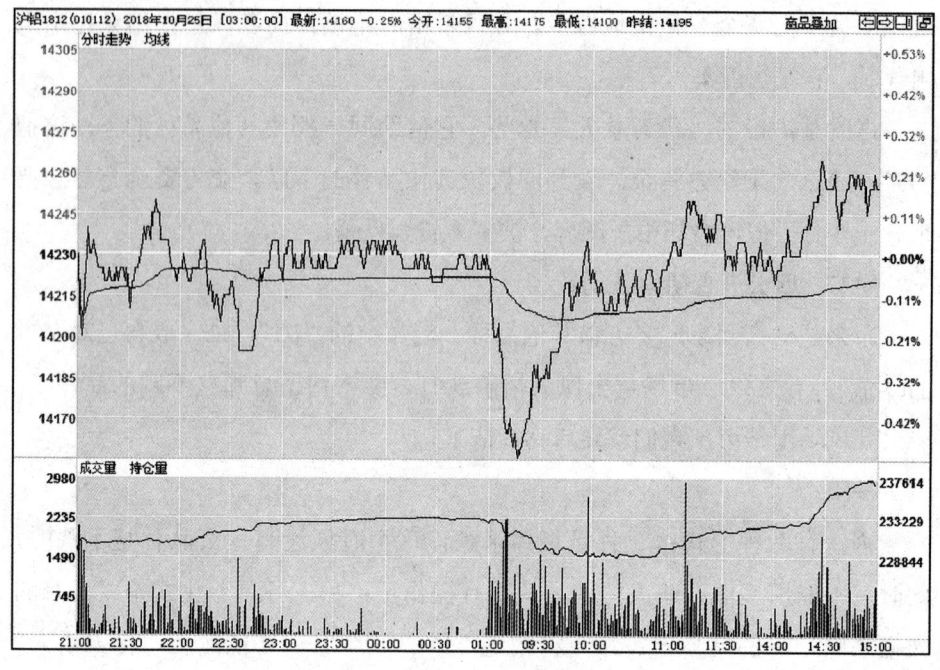

图3-6

沪铝与沪镍、沪铜、沪锌相比,它的特殊之处在于:一波杀跌之后很快便回到了起点。同样是借其他品种的杀跌之"刀",完成了"杀"空方资金的目的。

周二、四公开课听众王勇:

沪铅9:30便回到了下跌的起点,而沪铝10点才回到杀跌起点,10点时沪铅早就创下了盘中的新高。

一阳:

一定要找最强的品种进行操作。沪镍空方力量强,对它做空自然是正确的。而沪铅多头力量最强,对它做多自然就是最正确的。

"借刀杀人"的走势在期货市场中就是这样,借助集体的力量来达到自己波动方向的目的,而它的目的肯定是与集体的相反。在顺应集体方向进行操作的同时,也要注意差异上的变化,以此把握两个方向的操作。就像有色金属板块的走势一样,沪镍的做空并不影响沪铅的做多,反而沪镍空单做完之后,平掉空单沪铅的多单正好连接上,两个方向的机会全都可以抓住。

焦煤1901合约2018年3—10月自K线走势图(图3-7)。

图3-7

一阳：

再来看一下焦煤2018年6月至7月间的走势，这一区间的走势构成了什么样的技术形态呢？

周二、四公开课听众王勇：

价格在波动的过程中形成了一个大的W底形态，并且是左低右高最容易看涨的形态。

一阳：

从后面上涨的情况来看，的确是形成了一个左低右高多头力量大的W底形态，但如果把目光放在起涨之前的走势上便可以看出，此时的走势既可以上涨，也可以下跌。上涨是因为的确形成了左低右高W底形态，而下跌则是因为高点形成了左高右低M头形态，所以说涨跌都可以。

周二、四公开课听众王勇：

我的分析太片面了，因为看到了后面上涨的走势，所以只看到了做多的信号，进行实战分析看来多与空都要同时关注啊。

一阳：

查看焦煤的走势并不是重点，而是通过黑色系板块中相关品种的走势再来看一下其中一个品种是如何"借刀杀人"的。

铁矿石1901合约2018年1—10月走势图（图3-8）。

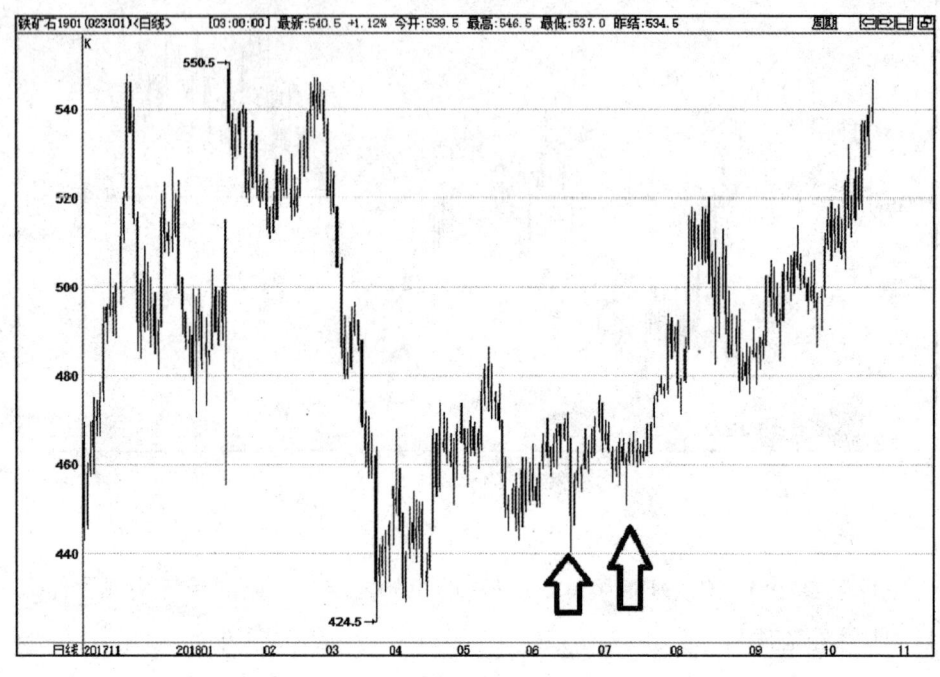

图3-8

一阳：

铁矿石的走势相比焦煤整体要弱一些，最明显的体现就是4月的上涨幅度明显偏小，这说明多头的力量并不是很强大，只不过随后的调整走势比焦煤显示出来了一些强势。

周二、四公开课听众王勇：

焦煤这一阶段调整时下跌的幅度较大，而铁矿石回落的幅度明显较小，虽然涨得不行，但回落幅度小占了对比上的优势。

一阳：

焦煤在调整时跌破了之前的低点，并且跌幅较大，而铁矿石在调整时虽然也跌破了之前的低点，但很快便收复了，并且在第二个调整低点处还形成了低点抬高的迹象。虽然在4月上涨时减分了，但调整区间却又将减分补了回来。

周二、四公开课听众王勇：

就这两个品种来说，4月上涨时应当操作焦煤，而在调整区间则应当对铁矿石进行重点关注。形式发生了新的变化，就要按当前的数据执行操作。

一阳：

在调整的低点区间，铁矿石虽然有低点抬高的迹象，但同样也存在高点降低的现象，再加上之前上涨的幅度小，所以调整区间与焦煤一样，并不能看出价格有明显的上涨可能性。

焦炭合约2018年3—10月走势图（图3-9）。

图3-9

一阳：

焦炭4月的上涨就猛多了，其上涨的幅度远远大于焦煤。就黑色系板块来说，投资者应当多关注焦炭，常态情况下它的波动幅度往往是最大的，最容易带来更大的收益机会。

周二、四公开课听众王勇：

上涨之后焦炭的调整形态也非常棒，与铁矿石类似，它也形成了低点抬高的迹象。

一阳：

对比调整的位置来看，焦煤破坏了之前的上升趋势，铁矿石因为上涨幅度较小，所以调整看不出有任何将要上涨的迹象。但焦炭则完全不同，调整形态的出现并没有破坏上升的趋势，属于上涨过程中的强势调整形态，又由于临近前高点，所以，此时的调整是在为突破进行的主动下蹲，为的就是更好地起跳。

周二、四公开课听众王勇：

看到焦炭的走势，在调整区间该对谁进行操作便看得清清楚楚了，一定要选走势最强的那个品种。

一阳：

一个板块常常有多个品种，一定要全部看完再下结论。就这三个品种来看，其实焦炭已经完成"借刀杀人"的走势了，借助另两个品种下跌以及弱势的"刀"，完成自己的强势调整"杀"空方。

但焦炭一定是最强的吗？

螺纹1901合约2018年3—10月走势图（图3-10）。

一阳：

如果仅从4月的上涨来看，最强的并不是螺纹而是焦炭，但是强弱会来回转变的。这会儿你强，另一会儿别的品种又变强了。如果对比调整区间的走势，焦炭便不再是最强的了，最强的品种变成了螺纹。

周二、四公开课听众王勇：

焦炭调整时低点的位置处于上涨波段的三分之一处，但螺纹的调整就更猛了，直接以低点创新高，并且以价格低点大幅抬高的形式完成了调整。

一阳：

螺纹的调整不仅没有破坏上升趋势的迹象，而且其波动本身就呈现出延续上涨的走势，这种调整是最为强势的状态。从焦煤与铁矿石看不出价格要上涨，看焦炭的走势可以得出价格上涨概率较大的分析结论，但若看螺纹的走势，上涨便是必然的。

图3-10

周二、四公开课听众王勇：

这样来看，其实并不是焦炭借焦煤与铁矿石弱势的"刀"来"杀"空方，而是螺纹借它们三个调整的"刀"来"杀"空方了。

一阳：

是的，下面将它们四个放在一起来查看就更清楚了。

黑色系板块2018年3—10月走势图（图3-11）。

一阳：

从调整区间来看，因为受到焦煤与铁矿石的拖累，所以黑色系将要上涨的信号并不明显，这两个品种就是锋利的"刀"，螺纹的多方就是要借这把"刀"去"杀"空方。不管你对黑色系板块中的哪个品种做空，最终都会受到螺纹强势上涨的带动而出现亏损。

周二、四公开课听众王勇：

以后看到某个品种出现了下跌走势时，一定不能马上就认定它要下跌，必须通过整体板块的表现来看一看，是不是存在某个品种"借刀杀人"的可能性。

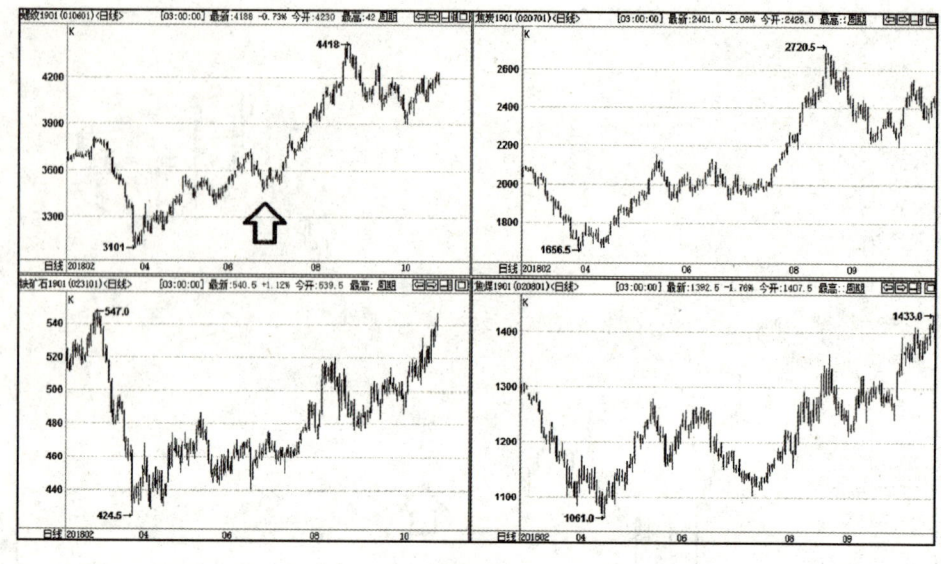

图3-11

一阳：

将这四个品种放在一起进行分析，螺纹调整区间的强势特点以及呼之欲出的上涨行情就非常明确了。看一个品种只能看到局部，得出的分析结论也必然不是全面的，若把整个板块内的所有品种都看一下，得出的分析结论才最贴近市场的真实波动。想运用好"借刀杀人"这种方法并寻找出获利的机会，首先要把握好全局走势。

周二、四公开课听众王勇：

通过学习"借刀杀人"明白了：如果整体板块行动一致，则不会存在"借刀杀人"的可能，但若板块间的动向不一致，那就要小心了，所看到的下跌并不一定是真实的，眼前的上涨也并不一定是真实的上涨。

一阳：

"借刀杀人"的本质是借助整体环境或是板块内其他品种的弱势这把"刀"，来完成自身强势"杀人"这个结果。在本节所讲的内容中，使用的都是以空头背景为主的案例，请各位朋友自行寻找以多头背景为主的"借刀杀人"案例，看看那些弱势的品种是如何借助板块中其他品种强势这把"刀"，完成自己走弱下跌"杀人"这个结果的。

玩转期货50招之四
以逸待劳——调整期间等机会

李助教：

战场上的以逸待劳是指，我方养精蓄锐，让敌人疲于奔命，待到彼竭我盈时出击取得胜利。而在期货市场之中，分析决策与下单操作的时间其实所占比重并不高，多数时间都是在按计划持仓与等待之中度过的。等待是安逸的状态，持仓由于是按已计划好的在执行，甚至可以自动执行，所以，也是一种安逸的状态。价格没有好的介入点的机会时盲目入场，就不是以逸待劳，而是你的对手在以逸待劳了。该积极操作就要积极操作，该休息就必须休息，一个不懂得休息的投资者是不可能获得稳定盈利的。

内部培训学员李志天：

我以前每天的交易次数就非常多，在参加一阳老师内部培训时，曾听老师讲过这样一堂课：三个月告别亏损，其中第一条就是控制交易的次数。如果能做到：第一个月每天交易10次以内，第二个月每天交易5次以内，第三个月每天交易3次以内，并且不感到难受、不感到受约束，再加上学好技术方法，亏损也就与你无缘了。我现在已经进入第二个月的状态了，每天的交易次数都控制在5次以内。由于还没有掌握太多的正确操盘细节，虽然还有亏损，但相比以前，亏损的幅度下降了80%多。现在每天操作时的心情都是轻轻松松的，不再像以前压力满满，衣服总是被紧张的汗水浸得湿湿的。我相信，只要按老师的要求管控好了自己，那么离成功就会越来越近了。

李助教：

你已经初步尝到了以逸待劳的好处，生活安逸轻松了，才能享受到更多的幸福；交易安逸轻松了，才能获得更多的收益。之所以要求大家控制交易的次数，其实就像孙悟空没有取到真经之前就必须戴着紧箍一样，一定要对他的行为进行约束。而取到真经之后，也就没必要再进行任何约束了。投资者没有掌握正确的操盘方法之前，其交易行为往往都是混乱、盲目的，这种情况下如果不对交易行为进行控制，是不可能赚到钱的。而如果掌握了正确的操盘方法之后，任何一次操作都必然会严格遵守操盘纪律，此时也就没有必要再对交易的次数进行约束。

内部培训学员李志天：

明白您的意思了。在没有掌握正确操作方法之前，限制交易次数才可以更好地控制交易行为，使交易行为规范。而掌握了正确的操盘方法，并且严格执行，哪怕一天交易很多次也是没有问题的。

李助教：

正是如此。限制交易次数并不是真正的目的，因为对于没有掌握正确操盘技术的投资者而言，让其减少次数比马上掌握正确的操盘技术要简单得多。只有感受到了安逸的交易状态，心情才会始终处于宁静状态之中，在此情况下，技术判断也就更准确了。

内部培训学员李志天：

减少交易次数就是一种以逸待劳的形式，那么在价格波动过程中，又有怎样的技术形态需要投资者以逸待劳呢？

李助教：

通过观察布林线指标的规律可以发现，当布林线指标通道处于打开和处于较宽状态时，价格的波动幅度往往较大，此时带来的往往是交易的机会；而当布林线指标通道处于较窄状态时，往往意味着交易机会的暂时消失。布林线通道较宽带来的是盈利机会，布林线通道收窄并不一定带来风险，而是在酝酿一次新的机会。所以，这个时候投资者就必须在通道收窄处休息，此时强行操作往往不会取得好的结果。

内部培训学员李志天：

通道放宽去"劳"，通道收窄去"逸"，这样劳逸结合才可以踏准市场的节奏，才可以获得更好的收益，下面请您结合具体案例讲解一下吧。

甲醇1901合约2018年10月25日3分钟K线走势图（图4-1）。

图4-1

李助教：

图4-1中，甲醇的价格形成了一轮持续性下跌的走势。先来说一下下跌过程中都有哪些明显的技术特征吧。

内部培训学员李志天：

首先是价格下跌的过程中，成交量始终保持着放大的状态，相比下跌之前的缩量，成交量平均放大了三倍。

李助教：

成交量的放大说明有资金在场中进行着积极的交易，但凡资金入场之处，必定会带给投资者极好的获利机会。

内部培训学员李志天：

其次是价格下跌的过程中，前三次的反弹幅度都很小，这说明多方力量很虚弱，第四次反弹因为价格此时跌幅较大，所以反弹的幅度略高一些。

李助教：

在价格下跌的过程中，反弹的幅度越小，意味着多方的力量越弱、空方力量越强，弱势反弹的出现往往意味着价格还会继续下跌。

内部培训学员李志天：

下跌过程中，布林线指标的压力作用也非常明显，前三次的反弹高点都被中轨压得死死的，第四次反弹时虽然价格突破了中轨，但却受到了布林线指标上轨的强大压力。

李助教：

下降趋势中，压力作用只要一直发挥作用，那么价格便会持续回落，什么时候压不住价格了，下降趋势就有可能得到反转。

内部培训学员李志天：

最后，一个最明显的技术特征就是：价格下跌的过程中，布林线指标上轨与下轨之间的距离很远，通道比较宽。

李助教：

上轨与下轨的距离理论上就是价格在当前有可能的最大波动空间，两者较近则波动空间必然受限，而两者越宽则价格变动的幅度越大，即获利的幅度越大。在通道保持较宽波动状态的时候，投资者一定要在这一区间积极地寻找交易机会。

内部培训学员李志天：

对比我之前盈利的交易，之所以获利的确都是因为布林线指标处于较宽状态时而持有了正确方向的单子。通道变宽就是在提示投资者一定要积极地去劳作！

焦炭1901合约2018年10月17日3分钟K线走势图（图4-2）。

李助教：

看了经典的下跌案例之后，再来看一下焦炭经典的上涨案例。在价格上涨的过程中都有哪些常见的技术特征呢？

内部培训学员李志天：

价格上涨的时候同样保持着成交量放大的状态，这说有资金在场中积极地做多，资金的入场为价格的上涨提供了足够大的动力。

图4-2

李助教：

放量上涨与放量下跌可以确保价格保持延续性，量能越大价格的波动幅度就会越大。因此，想要获得更高的收益，就一定要在放量区间进行积极的操作；无量区间虽然价格也会有波动，但涨跌的幅度要小很多。

内部培训学员李志天：

上涨时形成了放量的态势，而当价格出现调整走势时，成交量则出现了明显的萎缩，构成了上涨放量、调整缩量的完美的量价配合关系。

李助教：

上涨时放量说明有资金入场积极操作，而调整时缩量则说明先前入场的资金此时并未离场，做多的资金沉淀在场中，将会对未来价格的上涨走势起到促进的作用。

内部培训学员李志天：

上涨过程中，布林线指标的支撑作用也非常明显，虽然上涨中途价格曾跌破过一次下轨的支撑，但很快便重新涨了回去，对破坏的走势起到了修复作用。

李助教：

支撑作用明显也是上升趋势不断延续的一大信号，但不管是上涨中途还是上涨到了顶部，只要布林线指标下轨的支撑失去了作用，就一定要先离场观察。对于多方来说，下轨支撑的失守是一个风险点。

内部培训学员李志天：

最后一个鲜明的技术特征就是：价格上涨过程中，布林线指标通道非常宽，通道一变宽获利的机会就来了，这是操作的大好时机。宽通道的状态下，价格将会提供各种各样的买点来让投资者入场捡钱。

李助教：

不管是下跌时的宽口，还是上涨阶段的宽口，较宽的通道永远只会带来盈利的机会。多数情况下，布林线指标通道较宽的状态会延续一定的时间，此时便是丰收的大好机会。

通过以上两个案例可以看到：无论价格是上涨还是下跌，只要通道保持宽的状态，就会带来盈利的机会，对于投资者而言，在这一阶段应当辛勤劳作。宽口通道积极交易，那么，窄口通道又应当如何呢？下面来看具体案例。

苹果1901合约2018年10月26日1分钟K线走势图（图4-3）。

李助教：

苹果的价格在上涨过程中形成了与前两个案例一样的完美技术形态，对于这样常见而且必见的技术走势，一定要不厌其烦地进行总结，只有这样才能培养成见到这种形态便下意识地进行操作的习惯，做到手已完成了开仓，大脑才反应过来其中的技术细节。

内部培训学员李志天：

上涨时成交量放大、调整时成交量萎缩；布林线指标支撑作用非常明显；上涨过程中，布林线指标通道始终保持着较宽的状态，这几项都是价格上涨时必然见到的技术细节。

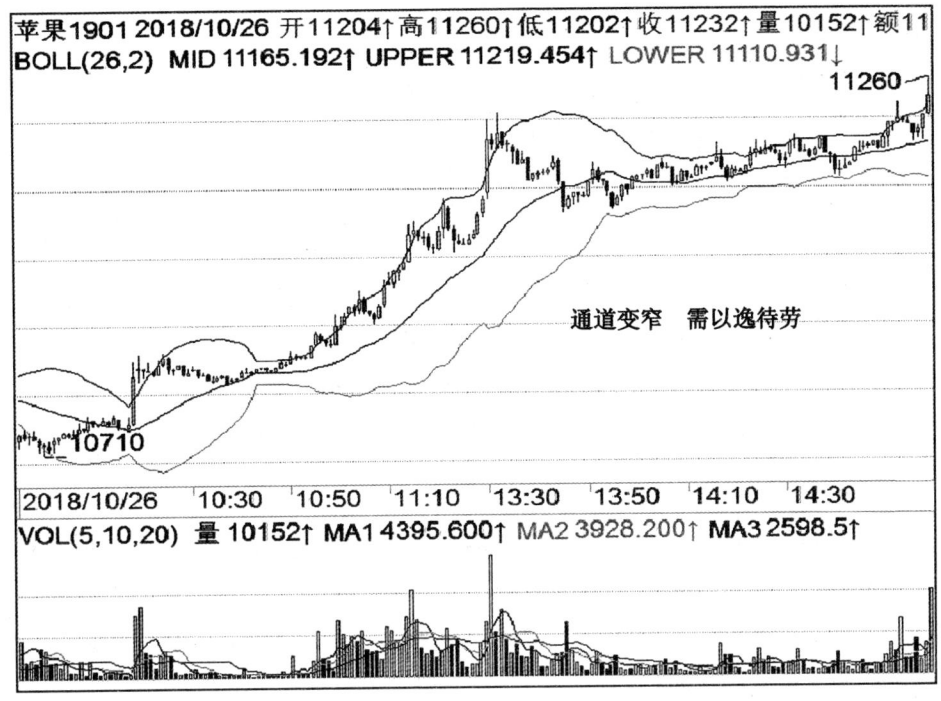

图4-3

李助教：

价格经过了几波持续的上涨之后，于高位开始出现连续调整的走势，这一区间又有怎样的技术形态呢？

内部培训学员李志天：

成交量由之前的连续放量变成了持续性的缩量，我认为这是价格陷入长时间调整的主要原因。

李助教：

成交量在高位萎缩说明资金此时做多的积极性开始明显降低，入场资金的数量也开始明显减少，价格失去了大幅上涨的动力，只要没有再度出现放量的现象，便很难再度出现大幅飙升的行情。

内部培训学员李志天：

虽然此时价格的波动性质为调整，但却是多头状态的，这是因为布林线指标下轨的支撑一直发挥着作用，并且中轨的方向也依然保持着向上的态势。

李助教：

虽然价格是调整性质，但并不意味着调整都没有机会操作，弱势的调整肯定是要回避的，但强势的调整往往是边调边涨，此时交易机会依然存在，只不过受成交量减少的影响，获利的机会与幅度都会小一些。这样的分析观点还显示在布林线指标通道的宽度上，成交量缩量调整的时候，布林线指标的通道开始不断地收窄，形成上轨向下走，下轨向上走的态势，一旦见到这样的现象就要意识到：价格的波动率将会大幅降低，不宜再奢望还会出现大行情。价格从需要积极劳作的区间进入闲逸的区间，投资者此时需要做的也是进入"以逸待劳"状态。

内部培训学员李志天：

在通道口保持较宽的状态下，可以多预期一些收益。而一旦通道口开始收窄就要降低收益预期，更要意识到：主升浪已结束，后期价格的波动将会随着通道一点点地收窄而变小。根据通道宽度合理调整收益预期，这样做的确可以避免很多盲目性。

PTA1901合约2018年10月26日1分钟K线走势图（图4-4）。

李助教：

PTA的价格在上涨过程中出现了两次长时间调整的走势，你来说一下这两次长时间的调整都有哪些技术上的特点？

内部培训学员李志天：

成交量的萎缩是最明显的技术信号，它代表了资金操作行为的停止。

李助教：

价格波动时成交量该放量的就必须放量，该缩量的也必须缩量，就好像人们的呼吸一样，是交替进行的，价格涨得再猛成交量也不可能一直放量。所以，一旦调整出现而成交量萎缩就是好的技术形态。

当然，好的调整不是说只是缩量就可以了，在缩量的同时，还需要满足什么要求才可以称得上是有较大上涨概率的调整走势？

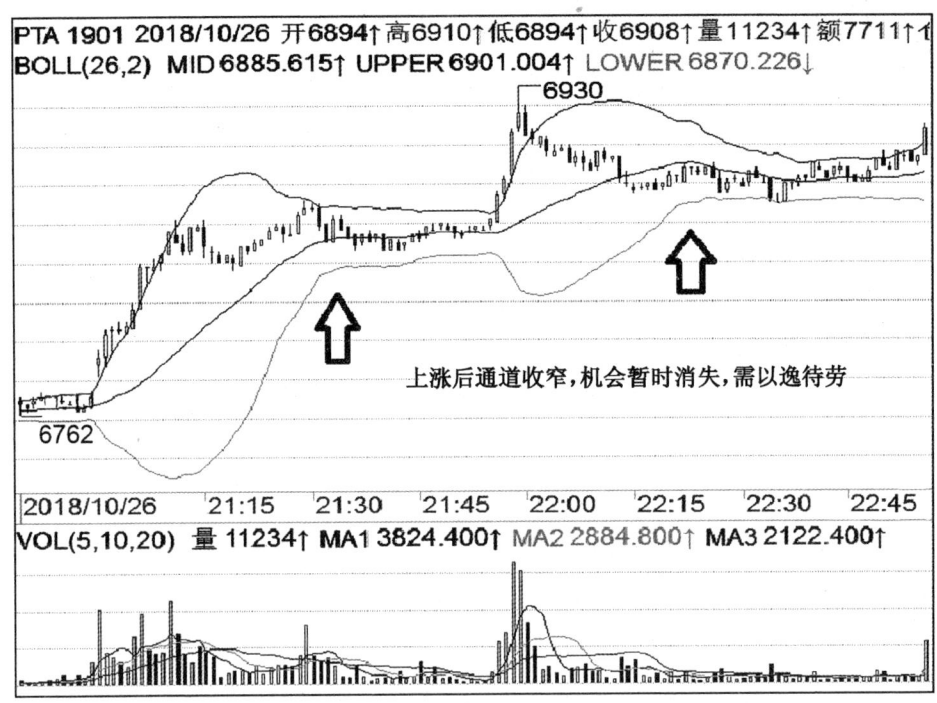

图4-4

内部培训学员李志天：

调整时缩量是第一个技术要点，第二个技术要点就是支撑必须发挥作用。上涨时，允许价格调整，但必须在合理的范围内，只要调整的低点没有跌破布林线指标下轨支撑，上涨便是可以预期的，一旦跌破了下轨，就要留意趋势方向有转向的可能。

李助教：

从图4-4中两次反弹的走势来看，下轨的支撑都是有效的。因此，应当密切留意调整区间存在的新一轮盈利机会。

在价格开始调整的初期阶段，布林线指标又有哪些信号预示着调整的延续？

内部培训学员李志天：

价格调整时，布林线指标上轨开始向下运行，而下轨则开始向上运行，这说明价格由此进入连续收窄的状态，通道只要收窄，投资者就要等待机会，这一区间不宜过早地入场进行操作。

李助教：

在宽口状态下，上轨与下轨由于受到价格的上涨、彼此之间的距离会越来越远，而一旦价格开始调整，两者之间的距离便会越来越小，从而形成缩口的形态。只要发现上轨开始向下，下轨开始向上，就可以享受一会儿悠闲的时光，因为后面价格的波动不会再给投资者带来机会，沉寂是价格在通道收窄时的主旋律。

内部培训学员李志天：

宽口寻找机会，窄口等待机会。那么，通道缩窄到什么状态才意味着机会的到来呢？

李助教：

这要看一下价格起涨之前布林线指标通道宽度的状态，只要调整区间缩窄到那个状态时，往往就意味着调整要结束了，这个时候只要价格向上跟着上轨开始波动，便意味着新一轮上涨行情的开始。

菜粕1901合约2018年10月25—26日1分钟K线走势图（图4-5）。

李助教：

菜粕的价格在上涨的过程中，其技术形态与前两个案例一致，布林线指标通道宽度都在上涨过程中保持着放大的状态，放大是获利的机会，而收窄虽然是机会的暂时消失，但它也是在酝酿着下一个机会。在布林线指标通道收窄需要以逸待劳的时候，菜粕的走势与之前的案例有着怎样的不同呢？

内部培训学员李志天：

通道扩大与收窄的技术形态一样，在价格调整过程中成交量的萎缩也一样，不一样的地方我认为是通道收窄之后价格的运行方向不同。

李助教：

在前两个案例中，布林线指标收窄形成以逸待劳技术形态之后，价格经过调整便再次出现了上涨，而在菜粕的走势中，通道收窄之后，价格却出现了下跌，在经过了更为彻底的调整后又暴发了新一轮的上涨行情。

内部培训学员李志天：

从这一点来看，通道的收窄只能起到提示交易机会消失以及正在酝酿下一个交易机会，而不能提示后期价格的方向，具体价格要往哪里走，还需要结合当时的技术形态具体去看。

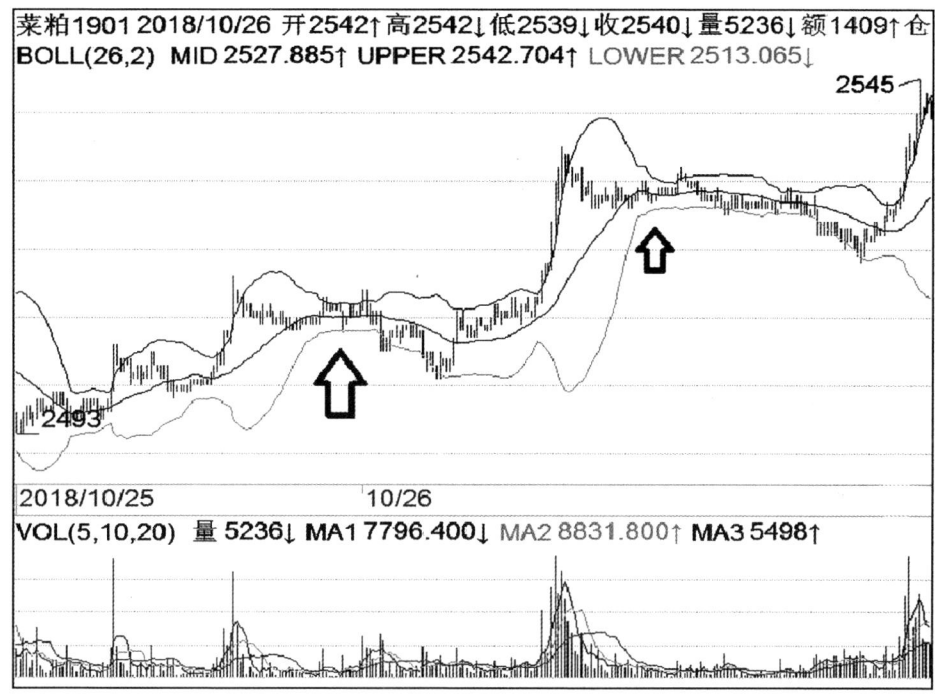

图4-5

李助教：

这里有一个小技巧可以识别以逸待劳技术形态形成之后价格后期的波动方向：如果价格还要延续之前的上涨行情，那么调整的低点必然不会向下跌破布林线指标下轨的支撑。

从菜粕的走势来看，布林线指标下轨的支撑全部失守了，在突破下轨的时候便可以确认：价格新酝酿的机会是要往下走。

内部培训学员李志天：

您一提示我便想起了这个小技巧，记得您在周二、四19:30的公开直播培训中曾说过：价格上涨的过程中，布林线指标下轨就是多方的最后一道防线，只要这道防线没有失守，价格便可以继续上涨。

李助教：

正是如此，我们要允许价格调整走势的出现，但是调整的幅度必须在合理的范围之内，布林线指标下轨留出的空间足够大了，若后期还将延续上涨，则必然不会跌破下轨。因此下轨是否失守可以视为新机会是向上还是向下的信号。

内部培训学员李志天：

如此一来也可以这样去操作：若下轨没有失守则等待价格延续之前上升，即预示新一轮上涨行情的到来；若失守则视为酝酿后的机会是向下的，可以在突破下轨的点位入场做空。

李助教：

完全可以这样操作。只要新酝酿的机会是向下的，突破下轨的点位进行做空操作往往还是价格下跌的起点位置，获利的效果是非常不错的。

热卷1901合约2018年10月26日1分钟K线走势图（图4-6）。

图4-6

李助教：

热卷的价格上涨到高位之后便快速出现了放量杀跌的走势，因为价格在这一过程中波动的幅度非常大，所以布林线指标使劲张着口。在此时布林线指标张口、价格放量下跌的过程有操作的机会吗？

内部培训学员李志天：

我认为没有好的操作机会，因为价格说跌便突然跌了，没有任何入场的信号向投资者发出。

李助教：

正是如此，虽然价格此时跌得挺热闹，但其实并没有什么好的介入点，除了追空操作没有别的办法，反弹高点逢高做空的机会没有给，突破做空的机会也没有给。不过，对于这样的走势不必觉得可惜，因为这种方式的下跌属于少见形态，属于突发性的下跌走势，可以完全忽视。

内部培训学员李志天：

由此也可以看到，并不是什么样的波动都会给投资者机会。没有好的机会只需一直安逸地等待，等待不会亏钱，如果胡乱操作却必定要赔钱。

李助教：

一波放量杀跌之后，价格进入了长时间窄幅波动的状态，此时有什么样的技术特征可以告诉投资者"以逸待劳"形态的到来？

内部培训学员李志天：

下跌结束之后，布林线指标上轨依然保持着下行的状态，只不过上轨的下行并不是太明显，更为明显的则是下轨的表现。随着下跌的结束，布林线指标下轨由之前向下的运行突然转头向上，并以最快的速度向上轨靠近，从而使得布林线指标下轨快速收窄，这就是您讲的通道收口时的技术特征。

李助教：

下跌之后，上轨的下行速度并不快，最快的是下轨向上的速度，所以，一旦下轨快速向上与上轨靠近，便可以意识到：以逸待劳技术形态开始形成，这个时候若手中没有持仓，就要耐心等待调整结束之后再进行操作，耐心地在这个区间静待机会；若手中有持仓又该如何操作呢？

内部培训学员李志天：

因为价格之前是下跌的，手中若有持仓，应当盯紧布林线指标上轨，只要上轨的压力一直发挥着作用，就可以持有空单。一旦上轨压力失守，价格就有可能转势上行，此时便可以平仓空单。

李助教：

从图4-7中的走势来看，在进入通道收窄的"以逸待劳"状态后，上轨的压力始终发挥着作用，再加上中轨方向也明确向下，虽然价格波动幅度变小了，但依然可以持仓。而没有持仓就没必要太过于着急，因为缩口区间是酝酿机会的区间，只要拥有正确的操盘方法，这一区间好的获利介入点就可以轻松地抓住。

黄金1812合约2018年10月26—27日夜盘1分钟K线走势图（图4-7）。

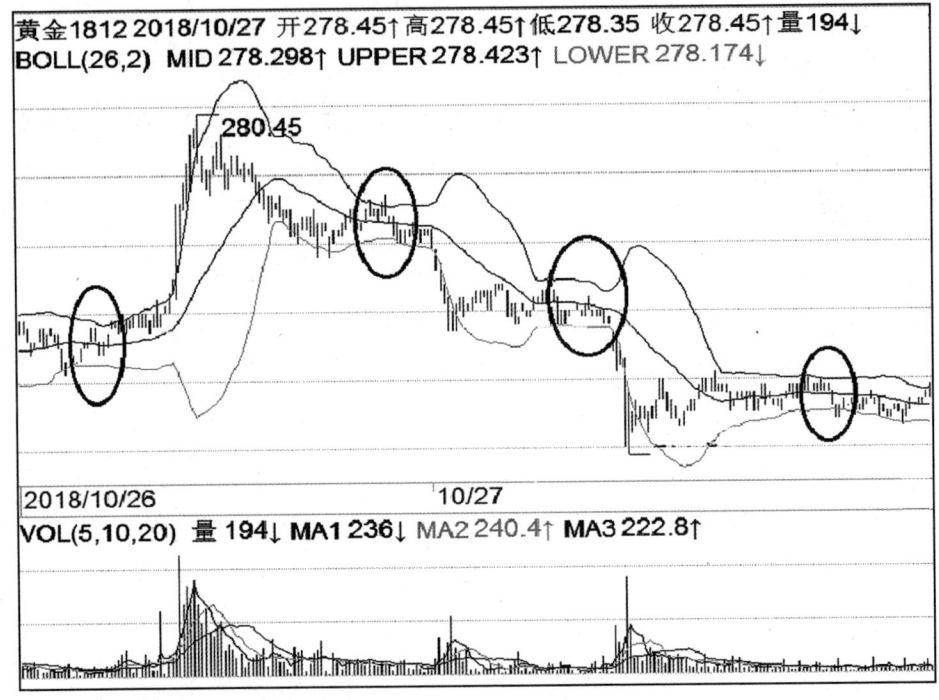

图4-7

李助教：

黄金的价格上涨结束之后出现了一轮持续性的下跌走势，价格在下跌过程中同样具备了一致性的经典技术形态，老规矩，不厌其烦地再总结一次。

内部培训学员李志天：

价格下跌的时候出现了放量的现象，反弹时又形成了缩量的状况，量价配合较为完美，只是下跌时的成交量不如上涨时的大，这是一个并不太好的技术点。

价格下跌时上轨压力作用都发挥着作用，从而促使价格不断地回落。只要压力有效，下跌行情便可以很好地延续。

李助教：

而最主要的技术特征就是在价格大幅波动的时候，无论是上涨还下跌，布林线指标都保持着较宽的状态。而一旦出现调整走势，通道就会缩窄。宽口积极劳作，窄口安逸地休息。

价格上涨之前曾出现了一次通道变窄的现象，此时较窄的状态就成为后期走势的参照，什么时候布林线指标缩口到这种程度，往往就意味着调整到位了。

内部培训学员李志天：

价格上涨结束之后直接转为下跌，这一期间通道都比较宽，此时该如何进行分析呢？

李助教：

价格转为下跌的走势也属于突发性，很短的时间就完成了上升趋势到下降趋势的转折，没有留下任何中间环节。所以，这一区间的操作只能是在价格跌破下轨时将手中的多单出局，而不会有其他性质的操作。

新的交易机会需要再看一下中轨转为下降趋势之后的表现再另做打算。

内部培训学员李志天：

第一轮下跌之后价格出现了反弹的走势，同时上轨与下轨快速地靠近形成收窄的走势，一旦见到两条轨道有靠近的现象就要意识到：价格的调整开始了。同时，若手中有持仓的，也需要盯好上轨的压力，这一道压力有效便可以继续持仓。

李助教：

在通道收窄的时候，一定要和起涨之前的通道宽度进行对比，只要两者差不多宽了，就意味着调整的结束，收到一样程度时，就可以根据压力作用的有效性与否入场进行再次做空操作。

内部培训学员李志天：

通道开始收口时，与正在收口但还没有到位之间的过程中，应当采取"以逸待劳"的交易策略，耐心地等待交易机会的到来。

李助教：

第一次与第二次"以逸待劳"形态出现后价格都形成了下跌的走势，下跌的起点就是价格跟随着下轨一起波动。而第三次形成"以逸待劳"形态后，价格却始终在通道内运行，其中的差别就是K线并没有跟随着下轨下跌，也没有跟随着上轨上行，K线不跟轨道走，投资者应当继续等待机会而不宜提前出手。

缩口收窄是第一步，第二步是K线必须做出选择跟谁走，这才是机会真正到来的信号。

焦炭1901合约2018年10月26日1分钟K线走势图（图4-8）。

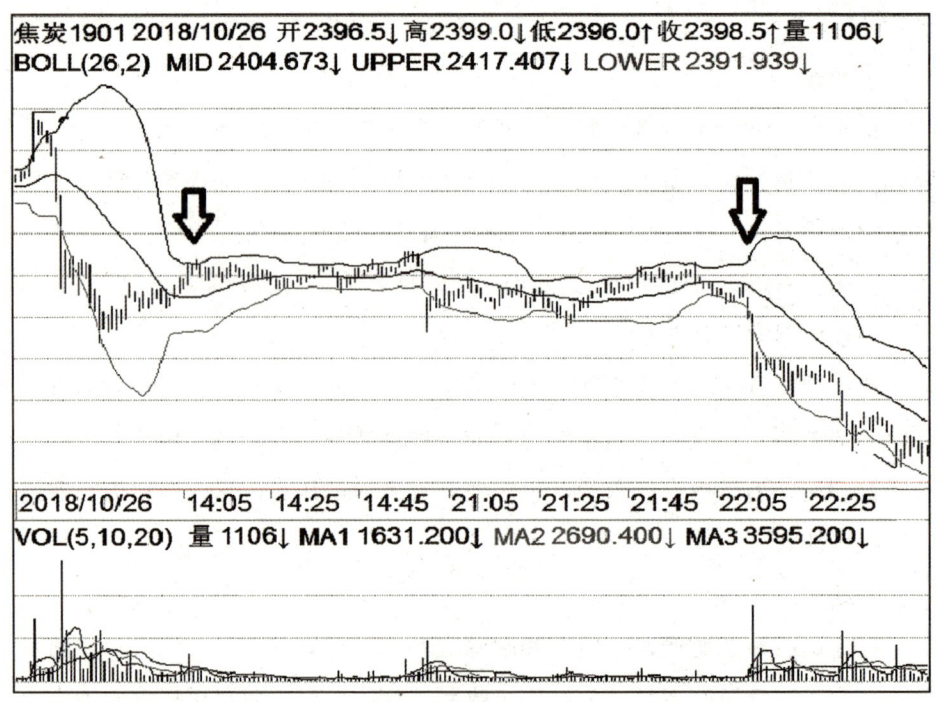

图4-8

李助教：

焦炭的价格在放量下跌的过程中，波动的幅度非常大，从而使得布林线指标通道也变得非常宽。常见的情况便是：价格波动幅度越大，通道也就越宽。所以说，通道的宽度代表了价格波动的幅度，想要获得大的收益，就一定要想办法在通道变宽之前入场，而后在通道变宽的过程中耐心地持仓。

价格放量下跌之后，又是如何进入窄幅波动状态的呢？

内部培训学员李志天：

下跌时成交量明显放大，入场的资金为价格的大幅下跌提供了动力支持。而价格波动幅度的收窄则与成交量的明显萎缩脱不开干系。没有了大量的资金积极入场操作，价格又怎么可能会继续大幅下跌呢？缩量是导致波动收窄的第一个原因。

第二个原因就是布林线指标下轨出现了拐头的走势并快速向上轨靠近，从而使得较宽的通道快速收窄，两条通道一旦收窄，大好的获利机会就会消失。

李助教：

收窄的走势只会造成暂时性的机会消失，收窄一定时间后，通道必然会重新打开，遵循下跌、调整、再下跌的波动铁律。所以，收窄不能视为是不好的走势，只要它的波动形态满足了技术要求，就必然还会断续带来盈利的机会。经过了一番苦战，通道的收窄是在提示投资者可以放松一下紧张的情绪，保持平静之后寻找新的交易机会，在价格暂时平静下来的时候，投资者也有必须安静下来。

那么，通道收窄到怎样的状态才意味着调整有可能到位呢？

内部培训学员李志天：

当通道收窄到下跌之前较窄的状态时，就意味着调整有可能到位了，这个时候就需要密切留意新的交易机会。

李助教：

除此之外，还有一种方法：当上轨与下轨的距离在0.2%以内的时候，基本上也就是上轨到下轨只有5~8跳时，也往往意味着调整有可能结束。它代表的含义是：价格的波动达到了极限的状态，物极必反，机会也往往很快就会到来。当然这只是个经验值，如果通过对比就可以确定通道收窄到位，也就没必要理会固定的数值状况了。

内部培训学员李志天：

通道变宽提示我们的是盈利机会的存在，而通道收窄提示我们的是交易机会正在消失。机会存在则去积极交易，机会消失则应当耐心地等待机会的到来。宽口操作、窄口休息，劳逸结合才可以产生更好的收益。

学了老师的"以逸待劳"技术形态之后，相信我也会踏准市场的节奏，什么时出手、什么时休息，再也不会乱了。

玩转期货50招之五
趁火打劫——强势波动快交易

李助教：

趁火打劫原意并不好，原指趁别人家失火而前去打劫财物，后指寻找好的时机去打击对方。引申到期货市场就是在火热的波动环境中，把握好时机抢到更多的收益。

那么，价格形成怎样的走势便是火热的波动状态，以及如何才能抢到更多的收益呢？这就要求价格的波动保持足够的强势状态，价格技术形态越强，那么，上涨的概率就会越大，同时上涨的空间也会越大，这个时候投资者参与其中，自然就可以获得非常不错的收益了。

内部培训学员张义明：

之前在学习中曾看到过这样的说法：价格强势上涨的特点是均线形成45°以上的角度，这样的形态出现便意味着强势上涨的形成，此阶段应当积极参与交易，不知这样的说法对不对呢？

李助教：

这句话也对，也不对。之所以说它对，就是在以前计算机并不普及的情况下，有许多投资者依据当天的开盘收盘等数据，自行在较大较长的纸上绘制K线图表，由于是手工绘制的，所以横纵坐标都是统一的，这个时候只要均线形成了大于45°角的现象，便可以确认强势上涨形成了。而现在计算机这么普及了，没有必要再手工绘图，如果不放大也不缩小坐标，的确也可以用这个方法进行分析，但是计算机屏幕能装得下多少根K线呢？因此，在分析中就需要经常性地放大与压缩K线图表了。这样一来，因为横纵坐标经常不一致，所以利用均线的角度判断价格的强弱特征已经不实用了，一旦把K线图表放大，再陡峭的角度也会变得平缓，而一旦压缩K线，再平缓的角度也会显得陡峭，这就给操作带来了麻烦。所以，只有在横纵坐标不改变的前提下使用均线的角度进行识别才是正确的，如果要经常性地变换横纵坐标，那么就不能再用均线来识别价格涨跌力度的大小。

内部培训学员张义明：

如果不能使用均线来识别价格涨跌力度的强弱，那该用什么方法呢？我参加了一阳老师的半年期系统性培训，这个课程中老师讲解了大量的操盘技巧，知识体系非常全面，我的操盘水平得到了全面的提升。这个课程中老师讲解过价格强势的特点：涨幅大小的对比、技术形态对比有明显的强势（比如别的品种调整下跌到了60日均线，而目标品种调整仅回落到10日均线）等多种方法，是不是用这种方法就可以进行识别呢？

李助教：

您说的这些方法都是非常重要的对比价格强弱的方法，使用这些技巧任何品种是否具备强势特征都可以轻松地对比出来。强弱本就是形容词，没有对比便没有强弱，老师的讲解是站在对立角度而言的，而我说的强势是对自身走势而言，无须与其他品种进行对比。

内部培训学员张义明：

那我知道了，一阳老师也讲过，想必是在价格上涨的时候，使用布林线指标上轨来确定价格是否形成了强势特征，以及价格下跌时使用布林线指标下轨来确定是否形成了强势下跌的技术特征吧。虽然老师的课程中有这一讲，但由于是属于追涨的技巧，我认为并不太适合我操作，所以请示过老师之后便没有学习它，我专门学习以及用好逢低做多、逢高做空以及突破的交易技术。

李助教：

正是如此，当价格向上突破布林线指标上轨的时候，便意味着强势上涨走势的到来；而当价格位于布林线指标下轨的时候，便意味着强势下跌走势的到来。这一区间一定要积极地参与交易，因为价格此时的波动速度往往非常快，并且波动的幅度也往往比较大。趁着价格波动火热，便可以入场抢到更多的收益。

价格上涨时顶破布林线上轨压力，以及下跌时跌破布林线下轨支撑，这就是"趁火打劫"技术形态，它表明价格最强势的波动形态出现了，这一区间投资者就应当积极地入场进行操作。

内部培训学员张义明：

我是这样想的：我不用这种方法进行操作，但我可以用这种方法进行持仓，一旦手中的单子形成了"趁火打劫"的技术形态，就可以更加放心大胆地进行持仓，因为这一阶段价格的波动速度往往是非常快的。

李助教：

"趁火打劫"技术形态本身具有两种操作意义：一是进行追涨操作，因为价格此时非常强劲，继续上涨的概率较大，所以追进的成功率相比其他追涨的方法会高许多；二是使用它进行持仓操作，正常力度的波动都可以用来进行持仓操作，在价格进入强势上涨过程中自然更是要坚定信心进行持仓。

在具体持仓操作时，若价格正在强势上涨，只要K线不跌回布林线指标通道内便可以继续持仓，尽情享受价格进入强势状态时快速获利的喜悦。

下面结合具体案例进行讲解。

沪镍1905合约2019年1月16日1分钟K线走势图（图5-1）。

李助教：

沪镍1905合约在图中形成了下跌转为上涨的走势，在价格波动的时候K线与布林线指标之间有着怎样的关系呢？

内部培训学员张义明：

从图5-1中走势来看，K线大部分时间都位于布林线指标通道之内，只有极少数的时候才跑到了布林线指标下轨下方或是上轨的上方。

李助教：

没错，大致的统计有超过85%的时间K线都将会运行于通道之内，保持着正常状态的上涨与下跌的走势。个别的时候虽然会跑到通道之外，但会很快便缩了回来，这便是常态情况下K线波动的时候与布林线指标之间的关系。

从概率上来讲，由于K线位于通道之内的时间最多，属于大概率事件，所以分析的重点必须在此处。而K线跑到通道之外的时间少，所以可以忽略。但从实际情况来看，有一些案例是跑出来马上又回去了，这种走势肯定可以无视，也有一些走势却出现了快速且大幅度的上涨，对于这种现象就需要引起重视了。

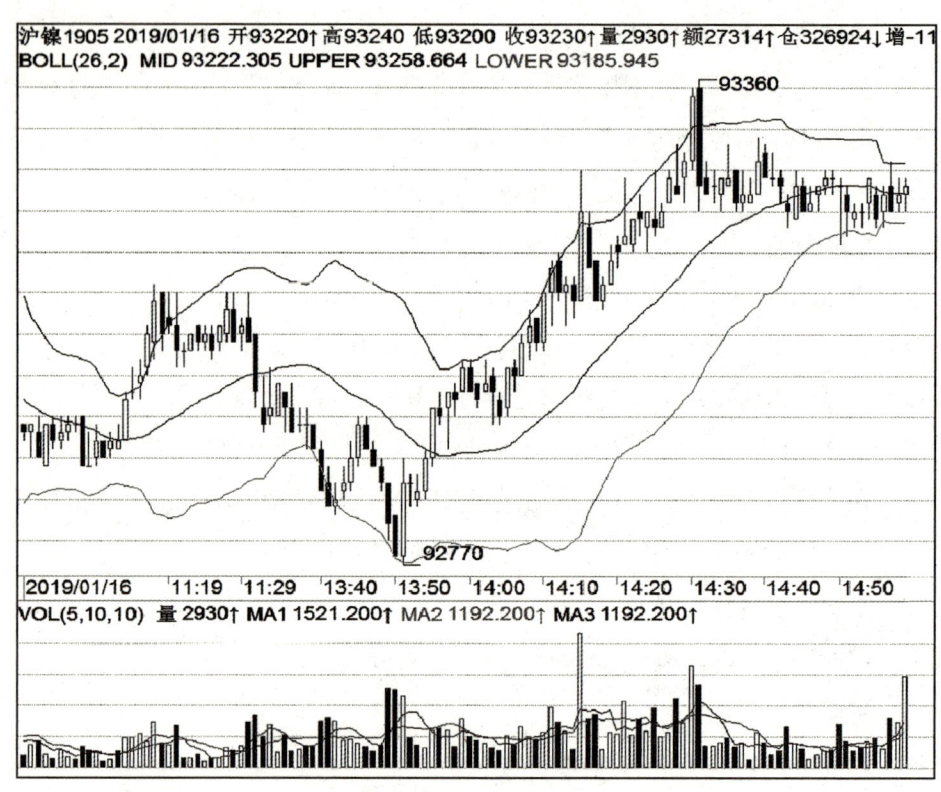

图5-1

内部培训学员张义明：

如果价格处于正常的波动状态，那就按常规的方法进行持仓，而一旦跑到通道以外，如果能够强势波动那就做一把大的，而如果很快又缩了回来，这也不要紧，因为还可以继续按常规的方法持仓，对于持仓操作来讲，并不会有什么影响。只是进行追涨操作，就需要以几次小的止损来换取一次快速大幅的波动。

PTA1905合约2019年1月16日1分钟K线走势图（图5-2）。

李助教：

PTA1905合约的价格在图5-2中出现了一轮震荡下跌而后转为震荡上涨的走势，从图5-2中的走势来看，K线仍然是大部分的时间都在布林线指标通道之内运行，这种走势告诉了投资者：在实战分析与操作过程中，一定要把精力更多地放在常见走势中，"趁火打劫"形态出现了就积极地操作，而不能总想着操作这种强势形态，毕竟它出现的概率很小。

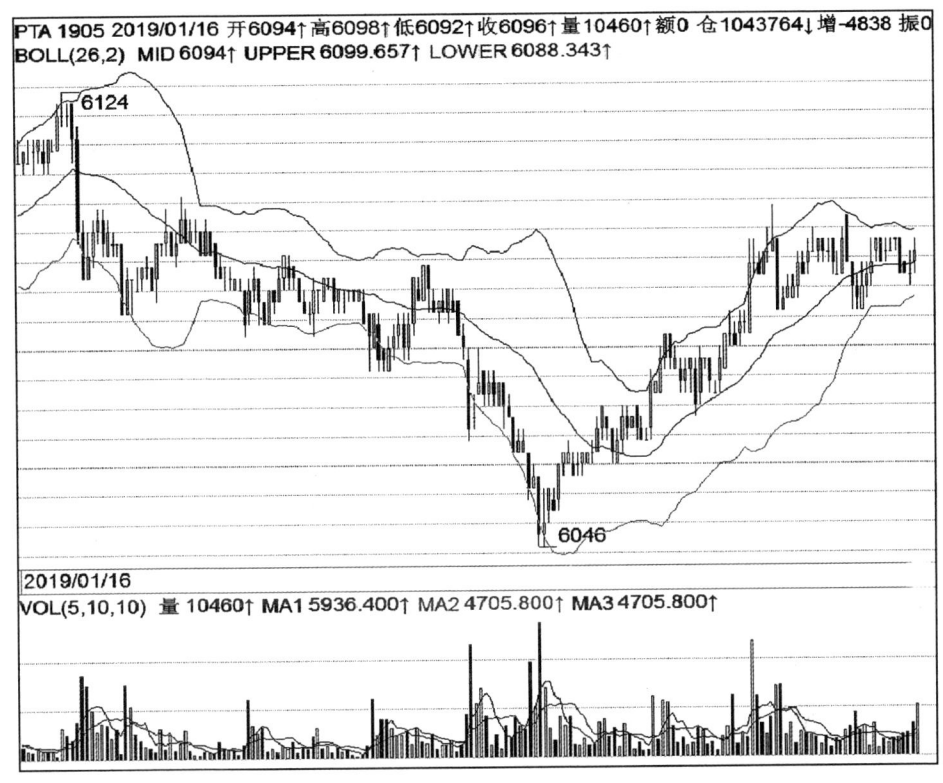

图5-2

内部培训学员张义明：

我发现一个现象：那些形成了"趁火打劫"又很快回到通道内的技术形态，它们的成交量都没有连续放大，只是在顶破上轨或跌破下轨时放了一下量，而后便不再继续放量，形成这种形态的走势时，基本上价格都会重新回到通道之内。

李助教：

这种现象很容易理解，价格想要形成强势上涨或下跌的形态，就必须得到资金大力度的推动，与让车跑得快一些就一定要踩大油门一样，只踩一下油门，那车也只能往前快速地窜一下，只有持续地踩大油门，才可以快速地前进。

成交量的大小体现的就是资金的交易态度，连续放大的成交量说明资金交易积极，价格出现连续大幅上涨的概率就将会大大提高，而一旦成交量无法保持放大，则说明"子弹"打光了，价格失去了资金的推动，也就很难出现连续且大幅度的上涨走势了。

内部培训学员张义明：

那在具体持仓或操作时是不是可以这样：形成"趁火打劫"技术形态时成交量放大则继续持仓，而一旦成交量萎缩并且价格有回缩到通道之内的迹象时就可以先平掉手中的持仓？

李助教：

减仓就可以了，虽然强势的上涨或下跌可能没有出现，但并不代表价格此时就是顶部，回到通道之内还有可能保持常态上涨的态势，只不过快速上涨出现的可能性小，而震荡上涨形态出现的可能性就会比较大。所以，除非价格上涨或下跌的幅度足够大，否则清仓操作是没有必要的。

PP1905合约2019年1月16日1分钟K线走势图（图5-3）。

李助教：

PP1905合约的走势与前两个案例的相同之处在于K线仍然大部分的时间在通道之内运行，而不同之处也非常明显，你来说一下其中的技术差别是怎样的。

内部培训学员张义明：

不同之处就在于：价格突破上涨之后，持续在上轨之外的时间长了一些，不像前两个案例顶破了上轨便很快回缩到了通道之内，同时在价格顶破上轨的时候，成交量的放大形态非常完美，一步步持续地放大。

李助教：

成交量的连续放大说明有资金在场中进行着积极的交易，从而为价格的上涨提供了足够的动力，这是形成"趁火打劫"技术形态的基础。价格顶破上轨之后，连续收出阳线，在较短的时间内便出现了较大幅度的上涨，这种走势也是"趁火打劫"形态形成时的必然走势，虽然它出现的次数较少，但一旦形成便会给投资者带来丰富的利润，所以也值得对它的技术特征花些精力研究一下。

图5-3

在具体操作时，一旦价格顶破上轨便可以入场追多，这样操作虽然比较激进，但其实即使形态失败，价格重新回到了通道之中进行止损操作，也并不会带来太大的亏损，而一旦形态成功，收益的幅度却是非常的大。

除此之外，还可以使用这种形态进行持仓操作，只要K线的收盘价始终运行在布林线指标上轨上方，不管是阴线还是阳线，都可以一路持仓，而一旦回缩到通道之内时，便可以止盈离场。

内部培训学员张义明：

价格回缩到通道之内时，是清仓离场好呢，还是应当减仓离场比较好？

李助教：

这要看投资者的目标了。如果你觉得这一波快速地上涨已经赚够了，便可以清仓离场，或当时的整体市场环境非常利好多头，那就可以减仓操作，一旦后期有更高的高点便可以清仓。具体如何持仓你可以学习一下老师的内部课程：持仓逐利术以及持仓技巧相关的课程。这样一来，就可以更灵活地应对价格各种形态的波动了。

沪锌1904合约2019年1月16日1分钟K线走势图（图5-4）。

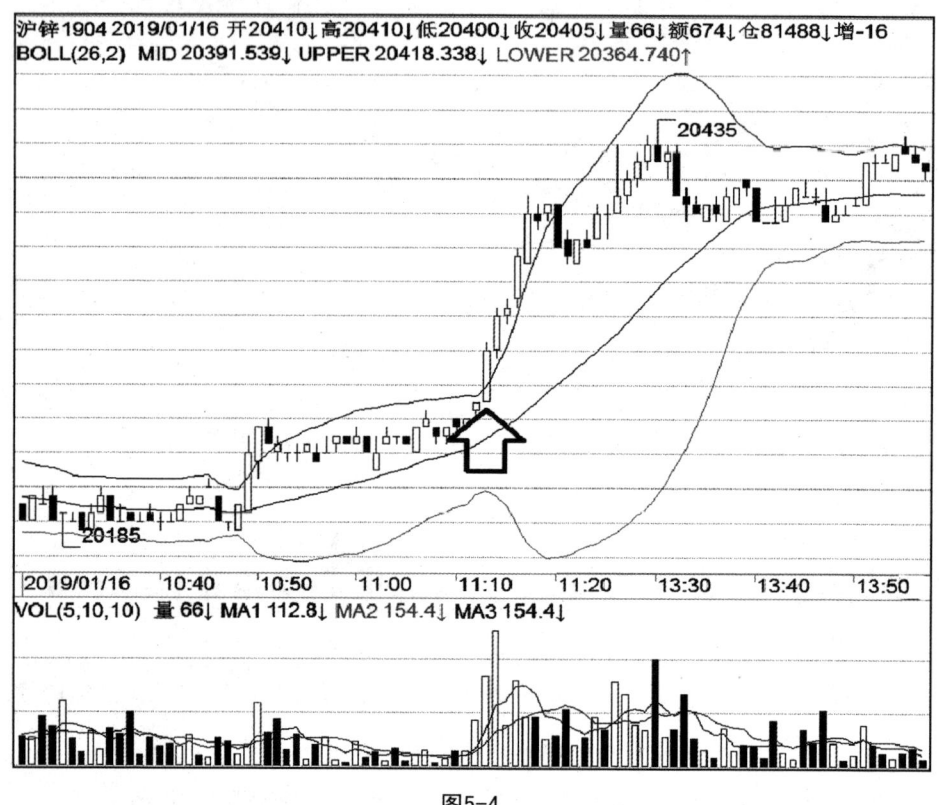

图5-4

李助教：

沪锌1904合约在价格上涨的过程中，于起点向上顶破了布林线指标上轨，从技术形态来讲，后期是否会形成快速且大幅度的上涨无法预测，因此从激进的角度来讲，此时要做的就是可以于价格顶破上轨的时候入场做多。

内部培训学员张义明：

后边的走势因为价格上涨时成交量无法连续的放大，很快便重新回到了通道之内，从位置来看，顶破上轨做多，当价格回缩到通道之中时出局。本案例中不仅没有盈利，反而小亏。可见，这样做虽无盈利，但风险并不是很大。

李助教：

的确是这样，单次操作风险不大，但问题是要操作好几次才有可能碰到一次大机会，连续亏几次且不说具体亏了多少，仅是对心态的打击就比较严重了，投资者能否承受连续数次小亏损累积起来的总额，这是一个值得商榷的问题。因此，这种方法是比较激进的。

内部培训学员张义明：

在价格顶破上轨时积极持仓，而一旦发现价格回到了通道内便减仓，这样的手法在本案例是比较合适的。第一次时价格虽然回到了通道之内，但并未下跌，而是继续依托布林线指标中轨的支撑震荡上行，直到第二次更强势的"趁火打劫"技术形态出现才获得了较高的收益。同样，第二次"趁火打劫"技术形态结束价格回缩到通道之中时，依然没有下跌，而是继续上涨，只不过由强势上涨转为常态的上涨。由此可见，在价格缩回来时减仓操作的效果要更好一些。

李助教：

价格的波动往往是强势上涨与常态上涨交替进行，最强势的上涨结束之后，并不一定会下跌，而是很有可能转为常态的震荡上涨，所以清仓操作就不是最好的选择了。当然，觉得强势上涨的这一波赚够了，清仓也没什么不好，达到了收益的预期见好就收，这也是一阳老师所提倡的。

不过，任何事情都是有利有弊。如果不清仓操作，价格万一跌了，利润就会减少；但如果价格涨了，收益又会增加。所以，这两者之中投资者是一定要自己做一个选择的。

内部培训学员张义明：

通过这两个上涨的"趁火打劫"案例我发现一个问题：价格涨得虽然猛烈，但是上涨的时间却不能维持很久，相比震荡上涨形态，其周期非常短。

李助教：

是这样的，就好比人们跑步，用尽全力向前跑，往往不会跑得太远就用光了所有的力气，但如果慢慢地跑，就算没有锻炼过的人也可以跑得远。放着大量价格往上涨就是在尽全力向上冲，因此其时间肯定不会延续太久。这里有个经验值，"趁火打劫"技术形态往往只会延续十根K线的时间长度，达到这个时间长度价格就容易回缩到通道之内。你回头可以数一下，看看是不是这样。

白糖1905合约2019年1月16日3分钟K线走势图（图5-5）。

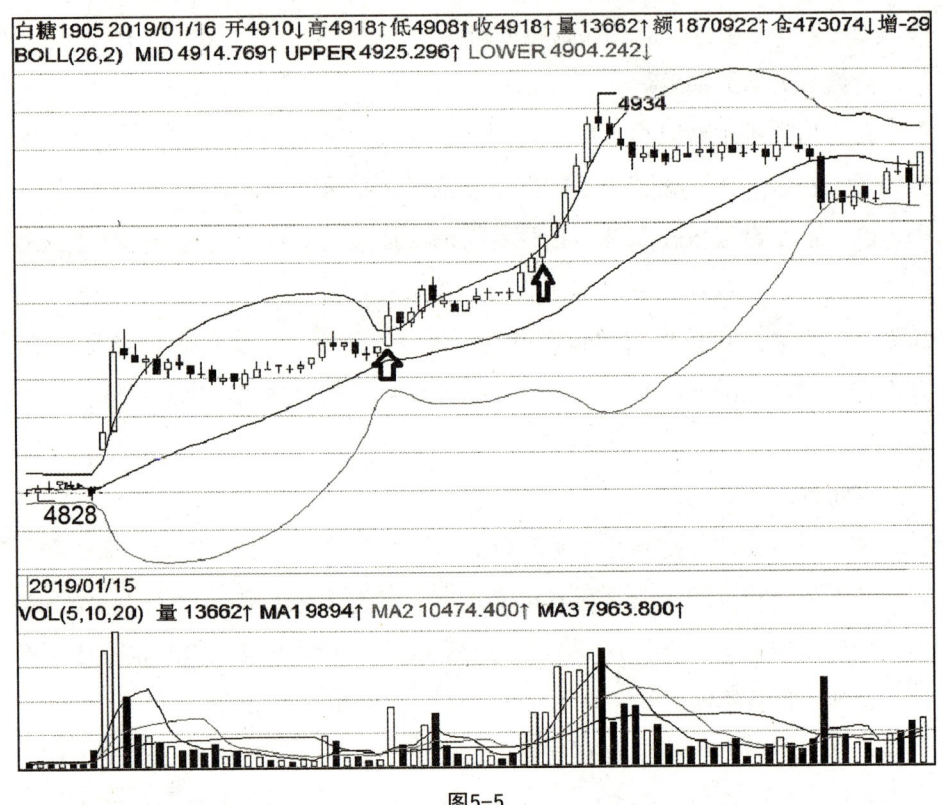

图5-5

李助教：

白糖1905合约开盘后价格出现了震荡上涨的走势，在上涨过程中，先后三次形成了"趁火打劫"的技术形态，但第一次的走势符合要求吗？

内部培训学员张义明：

我认为不符合标准的技术形态要求，这是因为第一次的"趁火打劫"出现于开盘阶段，价格形成了高开的走势，属于蹦高式的"趁火打劫"形态，并非连续自然上涨而形成的。

李助教：

早开盘的时候价格的跳空现象越明显，则技术指标失真的现象就越严重。因此，碰到这种现象时可不能用标准的"趁火打劫"形态进行操作。而后两次的技术形态就是正常走势了，因为均是在价格连续上涨的过程中形成的。

第二次形成"趁火打劫"形态是失败的，其中技术原因有哪些呢？

内部培训学员张义明：

价格虽然顶破了布林线指标的上轨，但由于成交量并未连续放大，因此价格很快便又缩回到了通道之内。

李助教：

成交量是否能够持续放大，将直接决定"趁火打劫"技术形态的成败。有资金积极在场中进行操作，就算没有形成该技术形态，价格也必然会持续上涨，这是因为资金的积极介入给了价格足够的上涨动力。所以，在看到价格向上顶破上轨时成交量却没有连续放大，就要意识到价格持续性上涨的可能性并不大。

内部培训学员张义明：

如果成交量没有连续放大，是不是也可以在价格重新回到通道之内时进行减仓或是清仓呢？

李助教：

可以这样做，不过因为价格很快又回来了，此时的盈利并不大，所以，在价格回归到通道之中进行减仓或清仓操作虽然可行，但并不是应付这种技术形态的最佳策略，在价格有了足够大的上涨空间之后再这样操作效果才比较好。

第三次的"趁火打劫"形态就是一次非常标准的走势，它的技术特点都有哪些呢？

内部培训学员张义明：

价格向上顶破了布林线指标上轨，同时，成交量也形成了连续性的放量形态，并且成交量的放大非常均匀，非常具有美感。

李助教：

成交量的放大说明资金在积极操作，因此给了价格足够大的上涨支撑，在这种情况下价格快速上涨也是非常正常的事情了。再加上成交量的放大非常漂亮，因此这一区间无论是空仓的投资者进行追涨，还是持仓的投资者继续持有，都将会获得非常不错的操作效果。

不管是在什么位置介入的，在价格回归到通道之中的时候便可以止盈离场，因为价格的快速上涨已带来了较大的获利。

内部培训学员张义明：

从时间周期来看，虽然这个案例非常完美，但是依然无法延续很长时间，整个过程仍是在10根K线的范围之内。知道了这个周期上的经验，在操作的时候也就不会盲目了，形态虽完美，但平均最多10根K线，涨了七八根阳线之后，就要随时留意回归通道之内的现象了。

橡胶1905合约2019年1月11日1分钟K线走势图（图5-6）。

李助教：

橡胶1905合约的走势以一种生硬的状态直接改变了上升的趋势，价格原本平稳地保持着震荡上行的走势，但是价格却直接跌破布林线指标下轨，从而直接把上涨转为下跌。由此可见，在价格保持上涨状态的时候，布林线指标下轨是绝对不能失守的，否则上升趋势就将会转为下降趋势。

内部培训学员张义明：

价格上来就以强势形态完成下跌，也说明下跌的概率是极大的。因此，在价格跌破下轨的时候，如果手中有多单则一定要赶紧止损，在止损的同时，也可以把手中的多单及时换为空单，这样一来，价格后期强势下跌的走势将可以弥补之前做多的亏损，甚至实现盈利了。

李助教：

价格在收出第一根大阴线之后，收出了一根阳线，此时的走势该如何分析呢？

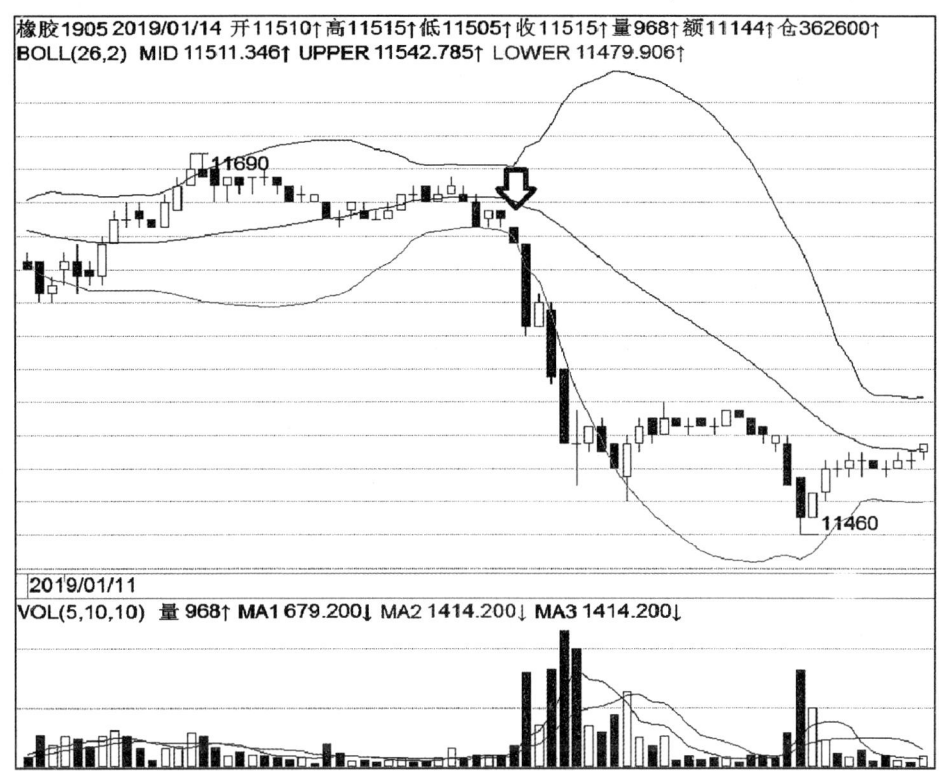

图5-6

内部培训学员张义明：

由于这一根阳线的收盘价依然在布林线指标下轨的下方，在此，完全可以忽视它，只要收盘没有回归到通道之中，不管价格是阴线还是阳线都没必要理会，应当继续持仓，或是激进一些，在放量下跌收出第一根阳线的时候入场做空，在老师的内部培训课程中，我学过这种操作技巧，这种方法也可以用来追空与持仓，我主要是用它进行持仓操作，效果非常好。

李助教：

是这样的，在价格放量下跌的过程中，第一次收出的小实体阳线的位置，往往不是真正的底部，所以，价格还会下跌。

连续下跌到低点后，一根略有放量的阳线的收盘价回归到了布林线指标通道之中，这种现象意味着减仓或清仓的时机已到。

内部培训学员张义明：

虽然价格回归到了通道之中，但是，整个下跌走势并未结束，在经过一次横盘反弹后，新低再度出现，此时强势下跌转为常态下跌。不过，这一波下跌的幅度并不是太大，创下新低、幅度有限，就算是在阳线回归通道之内时出局，收益也不会有太大的折损。

李助教：

第二波下跌幅度有限，是因为第一波的跌幅较大，透支了后面的下跌空间。如果前一波没有形成完美的放量强势下跌形态，没有透支第二波的下跌空间，那随后这一波的下跌幅度肯定会大一些。比如，下跌空间只有100点，第一波跌了80点，那第二波便只能跌20点了。

苹果1905合约2019年1月11日1分钟K线走势图（图5-7）。

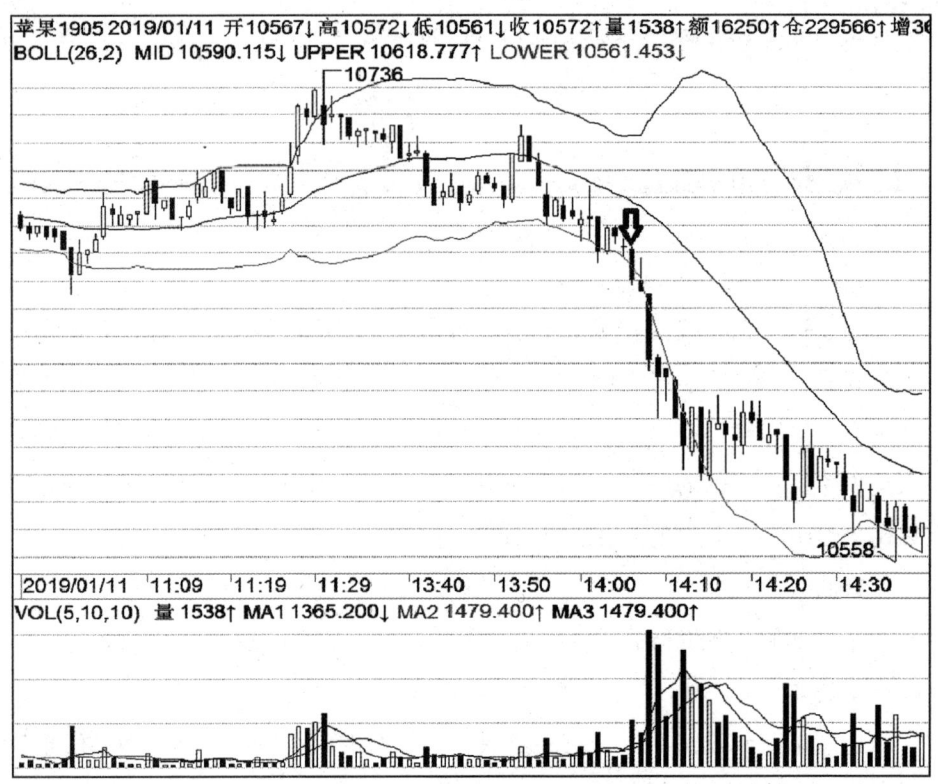

图5-7

李助教：

比较一个案例，苹果1905合约上升趋势转为下降趋势的走势就显得顺和很多，价格没有突然跌破下轨，先是缓慢地回落，而后再放量快速下跌。但这种走势存在一个新问题，第一个案例比较生硬，但止损点很清晰，跌破下轨就要出局，而在苹果的走势中，若在明确跌破下轨时再出局，亏损的幅度已经较大，并且不管在前一波何时介入的多单，都必须止损出局。有什么样的方法可以提前看出风险所在呢？

内部培训学员张义明：

这种识别方法很简单，就是一阳老师《玩转期货50招》之中的瞒天过海。虽然价格没有明确跌破下轨，但是，布林线指标中轨却提前由上升趋势转变为下降趋势。

李助教：

价格跌破下轨是多单最后的止损机会，但若在此形态形成之前，布林线指标中轨的方向已经明确改变，就必须在方向转变时及时止损出局了，只不过，此时的止损具体点位无法预计，不像跌破下轨止损出局是一个死的价位，这一点大家在止损操作时一定要注意，它是一个小区间的概念。

李助教：

阴线跌破了布林线指标下轨之后，紧接着收出了一根带有上影线的小阴线，在上影线形成的过程中，价格回归到了布林线指标通道之内，此时应当出局吗？

内部培训学员张义明：

这一根小阴线仅在盘中的时候回归到了布林线指标通道之内，而收盘时收盘价又跑到了布林线指标下轨下方，所以，具体操作时没有必要理会盘中的走势，而是要以这一根K线定型之后再做操作的打算。

李助教：

具体操作时，也不必等它定型之后再执行操作，无论什么周期的K线，只要最后三秒时看到K线已回归到通道之内了，便可以止盈离场了。

这个案例之中，价格经过一波下跌后，阳线的收盘价回归到了通道之内，这样的走势宣告强势下跌的结束，但强势下跌的结束并不意味着整个下跌行情的结束，在布林线指标中轨的压抑作用下，价格延续着震荡下跌的形态。由此可见，在一些案例中，强势下跌结束意味着整个下跌行情的结束，但另外一些案例中，强势下跌虽然结束，但后面依然还有震荡形态的下跌。所以，在价格回到通道之内时是清仓操作还是减仓操作，不同的投资者其操作结果是不一样的。

内部培训学员张义明：

我认为这种操作的分化问题并不大，此时不管怎么做都是盈利的，只是赚多赚少罢了，就算是赚少了，也拿下了整个波段的百分之六七十了，也没什么好遗憾的。只要开仓与止损的操作是统一口径的，盈利之后的处理方法，一阳老师说过，有方法有策略，但更重要的还是要看投资者对收益的态度，觉得赚够了就可以直接清仓，觉得还想多赚些，就可以减仓，只要最终运用正确的技术赚到了钱，怎么处理都对。

苹果1905合约2019年1月7日1分钟K线走势图（图5-8）。

李助教：

苹果1905合约的"趁火打劫"技术形态较为特殊，昨日收盘前价格还未跌破下轨，而当天开盘后则直接跌破了下轨，面对这种走势，若有隔夜仓在手倒是可以继续持仓，但对于做日内的投资者来说，刚开盘形成的"趁火打劫"技术形态是不宜进行操作的。

内部培训学员张义明：

苹果虽然形成了低开的走势，但仔细来看，低开的幅度并不太大。虽有低开，但幅度不大的走势，是不是可以把它视为连续下跌时突然收出的一根大阴线呢？这样来看，倒是可以操作。

李助教：

你说的是有道理的，也的确可以这样看待，但只限于低开幅度小的走势，若低开幅度比较大，则是不能用这种方式进行操作的。

这样操作会带来一个容易存在变数的问题：怎样的低开幅度算是小，怎样的低开幅度又算是大呢？具体执行时，每个投资者可能会有不同的标准，同时，不同的市场力度状态又会使得差异度变大。因此才要求：若开盘形成了低开并直接形成"趁火打劫"的走势是不宜操作的。并不是完全不能，而是不建议，若投资者的实战经验较为丰富，开仓与止损处理得都比较妥当，在设置了前提要求的情况下，是可以操作的。

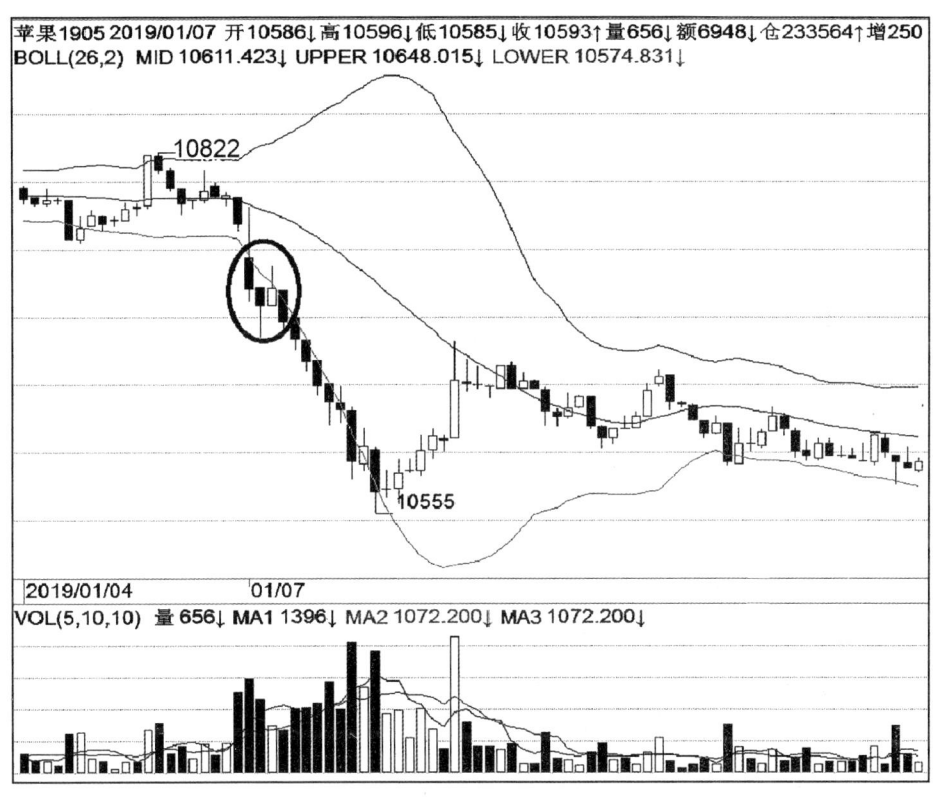

图5-8

内部培训学员张义明：

若刚开始的走势不能操作，那是不是可以在收出了一根阳线之后的那根再度跌破下轨的阴线上进行操作呢？我认为如果在这个点位操作，可以把止损设置在阳线上，这样一来，就算形态失败亏得也不多，而若形态成功，则可能进一步巩固强势下跌的势头，容易做出大的盈亏比。

李助教：

你说的是正确的。当开盘后第三根K线，也就是第一根阳线出现之后，的确可以在随后的阴线处进行做空操作，开仓点位就是跌破下轨的点位，止损也如你说放在阳线上。只是仍然需要注意的一个问题是：依然受到低开的影响，下轨数值仍然是有失真的，只不过低开幅度不大，失真并不是很严重而已，对操作造成的影响并不是太大。

内部培训学员张义明：

价格随后的走势与标准的"趁火打劫"技术形态完全一致，K线始终运行在布林线指标下轨下方，并且在价格下跌的过程中，成交量还始终保持着连续放大的状态。其间虽有K线的影线回到了通道之中，但由于收盘价依然位于下轨以下，因此，可以一路持仓到次低点，直至阳线收盘价高于布林线指标下轨。

李助教：

目前有部分品种没有夜盘，若昨夜夜盘各品种纷纷大幅下跌，第二天一开盘，这些没有夜盘的品种便有很大的可能去追齐昨夜其他品种的跌幅，这个时候，早盘价格的波动就会比较剧烈，因此，要么可以用一阳老师的获利闪电手核心操盘方法于早盘进行操作，或者可以用变形的"趁火打劫"技术形态于盘中操作，但这样做有一个前提，低开幅度不能过大，若低开幅度较大，也只能运用"获利闪电手"这个方法了。

玩转期货50招之六
声东击西——破线是假启动真

李助教：

声东击西在战场中是指声称攻东边，真实的目的却是攻打西边，用假象掩藏其真实的目的。而放在期货市场中，声东击西现象也是十分常见的，有多种技术形态，现在介绍其中的一种。

一阳老师曾说过一个技术问题：什么是价格波动过程中的多空分水岭？

内部培训学员朱可正：

均价线是价格波动过程中的多空分水岭。分时线在均价线上方，则说明价格当前处于多头波动状态，投资者此时应当进行做多操作。若分时线在均价线下方，则说明价格当前为空头状态，应当进行做空操作。

李助教：

正是如此，这种识别方法对于投资者来说可以大大降低出错的概率，按此操作逆势亏大钱的现象也就不复存在。

内部培训学员朱可正：

刚看老师书的时候心想，一个简单的均价线就真能降低风险？当时非常怀疑，可是实战操作起来才发现，果然如此，大亏真的与我无关了，形态失败最多亏小钱，而一旦形态成功则很容易赚大钱，真是实践出真知！

李助教：

均价线除了可以提示投资者价格的波动性质以及操作的方向，它还具备明显的支撑与压力的作用。在实战操作时，又该如何正确判断支撑与压力呢？

内部培训学员朱可正：

在价格上涨的过程中，查看均价线对分时线的支撑，当价格调整回落到均价线附近时，往往会止跌回稳，此时就要留意多单的操作机会。而在价格下跌的过程中，则需要留意均价线对分时线的压力，价格下跌后反弹，涨至均价线附近时往往受压回落，此时就带来了做空的机会。

李助教：

判断价格的支撑位与压力位的所在是很重要的，这有助于投资者找到恰到好处的介入点，但许多投资者在进行操作时都用错了方法，一定要记住：上涨看支撑，下跌看压力，只有这样分析，实战的效果才是最好的。

同时，由于均价线是价格波动的分水岭，因此，当价格由上向下跌破均价线时，可以在其支撑失守的情况下入场进行做空的操作；而当价格由下向上突破均价线时，则可以在其压力作用失败的情况下入场进行做多操作，这两种操作称为穿线操作。

内部培训学员朱可正：

在学习老师内部培训课程的时候，我发现一个问题，有时穿线买卖点会非常成功，介入后很快便可以获得丰厚的收益，但有时在价格刚形成穿线走势时进行操作，它却又很快回去了，比如价格跌破了均价线的支撑，但很快又回到了均价线的上方，虽然亏得不多，但这种现象好像也是挺常见的。

李助教：

这种走势正是要讲解的声东击西技术形态。跌破均价线的支撑是声东，价格的波动性质看似要由多头转变成为空头，但其实，价格却是为了后期进一步的上涨，跌破均价线只是一个假动作。也可以理解为这是一种支撑形态，跌破很快又回来，整体来看支撑作用依然有效。

在具体使用时一定要注意：跌破均价线的幅度不能过大，只能是微微跌破，同时，拉回的时间不能过长，既要实际性的跌破，又不能幅度太大，更不能时间过长。满足了这些技术要求，声东击西技术形态也就确立了，在价格重新回到均价线上方的时候，便可以入场开多了。

考你一个问题，在价格重新回到均价线上方的时候做多，该如何设置止损呢？

内部培训学员朱可正：

我学习过老师关于止损技巧的内部培训课程，现在不管面对什么形态都可以准确地找到止损位。在价格重新回到均价线上方的时候，因为刚才留有了一个跌破均价线的低点，因此，这个低点就可以作为多单的止损点。

李助教：

正确。这也是为什么要求价格跌破均价线的幅度不能过大的原因，否则，在形态失败的时候，止损就太大了。下面来看具体案例。

PTA1905合约2019年1月21日走势图（图6-1）。

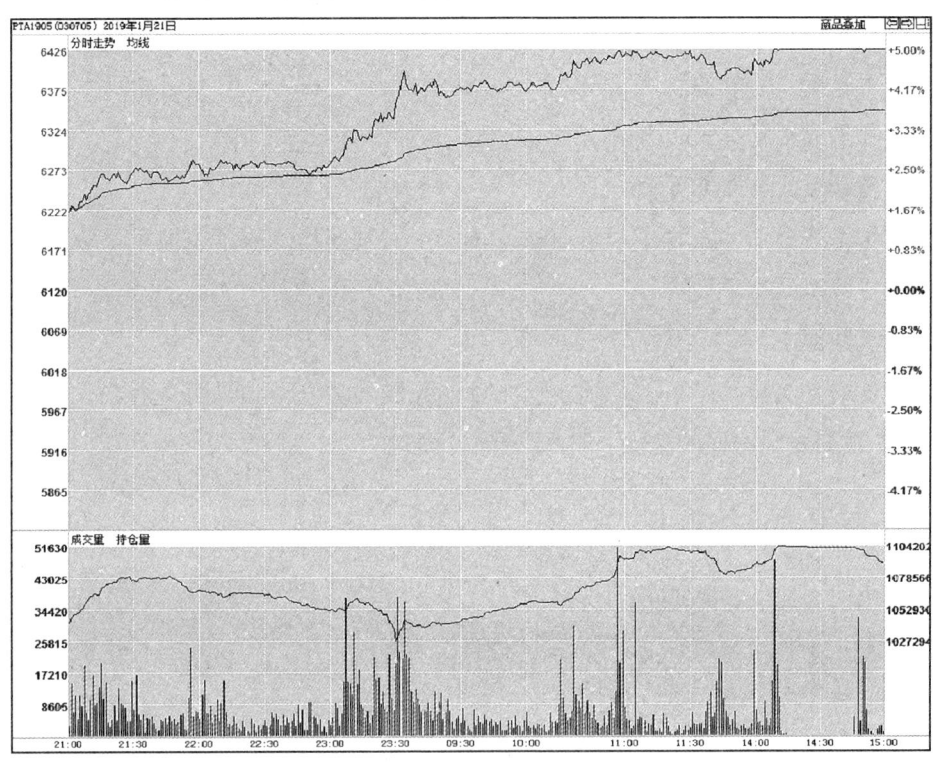

图6-1

李助教：

虽然涨停的现象在期货市场中并不是很常见，但是PTA1905合约价格上涨的时候形成的种种技术形态却是很标准的。你来说一下价格上涨过程中都有哪些常见的标准技术形态吧。

内部培训学员朱可正：

在价格上涨过程中，最漂亮的技术形态就是成交量的变化，从图6-1中的走势可以看到，每一次价格上涨时，都会引发成交量放大的现象，这说明资金做多的积极性非常高，正是由于资金主动地交易，才使得价格在当天形成了涨停的现象。

李助教：

从历史上所有大阳线与大阴线的走势来看，它们有一个共性，那就是在价格大幅波动的情况下，成交量都始终保持着完美的配合。而查看那些小阳线与小阴线的走势，则可以发现另一个共性，那就是成交量往往比较散乱。因此，资金的交易态度决定了价格当天波动的幅度，想要获得更高的收益，就一定要在成交量连续放大的情况下入场操作。

除了成交量变化的因素之外，还有什么样的技术特征呢？

内部培训学员朱可正：

价格在上涨的过程中，分时线基本上全天都在均价线上方波动，价格始终保持着明显的多头状态。

李助教：

价格多头技术形态越是完美，上涨的延续性越好。如果再查看当天的分钟K线也会看到这样的现象：布林线指标中轨在大部分的时间里保持着向上的态势。

量能完美，方向明确，这是价格波动的两大技术核心。

内部培训学员朱可正：

另一个技术特征就是：价格在初期上涨的过程中，均价线对价格的调整形成了强大的支撑，每当价格回调到布林线指标中轨的时候，调整便会结束，价格再次上涨。

李助教：

越是力度强大的上涨，各种形态的支撑便越是会发挥作用。

由于这一天价格始终保持着坚挺的上涨走势，没有形成向下穿越分时线的走势，所以，这一天也就没有机会运用"声东击西"的方法进行操作，必须在方向明确的时候坚定地进行做多操作。其实，这种技术形态在PTA1905合约中是最为多见的，大多数震荡上涨或下跌的走势都会满足这样的技术特点。

知道了价格单边上涨的技术形态之后，再来看一下对均价线形成上下穿越的走势。

螺纹1905合约2019年1月22日分时走势图(图6-2)。

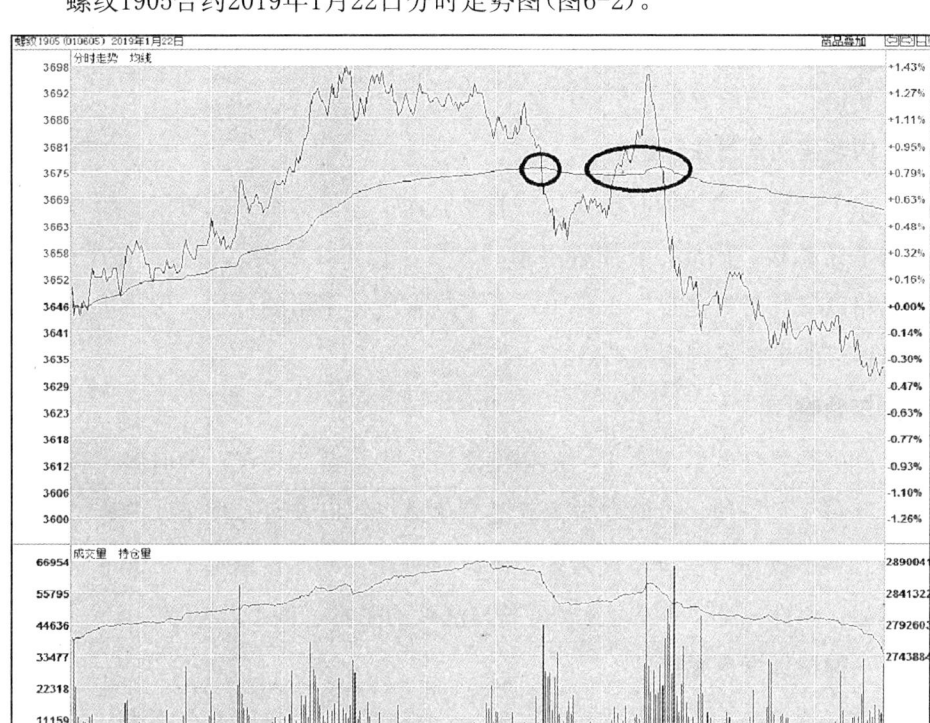

图6-2

李助教：

螺纹1905合约在夜盘期间的表现与PTA1905合约的表现高度类似，再由你总结一下它们相同的技术特点吧。

内部培训学员朱可正：

在夜盘螺纹的价格上涨过程中，成交量始终保持着放大的状态，这说明资金此时做多的态度比较积极。受到资金积极操作的推动，价格形成了较为单一的波动形态，虽然分时线有所震荡，但整体波动重心却不断上移。在价格初期上涨的过程中，调整的低点均受到了均价线的强大支撑。

成交量完美，方向波动单一，支撑作用明显，这便是螺纹与PTA价格波动时的共性。

李助教：

到了日盘之后价格的走势变得诡异起来。在价格连续回落的情况下，第一步向下跌破了均价线，这种现象说明价格此时的波动性质已经彻底由多头转变为空头，在价格放量跌破均价线的那一刻，一定要将手中的多单全部撤出，切记：分时线跌破均价线时是多头最后的出局时机。

内部培训学员朱可正：

由于跌破均价线的时候成交量明显放大，这说明资金此时做空的态度又变得非常积极，因此，在平掉多单的时候，也可以顺势入场进行做空操作。在价格跌破均价线之后，出现了一波下跌幅度还不错的行情，价格进入空头阵营以后的走势还是非常不错的。

李助教：

跌破均价线并且下跌了一定幅度之后，多头奋起反抗，分时线再次由下向上穿越了均价线，此时要做的就是空单离场，以及可以按刚才的方法，入场进行做多操作。在价格进入多头阵营的时候，同样也出现了一波非常不错的涨幅。由此可见，多空分水岭对价格涨跌的影响还是非常大的。

内部培训学员朱可正：

第三次价格向下跌破均价线之后，一路向下，再也没有涨起来，基本上以当天的最低点收盘。技术形态与第一次向下跌破均价线的时候一致，成交量在价格下跌过程中都保持着放大的状态，同时，向下击破均价线的时候，走势干脆利索，没有任何过多杂碎的波动环节。

李助教：

螺纹的分时线向下击穿均价线的时候，走势的延续性都非常好，跌破以后就会下跌，向上突破之后便会上涨，这是一种走势的代表，但相比分时线始终保持在均价线上方的形态略少见。

知道了这两种分时线与均价线的关系后，再来看一下"声东击西"技术形态的特点。

甲醇1905合约2019年1月21日走势图（图6-3）。

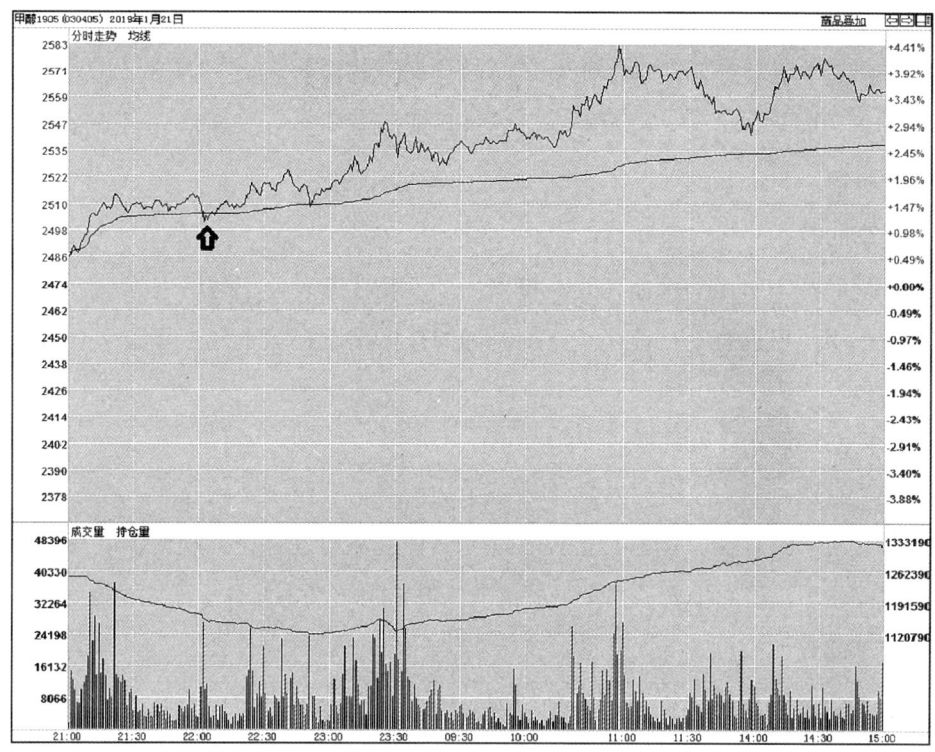

图6-3

李助教：

甲醇的走势也非常具有代表性，先来说一下整体性走势的技术特征吧。

内部培训学员朱可正：

成交量依然像前两个案例一样保持着放大的状态，这说明资金在这一天的交易态度非常积极。越多的资金介入，行情波动的幅度越大。

李助教：

许多投资者在做日内交易时总是会说抓不住机会，总盯着成交量散乱的品种又怎么可能抓住机会呢？如果把目光始终锁定在那些连续放量的品种身上，机会就无处不在了。

不过，甲醇的走势在当天最后一个小时的时候，成交量的变化就不是太好了，始终未能再继续放量，减少的成交量也使得价格在最后一小时内没有动力创出新高。有量能够连续上涨，无量则难以创出新高。

内部培训学员朱可正：

甲醇当天上涨时的方向也是比较明显的，整体波动重心始终保持着向上的态势，方向明确的走势再配合成交量的明显放大，价格便很容易出现好的上涨行情。

李助教：

最后一个明显的现象便是支撑作用了，整体来看，甲醇的支撑也一直发挥着作用，但也有了与前两个案例不同的技术形态，这个技术形态又有着怎样的技术特征呢？

内部培训学员朱可正：

夜盘22点左右，分时线向下跌破了均价线，按照正常的操作，在跌破均价线时应当进行做空操作，但过不了几分钟就需要进行止损操作，以及进行做多操作了。虽然不会丢失交易的机会，但这中间肯定要有一次止损操作。

李助教：

未必会进行做空以及止损操作的。因为能不能做空除了要看一下价格波动时的技术形态以外，还要看一下当时的盘面多空状态，这一点可千万不能忘掉！如果当时的盘面是标准的多头态势，那还可以在分时线跌破均价线的时候做空吗？显然就不会了，这个时候，只能在价格重新回到均价线上方的时候进行做多操作，因此，多头的交易机会肯定是跑不掉的。

内部培训学员朱可正：

价格跌破均价线又很快回到均价线上方，那这种走势也是一种支撑生效的形态吗？毕竟最终均价线对价格的回落产生了阻止的作用。

李助教：

是这样的，这也是一种支撑形态。均价线的支撑形态一共有三种，第一种是悬浮支撑，价格回落的低点离均价线还略有一点距离，两者并没有接触；第二种是价格正好接触均价线，两者等值；第三种便是甲醇的走势，跌破了均价线，但很快又回缩了上来。无论是哪一种支撑形态，价格最终都很容易出现上涨行情。

总结一下此处的技术特征：虽然跌破了均价线，但跌破的幅度并不大，并且分时线位于均价线下方的时间并不长,这说明空方力量并不是很大,这也是价格后期持续上涨的原因。

PP1905合约2019年1月22日走势图(图6-4)。

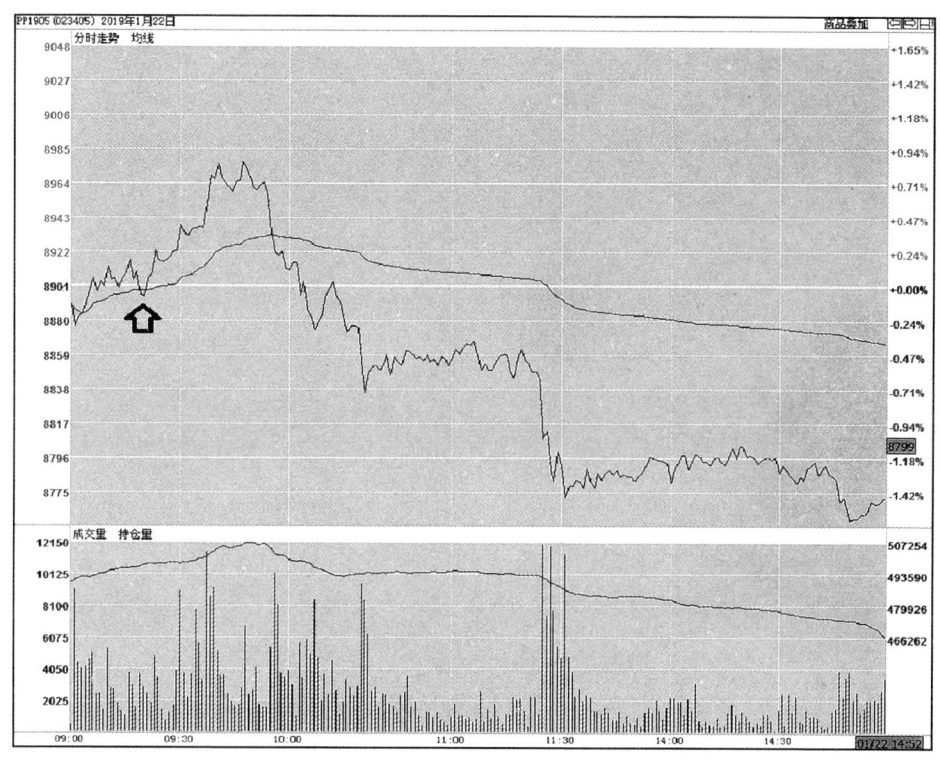

图6-4

李助教:

PP1905合约的走势在图6-4中出现了反转的形态,开盘之后先是上涨,而后转为下跌,转为下跌的形态非常容易识别:分时线向下击破了均价线的支撑,这说明价格已由多头性质转变为空头性质,因此,价格后期持续下跌的走势就非常正常。

内部培训学员朱可正:

在上涨的过程中,方向明确,成交量放大,同时,支撑也发挥了应有的作用,只不过支撑属于弱势状态。这些因素交织在一起,便促使了价格早盘期间的上涨。

李助教：

价格在上涨过程中有三种形式的支撑：一是分时线位于均价线上方，形成悬浮状，两者并未接触，这种形态称为强势支撑形态；二是两者正好接触到的支撑形态属于中等力度支撑形态；三是价格跌破了均价线又很快回来的走势就是弱势形态。

强势支撑形态虽然好，但由于价格并未与支撑位触及，所以，什么价位具体开仓就比较难解决了。中等力度支撑两者虽然正好接触，但这个接触的过程往往是短暂的，能不能开成仓也不确定。而弱势形态虽然不是太好，但却可以百分百的开仓成功，这是因为价格有过跌破支撑位的走势，这样一来，无论是提前在支撑位挂单，还是到达支撑位之后再开仓，都必然可以成交。

内部培训学员朱可正：

最强势的支撑形态不太容易确定开仓的具体点位，弱势的支撑形态则可以轻松开仓成功，但力度却要弱一些，真是两者难以两全啊。

李助教：

虽然称为弱势支撑形态，但不要认为这种走势就弱得不行，弱只是相对的。要求价格跌破均价线时不能跌得太多，并且要很快就回到均价线上方，就是为了降低价格弱的程度，跌破一下就回来，也就没什么太弱的了，价格后期的上涨也并不会受到太大的影响。但若是下跌均价线的幅度过大，这可就不行了。

内部培训学员朱可正：

在价格向上突破均价线的时候入场做多，而后把跌破均价线留下的那个低点视为止损位，这样一来，就算形态失败，亏损的幅度也并不大，而一旦形态成功，则较容易引发一轮的上涨行情，盈亏比还是比较理想的。

李助教：

这种技术形态虽然好，但由于投资者的交易习惯都是喜欢看K线图，而并不是分时图，分时图只是顺便翻翻，因此，在具体操作时，这种"声东击西"的技术形态作为辅助交易形态就可以了。碰到了就运用它操作，没有碰到则以其他的顺势交易形态为主。

黄豆二号1905合约2019年1月21日走势图(图6-5)。

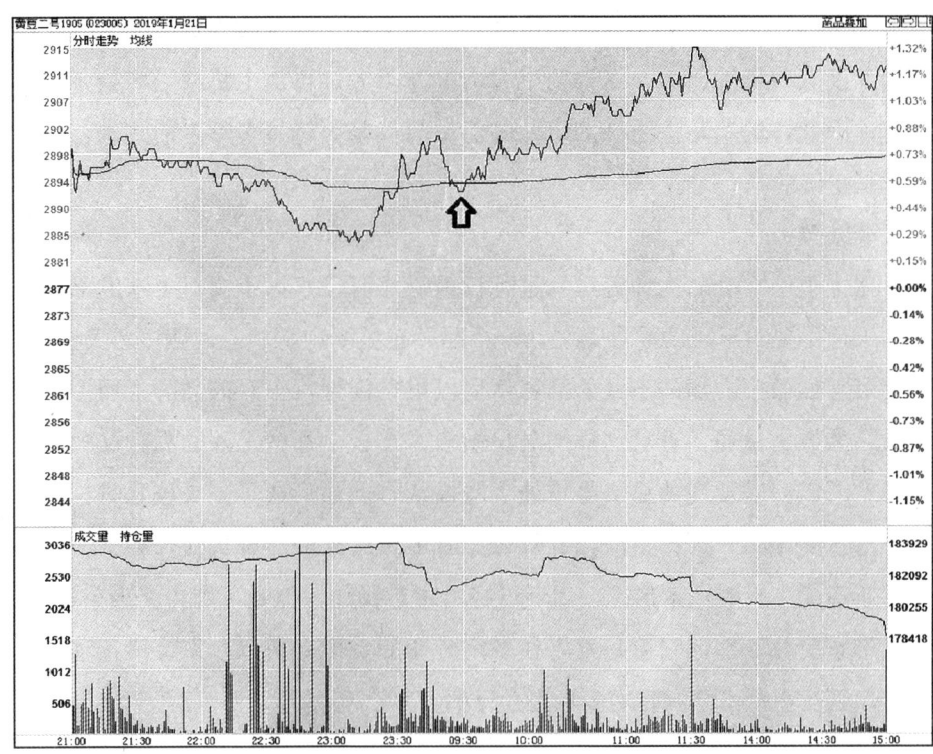

图6-5

内部培训学员朱可正：

黄豆二号1905合约的价格在开盘之后来回穿越均价线的现象，若按形态进行操作，将会来回止损，此时的走势该如何处理呢？

李助教：

外盘期货的走势都是连续的，国内期货品种15:00收盘之后，外盘的价格依然在变化，等国内夜盘开盘时，中间已经有了六个小时的间隔，这期间若外盘的价格波动平稳，则国内的期货开盘后波动也将会平稳，但若在这六小时之内外盘的波动比较剧烈，那么，夜盘开盘期间价格的波动也将较为剧烈且没有明显的规律，常出现的技术形态就是上涨后快速回落，或开盘下跌后快速的拉起，以及其他一杂乱的走势。

故此，"声东击西"技术形态不适合在开盘期间使用，开盘之后等待二十分钟左右，待价格进入平稳波动状态时再去操作才可以把握住交易的机会。

内部培训学员朱可正：

到了日盘阶段，9:30价格向下跌破了均价线，在跌破均价线的时候，成交量并没有明显的放大，这说明空方力量并不大，再加上价格当时处于上涨状态，因此，做空是不适合的，此时能做的就是等待做多形态的到来，这样分析是正确的吧？

李助教：

完全正确。一阳老师说过：进行日内操作时，永远不要对上涨的品种做空，永远不要对下跌的品种做多。一个品种正处于上涨状态说明多方力量大，若要对它们做空，那些下跌的品种情何以堪？同理，下跌的品种说明空方力量大、多方力量弱，若对这样的品种做多，那么，那些上涨的品种又该如何处理？所以，当发现黄豆二号正处于涨幅状态但却形成了空头迹象时，要么放弃对它的跟踪，选择正涨幅并且保持着多头迹象的品种关注，要么一直等它重新形成多头的技术形态，而后再择机进行操作。但是，因为"声东击西"技术形态的特殊性，它总是发生在多空转变的点位，所以，在价格正涨幅时做空，以及在价格跌幅时做多也是允许的。

内部培训学员朱可正：

价格跌破了均价线后不久，便重新回到了均价线的上方，至此，"声东击西"技术形态成立，跌破均价线只是一种虚假的行为，若真想下跌，价格应当连续下行远离均价线，而跌破一下又很快回来，这说明价格根本不想下跌，对于这种形态一阳老师讲过：不想下跌就是要涨，所以，在价格重新向上越过均价线的时候，便可以入场开多单了。

李助教：

多单的介入点很好确定，看一下均价线此时的价格，并在此基础上加一跳就可以了，加一跳是为了明确价格已大于均价线，站在了均价线的上方。

买点确定之后就是止损位的设定了，价格跌破均价线时留下了一个低点，这个低点就是多单的止损位，价格在该低点上方运行时，则持仓等待盈利，而一旦跌破这个低点就必须进行止损。因为一旦跌破该低点价格便位于均价线下方，形成空头性质的波动，多单也就不宜再留在手中了。

燃油1905合约2018年12月21日走势图(图6-6)。

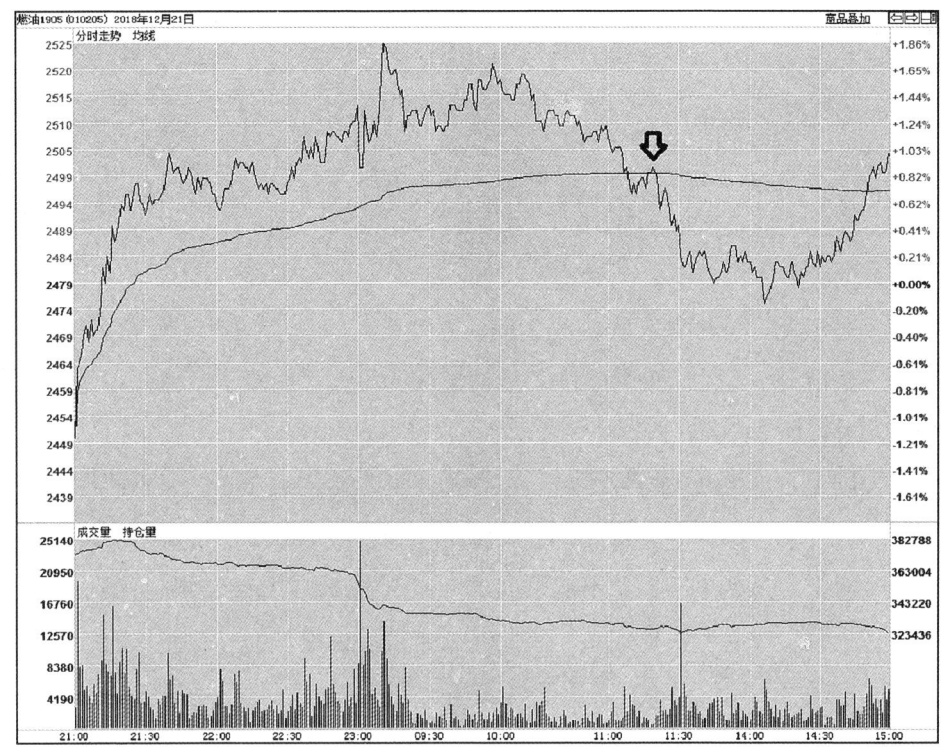

图6-6

李助教:

燃油1905合约开盘之后价格始终运行于均价线的上方,这样的走势其实最为多见,在多头性质始终保持的情况下,投资者也应当把操作的重点放在顺势交易上,从图6-6中分时走势形态来看,价格波动的过程中留下了多个逢低做多的盈利机会。

内部培训学员朱可正:

价格夜盘上涨期间,分时线离均价线比较远,这种情况下形成"声东击西"的可能性比较小,因此,当发现两者距离较远时就要进行顺势操作。

李助教:

正是如此,"声东击西"技术形态往往发生在两者距离较近的范围内,当然,两者距离近了并不意味着一定会形成该技术形态。发生了就按要求操作,未发生就继续顺势交易,因此,"声东击西"技术形态不宜作为主要操作手段，恰巧碰到了就去操作一笔，毕竟，价格顺势波动所占的时间才是最多的。

内部培训学员朱可正：

价格跌破了均价线之后不久，便重新回到了均价线上方，这个时候第一个操作动作就是在分时线向上突破均价线的时候进行做多操作，并用价格跌破均价线时的低点作为止损。

李助教：

正是如此，价格跌破均价线之后，在均价线下方待的时间略长了一些，但由于跌破均价线的幅度并不大，能够造成的亏损幅度较小，因此，是可以按要求进行操作的。

原则上，价格跌破均价线后，在均价线下方要待一会儿，但不能待得时间太长，在实际操作时会发现，有时价格在均价线下方虽然待得时间略长一些，从时间的角度来看，并不满足要求，但由于跌破均价线的幅度很小，就算形态失败造成的亏损也很小，因此，也是可以去操作的。有介入的统一技术理由，同时，风险很小，自然值得去搏一下。

内部培训学员朱可正：

从这个案例中发现一个问题：在价格跌破均价线而后重新位于均价线上方时做多，则需要在价格跌破低点时止损，而一旦进行了止损操作之后，第二次"声东击西"技术形态的做空机会也就要错过了。

李助教：

对"声东击西"技术形态操作时，无法做到连续作战，第一次形态失败止损后，第二个技术点的开仓点位必然错过。从图6-6中的走势来看，第一次的操作机会是在价格向上突破均价线的时候，越过均价线时应当进行做多操作，但随后技术形态失败，在跌破低点时止损，这是一次完整的开仓与止损的操作。

第二次的操作中，价格向上突破均价线之后，很快又回到了均价线的下方，因此，在价格向下跌破均价线时应当入场进行做空操作，并拿突破均价线的那个高点进行止损，而后这笔交易成功盈利。

之所以说"声东击西"技术形态不能够连续操作就是因为：第一次形态止损之后，价格已经离第二次操作形态的开仓点有些距离了，用突破创新低的方法可以在价格后期下跌的时候进行操作，但按"声东击西"的方法操作显然是没有机会的。

内部培训学员朱可正：

由此来看，"声东击西"只有一次交易机会，成功则盈利，失败则等待下一次的机会，而不会有连续二次的操作机会。

焦炭1905合约2019年1月21日走势图（图6-7）。

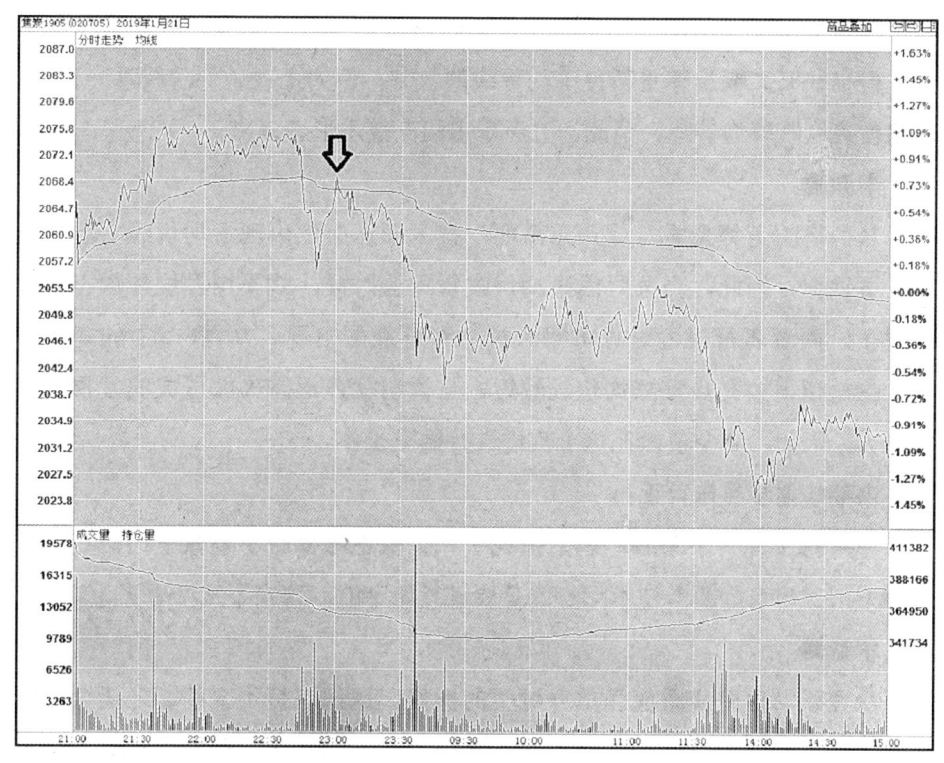

图6-7

李助教：

焦炭1905合约夜盘开盘后，分时线始终位于均价线上方，面对这种形态必须保持坚定地做多思路。经过几小波的上涨之后，价格形成了长时间的横盘走势，从横盘时的分时形态来看，价格的波动重心始终没有下移，因此，做出的判断应当是价格将会继续上涨。

内部培训学员朱可正：

可惜的是价格之后转为下跌，这是否应了那句话——横久必跌？

李助教：

横久必跌出现于高位，在价格有了较长时间以及较大幅度上涨之后，而焦炭此时的整体涨幅并不大，所以，横久必跌并不适合它。事儿是坏在了成交量的变化上，在价格下跌的时候成交量连续放大，下跌得到了资金的支持，因此，上涨也就很难再发生了。

内部培训学员朱可正：

随着成交量明显的放大，价格快速跌破了均价线并出现了一定幅度的下跌，但很快又大幅反弹重新位于均价线的上方，但向上突破均价线没一会儿，价格便再度跌破均价线，至此，"声东击西"技术形态成立。

李助教：

从价格的走势来看，"声东击西"技术形态必然出现于均价线附近，这是一条铁律，因此，当分时线离均价线较远的时候，就不用在这种形态上花心思了，两者离得很近时方可留意机会有可能的出现。从图6-7中的走势来看，价格留下的高点距离均价线较近，这说明就算形态失败造成的亏损幅度也不大，因此，完全值得在这个点位进行做空操作。

内部培训学员朱可正：

但此时又有一个矛盾：您之前说了，价格正涨幅时不要做空，但在这个案例中，"声东击西"技术形态就是要进行做空的，这岂不是产生了矛盾？

李助教：

从涨跌的角度来看应当放弃做空的操作，这一点是不变的。之所以可以进行操作，是因为之前的成交量形态出现了明显的变化，价格下跌时形成了放量的现象，这表示了资金认可做空的态度，既然资金开始了积极地做空操作，那不管价格是上涨还是下跌，最终都将会下跌，故此，可以进行操作。

再者，一定要牢记，不对正涨幅的品种做空，这是基于顺势交易而言的，但由于"声东击西"技术形态处于多与空的转折点，所以，只要技术形态符合要求，并且止损幅度并不大，可以不理会价格的涨幅。当然了，若价格上涨形成的是做多形态，下跌形成的是做空形态，那将是最佳的操作机会。

内部培训学员朱可正：

获利的关键取决于技术形态，幅度、量能都是辅助提升成功率的，通过您的讲解，我对一阳老师这句话有了更深的理解。

白糖1905合约2019年1月22日走势图（图6-8）。

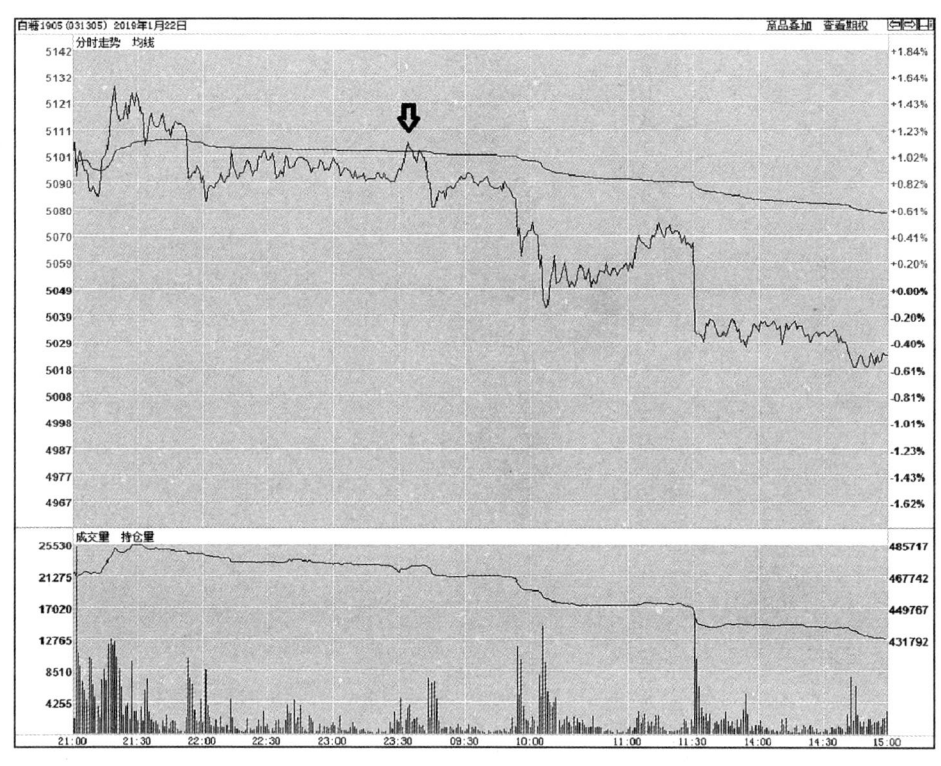

图6-8

李助教：

白糖1905合约的价格开盘之后先是下跌，而后又快速上涨，刚开盘后的走势充满了不确定性，因此，这一阶段的操作最好放弃，因为操作难度较大，且获利的稳定性不足。

价格经过了早盘期间的快速上冲之后，形成了较长时间连续回落的走势，在整个下跌过程中，分时线都有哪些明显的技术特征呢？

内部培训学员朱可正：

从整体形态来看，价格在持续回落的过程中，分时线始终位于均价线的下方，构成了明显的空头技术形态，持续回落的过程中，突破做空的机会以及反弹后逢高做空的机会非常多。

李助教：

日盘开盘后，价格上冲并向上突破了均价线，但很快又向下跌破了均价线，从而形成了"声东击西"的走势。通过之前案例的总结，再面对这样的技术形态时该怎么操作应当没有任何问题了吧？

内部培训学员朱可正：

在价格向下跌破均价线的时候入场做空，具体的做空价格是均价线减一跳，以示明确向下跌破了均价线。做空之后，把价格向上突破均价线的那个高点视为止损点，若再度向上越过这个高点则进行止损，止损的理由是：价格只要越过该高点便重新形成了多头性质的波动，因此，空单不宜再继续持有。

李助教：

开仓与止损的设定都非常正确，并且通过多个案例来看，这种技术形态即使失败，造成的亏损也往往非常小，无论多大的仓位都完全承受得住。只有在技术形态失败时造成的亏损小，才可以在技术形态成功时给投资者带来大盈亏比的获利机会。

内部培训学员朱可正：

"声东击西"技术形态可以得知开仓的点位，可以得知亏损的幅度，已知的就是小亏，而未知的就是能够盈利多少钱。至于说最终能赚多少钱还要看市场，行情大则赚得多，行情小则赚得少，要么是小亏换小赚，要么是小亏换大赚，总的下来，盈利是大概率的事情。

玩转期货50招之七
无中生有——下跌尽头涨机现

姚助教：

无中生有的原意是指把没有的事情说成是有的事情。放在期货里则可以这样解读：当价格下跌的时候，趋势方向都明确向下，没有任何要上涨的意思，但若从另一个角度去判断，一些信号的出现预示着价格将有可能上涨。上涨，从趋势的角度来讲是没有的，但万物生于有，而有生于无。当这种信号出现的时候，投资者就需要留意下跌有可能结束，以及上涨有可能到来。

内部培训学员于明军：

听您这样一讲，无中生有技术形态应当是用来识别价格由下降趋势转变为上升趋势的吧，属于一种抄底的操盘技巧？

姚助教：

正是如此，无中生有的确是一种识别价格持续下跌后的底部的方法。在价格下跌的过程中，如果只是查看趋势的方向，此时常用的移动均线或是布林线指标都无法提前告知投资者下降趋势是否将要结束，因此，需要借助MACD指标来辅助进行分析。

许多投资者在进行抄底操作的时候总是失败，其中一个很重要的原因就是没有借鉴一下MACD指标的信号，任何抄底操作，但凡结合上MACD指标进行分析，找到底部的成功概率就将会大大提高。

内部培训学员于明军：

在学习老师的内部培训课程时，曾学过MACD指标的使用方法，我现在用它判断底部的效果也不错，老师讲：把K线压缩以后，若MACD指标线体的峰值处于近一段时间最低的时候，就要留意底部有可能到来了。不知道无中生有与这个方法有什么区别呢？

姚助教：

这两种方法是有区别的，查看MACD指标峰值的确是一种行之有效的方法，而无中生有说的是：在价格继续下跌并创下新低的时候，MACD指标在此时却并未保持下降趋势，而是先于价格的波动形成了低点抬高的上升趋势。价格的趋势方向没有任何向上的迹象，这是"无"，而MACD指标则形成上升趋势，这是"有"，当无中生有技术形态出现的时候，投资者就有必要减仓空单，以及寻找机会开仓多单了。

当然也可以与你所学的方法相结合，一旦无中生有形态出现，并且MACD指标的峰值非常低，那价格在后期形成阶段性底部的概率就会进一步加大了。

在具体使用的时候一定要切记：历史上大级别的底部都会出现无中生有技术形态，但这种技术形态只适合帮助投资者寻找到底部的区间所在，具体精细的入场点，还需要结合其他方法进行综合判断。

沪镍1905合约2019年1月22日1分钟K线走势图（图7-1）。

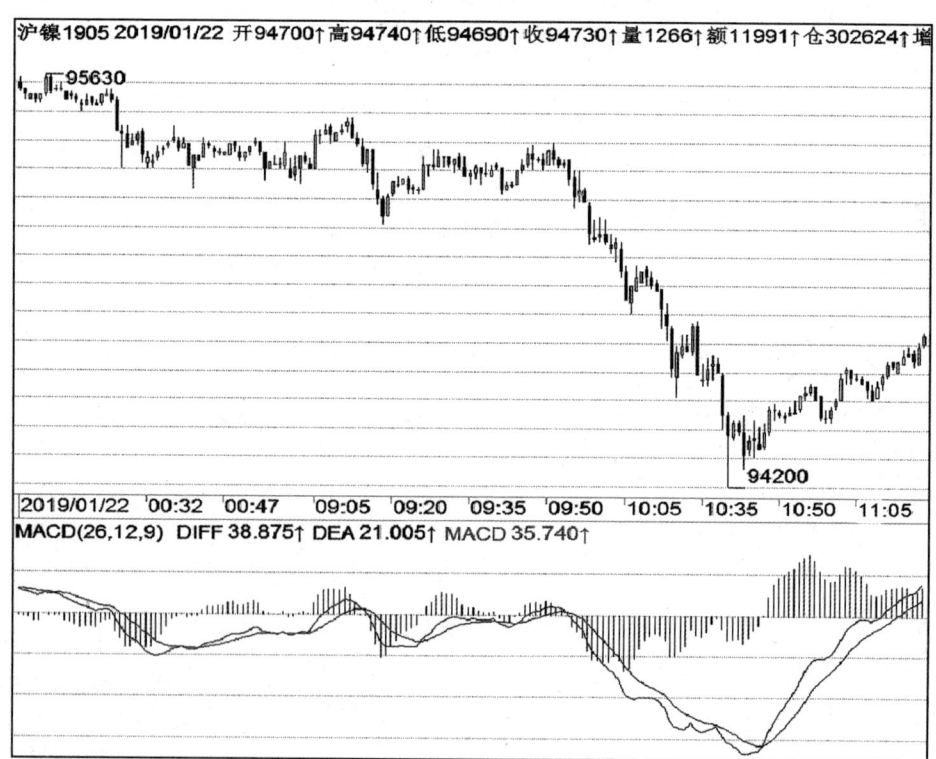

图7-1

姚助教：

沪镍1905合约在下跌的过程中，一波下跌形态K线走势非常简单，这种走势对于投资者持仓来说压力非常小。价格下跌到底部之后，见底的形态也干脆利索，留下了一个尖底之后便展开了震荡上涨的走势。这样的底部形态其实对于投资者是比较麻烦的，因为底部停留的时间非常短，并且底部的形态也很简单，所以，很容易认为初期的上涨是正常的反弹，这样一来，肯定会损失一部分收益。

因为价格的底部形态是尖的，所以，MACD指标便没有机会形成无中生有技术形态，但这个案例中，MACD指标却形成了你所学过的经典底部形态，你能说一下是什么吗？

内部培训学员于明军：

在价格下跌到底部的时候，MACD指标的线体峰值创下了最近一段时间的最低值，从指标的角度来讲，数值达到了极限的状态，因此，指标必然会在后边恢复至正常的数值区间，而在指标恢复的过程中，价格就很容易停止下跌，因此，在形成这种现象时，就应当考虑将手中的空单减仓或是清仓了。

姚助教：

MACD指标的超低峰值针对的正是这种下跌形态简单、底部形态单一的走势，此时，超低峰值发挥的实战效果是非常好的。在超低峰值区间进行减仓操作，往往可以平仓在一个较为理想的点位，而后一旦发现价格有起涨迹象，就可以再将剩余的仓位平掉。

虽然没有形成无中生有的技术形态，但有了超低峰值的帮助，对于那些波动形态简单的走势也可以找到它们的底部区间。

锰硅1905合约2019年1月23日1分钟K线走势图（图7-2）。

姚助教：

锰硅1905合约开盘之后，当天第一根K线与昨日最后一根K线之间没有明显的价格跳空缺口，这种情况下该如何操作呢？如果有了较大的跳空缺口又该如何操作呢？

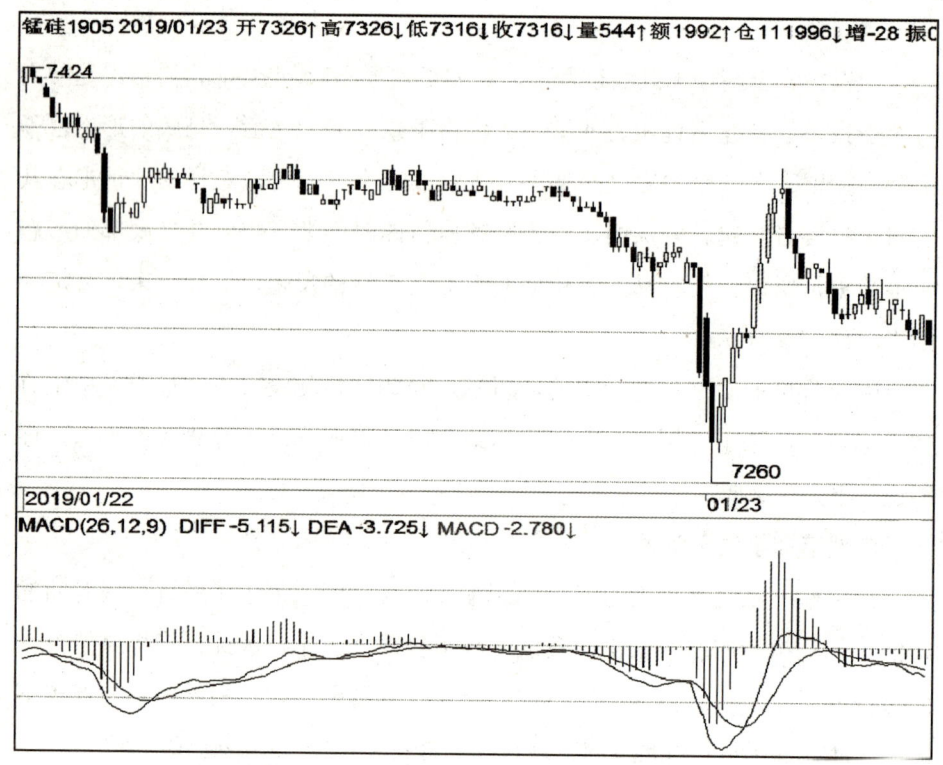

图7-2

内部培训学员于明军：

今日第一根K线收盘价与昨日最后一根K线收盘价之间若没有明显的跳空缺口，则可以忽视开盘时间这个因素，直接把昨日与今日的走势看成一个整体。从图7-2中的走势来看，开盘后价格延续昨日的下跌，波动性质属于顺势下跌。

若开盘的时候出现大幅度的跳空现象，今日第一根K线收盘价与昨日最后一根K线收盘价相距较大，那就需要等一段时间，待达到指标最长周期的K线根数后再按指标形态进行操作，因为大幅度的跳空会使得所有指标处于暂时性的失真状态，因此，必须等。

姚助教：

失真是这样形成的。假设5周期的移动均线，比如昨日收盘前的4根K线收盘价分别为5002元、5001元、4999元、4998元，如今天第一根K线收盘是5000元，则5个值相加除以5，此时5周期移动均线的数值为5000。但若出现大幅度的低开，第一根K线收盘价为4900元，那么，此时5周期均线的数值则是4980元，是那根4900元的K线导致的，所以，指标数值便出现了失真。而再经过5根K线的时间之后，4900元收盘的数值再与其他四根相邻的数值进行计算，此时，指标的失真状况就彻底消除了。

因此，在价格出现大幅度高开或低开的时候，一定要等到K线的根数达到了指标的参数值时再参考指标进行操作，如果查看的指标最长周期是26，那就意味着必须经过26根K线的时间长度才会恢复正常，若查看的K线周期是1分钟K线，就需要经过26分钟，若查看的是3分钟K线，就需要经过78分钟之后指标才会恢复正常。

内部培训学员于明军：

以前不明白这一点，后来听一阳老师更为详细的讲解之后，终于明白了当价格出现大幅度高开或低开时，该用什么样的方法进行正确的操作了。

锰硅低开快速下跌后，随后的反弹也够猛烈的，这样的走势非常具有杀伤性，没有及时止盈的话，利润将全部返还给市场，并且还有可能出现亏损。不过，我认为这个底部也是非常难判断的。

姚助教：

是的，锰硅的价格在底部停留的时间更短，就算水平再高，面对这种形态也必然会回吐部分收益。同时，由于价格底部形成得非常快，所以，MACD指标也没有形成明显的无中生有的走势，而且极低峰值的现象也没有形成，常规的方法对于这种底部都是没有效果的。

内部培训学员于明军：

那面对这种快速反弹上去的底部就一点办法也没有吗？只能眼看着利润大幅地回吐吗？

姚助教：

利润回吐是必须的，只不过并不是大幅回吐，而是适当回吐而已，只是牺牲一根K线而已，这样的利润回吐就没有问题了吧？利用这种方法你再复习老师的持仓技巧就明白了。震荡波动形态有震荡形态防止利润大幅回吐的方法，简单快速波动形态也有相应的预防利润回吐方法，一点利润也不回吐是不可能的，但很好地控制住回吐的幅度，这是肯定可以做到的。

沪铜1903合约2019年1月23日1分钟K线走势图（图7-3）。

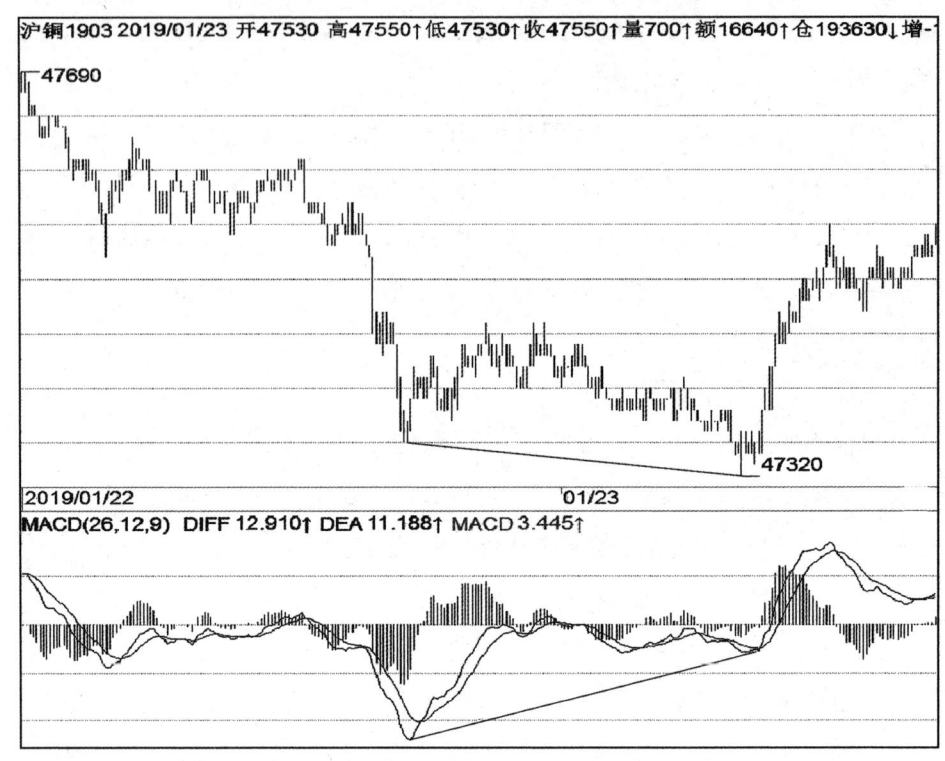

图7-3

姚助教：

沪铜的走势分别从两个低点来看则是不太容易识别的，与前两个案例一样，价格在低点的位置停留的时间很短，所以，利润很容易造成回吐。但若把它们结合在一起去看，则底部的形态就比较明显了。

当然，在分析的时候，还要先抛开MACD指标，单看K线的形态，价格的波动有着怎样的特点呢？

内部培训学员于明军：

单看K线形态的话，价格依然保持着下跌的走势，一波大幅杀跌之后，虽然价格反弹的幅度高了一些，但若与下跌的波段相比，此时的反弹幅度就并不过分，属于比较合理的反弹走势。

反弹过后，价格依然保持着高点不断降低、波动重心不断下移的走势，并且还在后期创下了新低,没有任何迹象显示价格将要形成底部,手中若有空单,倒是应当继续坚定持仓。

姚助教:

的确如此,如果仅看K线形态,或者是参考布林线等趋势类指标,都无法找到价格将要上涨的信号,这就是无中生有的"无",它表达的是没有上升信号的意思。

但结合MACD指标来看问题就不一样了。价格虽然创下了新低,但是,MACD指标却形成了上升的趋势,价格向下,指标向上,无之中生出了有,这个是有MACD指标提示的。只要出现这种形态,价格后期将会服从指标的方向进行波动。从后面的走势来看,价格也的确结束了下跌、出现了上涨的行情。若是只查看趋势类指标,这一次又要面临利润不同程度的回吐了,而如果结合MACD指标进行分析,完全可以在上涨出现之前将手中的空单平仓在一个非常理想的位置。

内部培训学员于明军:

无中生有形态一出现,便要意识到价格的下跌很可能暂时结束,但是反弹还是反转,这可以判断出来吗?

姚助教:

这是无法判断出来的,因为无中生有形态形成以后多会有三种运行方式:一是价格保持低位箱体震荡,不涨也不跌,碰到这种走势手中若有空单倒也不要慌,因为价格的波动往往不会触及止盈位;二是价格出现正常的技术性反弹,这个时候利润就容易回吐了,反弹幅度小还好,一旦反弹幅度大就不太好办了,但至于能弹多高,不走出来谁会知道?三是价格见底逆势形成上升的走势。

由此可见,后两种形态都会对手中的空单造成一定的影响,因此,在无中生有形态出现之后,先退出场外,看清楚情况后再重新入场操作才是明智的。

内部培训学员于明军:

价格此时也已经跌了好几波,并且最后一波下跌走势的下行角度明显变缓，一阳老师说过：下跌角度的变缓意味着下跌力度的减小，空方力量小了，自然预示着多方的力量在悄然地增强，在空单赚了不少的情况下，也的确有必要考虑逢低出局了，就算价格后期还会继续下跌，中途休整一下也很正常。只不过结合了MACD指标的无中生有形态，就可以找到价格底部所在。

锰硅1905合约2019年1月15日1分钟K线走势图（图7-4）。

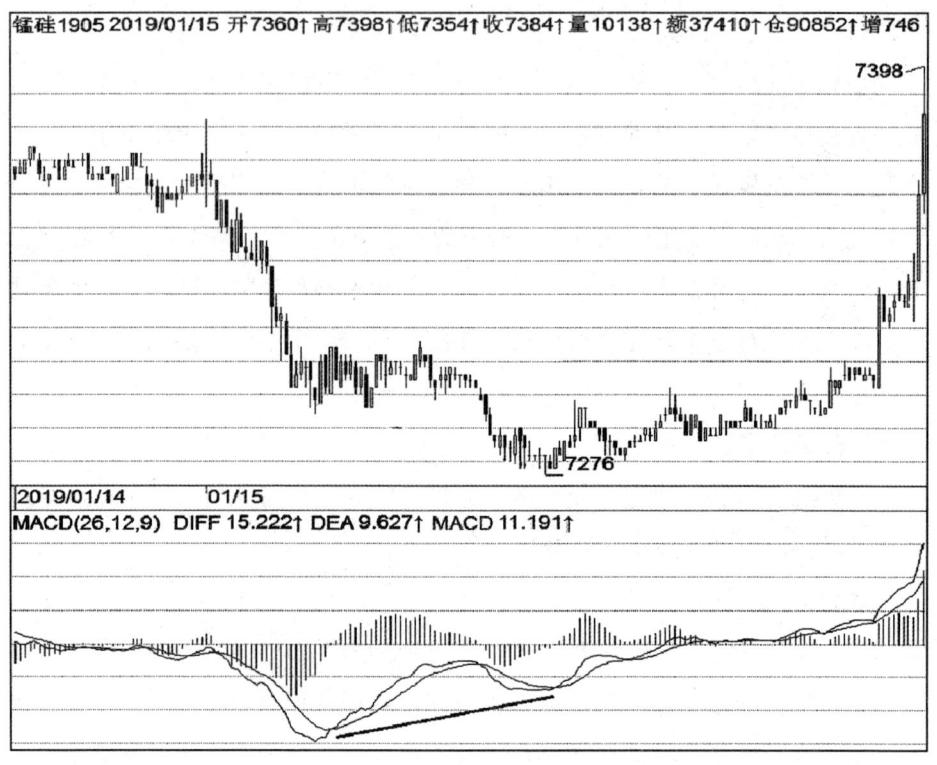

图7-4

姚助教：

锰硅的价格经过一波大幅度的杀跌之后，出现了一次小箱体震荡的走势，这种走势对于持仓来说干扰并不大，即使在整个震荡区间都持有空单也没有什么问题，因为价格反弹上涨的幅度太小了。

在实战操作的时候，对于这种小幅度的反弹箱体形态该如何解读呢？

内部培训学员于明军：

价格大幅下跌之后出现小幅度的反弹走势，这说明多方的力量非常虚弱，虽然已经有了足够的下跌空间，但价格就是弹不起来。由于空方牢牢控制着价格的动向，所以，继续下跌的概率极大。

由于价格此时的位置略微偏低，所以，继续持仓是没有问题的；若价格所处的位置高一些，在价格下跌的初期阶段形成这种横盘的走势，那就可以肯定地说，后期价格必将会下跌了。

姚助教：

反弹以横盘的方式进行，这种走势并不多见，大多数反弹都是以上涨的形式展开的，所以横盘式的反弹就显得非常珍贵了。每当它们出现的时候，只要位置并不是过低的，都将会给投资者再度带来非常好的获利机会，不管是继续持仓还是新开仓，都可以在价格后期进一步的下跌过程中有所收益。

内部培训学员于明军：

横盘式的反弹不会对心态产生什么影响，不过价格在再一轮下跌之后的走势中问题就来了，反弹全都是以上涨的方式进行的，随着波动重心的不断上移，利润肯定要面临回吐的问题了。对于这样的走势只有在利润回吐的时候才可以发现吗？

姚助教：

其实看一下MACD指标的表现就清楚了，在上涨式的反弹出现之前是完全可以提前做出判断的。价格虽然创出了新低，但是，MACD指标却并没有在价格创新低的时候跟着一起下行，反而是指标先于价格形成了上升的趋势，两者方向的不一致将很容易导致价格要么后期转变为上涨，要么后期形成一段时间的震荡反弹而后再下跌，无论哪种走势，就眼下的操作来说，持有空单都是不利的。所以，在价格有了较大幅度的下跌空间之后，一旦MACD指标不再与价格的下降趋势保持一致，就一定要小心下跌将会有较大可能暂时停止。

内部培训学员于明军：

如果仅看价格的波动方向，根本无法看出未来的趋势将会有转变的可能，这就是您讲的"无"，而结合MACD指标综合来看，就从无多头趋势迹象之中，发现存在趋势转变方向的可能。看来，以后除了要盯着MACD指标的峰值进行分析以外，也一定要融入无中生有技术形态，这样才可以更好地找到价格可能的反转点所在，从而为平仓操作或者是抄底摸顶操作创造更多的便利。

螺纹1905合约2019年1月22日1分钟K线走势图(图7-5)。

图7-5

姚助教：

在多数下跌走势当中，形成无中生有形态前，价格往往会连续下跌几大波。而在本案例中，螺纹1905合约的走势只在一波杀跌之后便出现了无中生有形态，你能试着解读一下其中的原因吗？

内部培训学员于明军：

其他的案例在连续几大波下跌之后形成无中生有形态，这是因为价格连续的下跌使得MACD指标一步步到达了较低的数值区间，从而使得指标的数值下跌到了极限，因此，有了向上恢复的需要。

而在本案例之中螺纹的那一波下跌的整体跌幅非常大，因此，只通过了一波下跌便将MACD指标送到了低位的极限状态之中，因此，无中生有只在一波下跌之后便出现了。

姚助教：

你说得非常正确。在价格小幅震荡下跌的过程中，无中生有形态的确需要多波连续的下跌才会见到，而在大幅且快速的下跌走势中，一波的下跌就有可能见到，这个细节之处的原理是一定要明白的。

之前几个案例MACD指标只形成了连续两个抬高的低点，而在本案例中，却形成了三个连续抬高的低点，这对于实战操作来说有什么影响？

内部培训学员于明军：

对于顺势持仓来说，影响并不大，当看到MACD指标第二个抬高的低点处时进行平仓操作，从后期走势位置来看，也没什么问题。只不过对于抄底操作，在第二个抬高的低点若进行了做多，随着价格再一次创下新低，中间就要进行一次止损交易了，但止损后不久，买点再次出现。需要在中间折腾一下。

姚助教：

在持仓的时候，绝对不可能平在最低点处，所以，虽然MACD指标有两个抬高的低点，但其提示的平仓点也算得上是整体底部区间较低的位置，余下那末尾的一点利润要不要都没有关系。

对于抄底操作而言，虽然会有一次止损，但止损幅度并不大，只要按照正常的技术进行操作，并且亏损的幅度又很小，就不要理会，这个市场不是赚钱就是亏钱，一定要理性地面对亏损，一次成功的形态就可以弥补十几次小的亏损。

第一次的无中生有形态失败容易影响投资者的信心，但千万不要因此有不敢交易的想法，只要符合了技术条件，该开仓就开仓，该止损就止损，在坚决执行的情况下，盈利必然是大概率的事情。

内部培训学员于明军：

在价格第二次创出新低再一次形成了无中生有形态后，开盘便以跳空的方式上涨，不再留给投资者交易的机会。看来，当信号出现时必须坚决执行，手中有持仓的就要趁机离场，打算进行抄底摸顶操作的，就要坚决执行交易，以免真涨起来以后又心生懊悔。

我认为三个低点的无中生有形态与两个低点的无中生有形态之间的差别就是多了一个低点造成的,所以,在操作的时候会增加一个小环节,但对整体性的操作并没有大的影响。反而MACD指标低点抬高的次数越多,其可靠性也就越好。但是形态出现时,到底是形成两次无中生有,还是形成三次无中生有,这是不得而知的,因此,只要一见到无中生有形态形成,便应当执行操作。

姚助教:

当有符合技术要求的技术形态便要坚决开仓,绝对不能犹豫,哪怕下一秒出现了止损信号,也必须坚定地执行交易信号。同时,在止损时也必须坚决,在交易纪律面前,绝对不能马虎,不可犹豫,更不可不信任交易信号。许多资者在实战操作时的效果不好,就是因为没有做到这些。

沪镍1905合约2019年1月23日1分钟K线走势图(图7-6)。

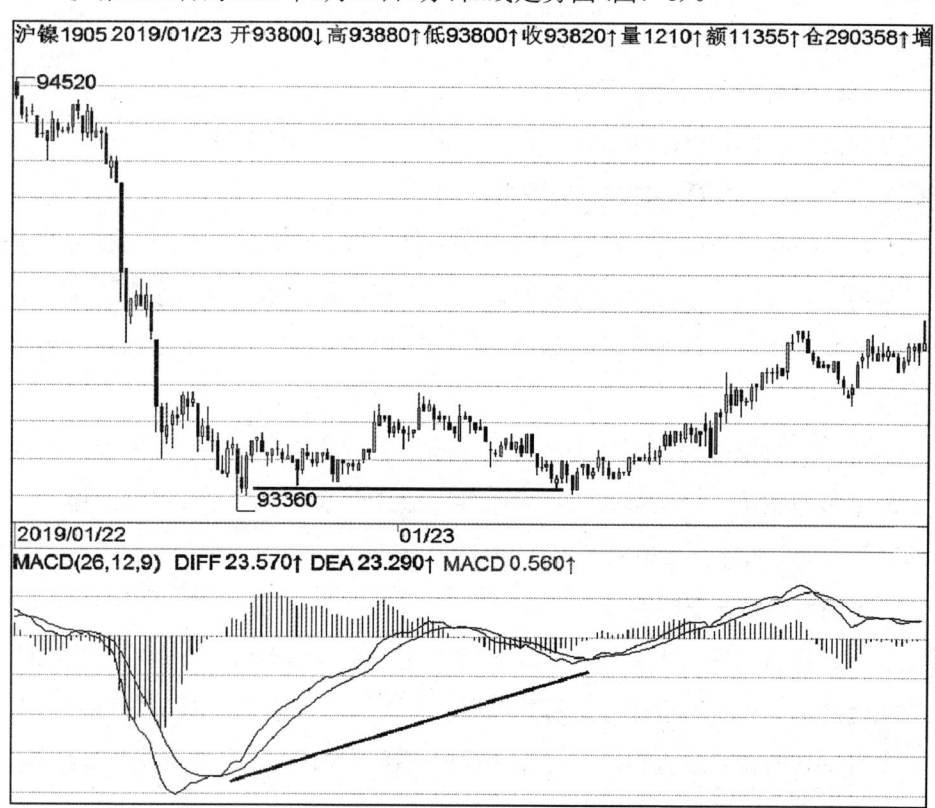

图7-6

姚助教：

沪镍1905合约的走势与之前的案例再次产生了差别，你能看出其差异所在吗？

内部培训学员于明军：

从MACD指标的表现来看，沪镍1905合约走势与前边的案例并没有什么差别。从K线的走势来看，差异主要在于：前边的案例中，价格创出了新低，而沪镍的走势中，价格并没有创下新低，而是形成了低点水平的态势。

姚助教：

正是如此。前几个案例中，在价格创下新低时，MACD指标形成了上升的趋势，而本案例中，价格保持着低点水平状态的时候，指标也形成了上升的趋势。虽然沪镍的走势并未创下新低，但在实战操作时，这些案例的操作手法却都是一样的，都需要在MACD指标形成无中生有技术形态、先于价格形成上升趋势的时候平仓手中的空单，以及留意有可能的做多机会的到来。

以抄底的角度来看，这些案例之中，谁的技术形态更适合抄底操作呢？

内部培训学员于明军：

我认为应当是沪镍的走势更适合抄底操作，因为其他案例价格创下了新低，而本案例中价格并未创新低，显然，没创新低的品种则是做多更好的目标。

姚助教：

价格创下新低，说明空方力量强，虽然这是下跌的最后一波。而价格没有创下新低，这说明空方的力量已经消耗尽了，没有能力再将价格打落，因此，未创新低的走势说明空方力量有所减弱，这便是沪镍更加适合抄底操作的内在原因。

内部培训学员于明军：

通过这个案例可以看到，价格创下新低的需要留意下跌有可能的彻底停止或是暂时停止，而价格没有创下新低的，也需要留意下跌的彻底停止或是暂时停止，不管出现哪种走势，都需要随时准备平仓空单，也可以找机会择机做多，毕竟MACD指标先于价格的低点抬高现象，就是在空头趋势中悄然出现了上涨的可能性。

姚助教：

价格经过了连续的下跌之后，可以以再度创出新低的方式形成无中生有的形态，也可以以低点水平的形式形成无中生有的技术形态，虽然具体走势略有区别，但并不影响平仓空单的操作，只不过对于抄底做多而言，沪镍这种低点水平的形态却是更适合的。

你来想一下，若是有一个案例，MACD指标形成了低点抬高的迹象，而价格也是低点抬高的，这是另一种形式的无中生有形态吗？

内部培训学员于明军：

我认为这不属于无中生有的技术形态。因为价格与指标都形成了上升的趋势，上升趋势已明确形成，"无"无从体现。

姚助教：

无中生有技术形态针对的是：价格向下创出新低，或是价格的低点保持水平，而MACD指标则提前形成上升的走势。价格向下创新低，趋势依然向下，上升趋势没有任何形成的迹象，而价格低点水平则说明暂时失去了方向，上升趋势同样也没有形成的迹象，因此，无中才可以生出上升趋势。

价格与指标同步形成低点抬高的走势是非常清晰的上升趋势出现的信号，自然就不是无中生有技术形态了。

无中生有技术形态若在价格有了较大幅度的下跌之后，不仅可以提示投资者平空单的区间所在，还可以提示投资者抄底机会的到来。

内部培训学员于明军：

一阳老师在培训的时候曾说过：无论采用什么样的手法进行抄底操作，只要结合MACD指标共同分析，便可以非常精准地找到底部区间。这一点，通过上述无中生有的案例已经验证。接下来的问题就是：该在什么点位进行抄底操作呢？

原油1903合约2019年1月21日K线走势图（图7-7）。

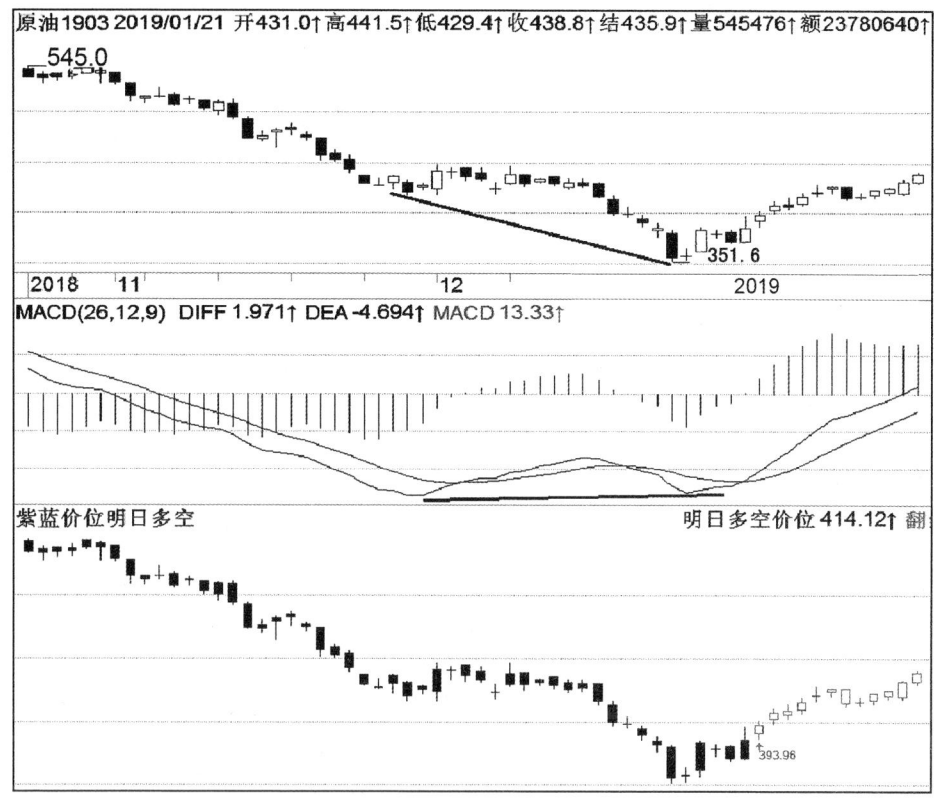

图7-7

姚助教：

MACD指标的无中生有形态可以帮助投资者提示底部区间的所在，这个底部区间范围大小不一。碰到底部空间小的走势，即使形态失败也不会出现太大的亏损，而若底部形态较宽，一旦形态失败，亏损就会比较大，所以，必须再结合其他的方式来更为精确地找到具体的介入点。

内部培训学员于明军：

说到更为精确地寻找介入点，首选便是一阳老师发明的：趋势监控指标了，这个指标具有价格提示的功能，在出现翻红买点的时候，还可以进一步提示具体的介入点位。顺着您的思路来看，一旦无中生有技术形态出现，当趋势监控指标发生买入信号时便可以进行抄底操作了吧？

姚助教：

MACD指标的无中生有形态找到了可以抄底的区间，至此，MACD指标的工作已经结束。什么点位具体介入，这就是趋势监控指标的事情。该指标有两种颜色：绿色与紫红色。在黑白色的纸稿上，绿色则是实心状态，这是做空以及持有空单的信号；紫红色则是空心K线的状态，这是做多的信号。

因此，两者结合起来进行抄底操作便是这样的操盘效果：当无中生有技术形态形成时，一旦趋势监控指标翻红发出买入信号便可以入场了，具体的入场点可以结合指标的价位提示，以原油1903合约为例，指标提示的价位是393.96元，取整数394元买入。

内部培训学员于明军：

抄底做多之后就可以跟着指标走了，只要指标始终保持着空心翻红的状态就可以一直持有手中的多单，直至指标出现翻绿做空信号为止。

姚助教：

在价格摆脱了开仓价位以后出现翻绿，这就是止盈操作了。但若在开仓后不久指标便出现了翻绿现象，这便是止损操作了。无论是止盈还是止损，只要趋势监控指标给出了出局的信号，就必须坚定地执行。

PTA1905合约2018年8月至2019年1月K线走势图（图7-8）。

姚助教：

PTA1905合约形成了标准的五浪下跌的走势，随着第五浪创新低走势的出现，无中生有形态形成了，至此，应当先找机会平仓手中的多单，在处理完多单之后，再视情况进行抄底操作。你来说一下PTA的底该如何抄呢？

内部培训学员于明军：

先查看MACD指标是不是形成了无中生有的形态，只要形成，便意味着底部区间到来了，否则就不宜做出此判断。

在找到了底部区间就可以使用趋势监控指标来进行具体的买入计划了。只要在无中生有区间出现了指标空心翻红的现象，便可以入场进行做多操作。从指标的提示来看，买入价格为5865.04元，取整数买入价为5866元。

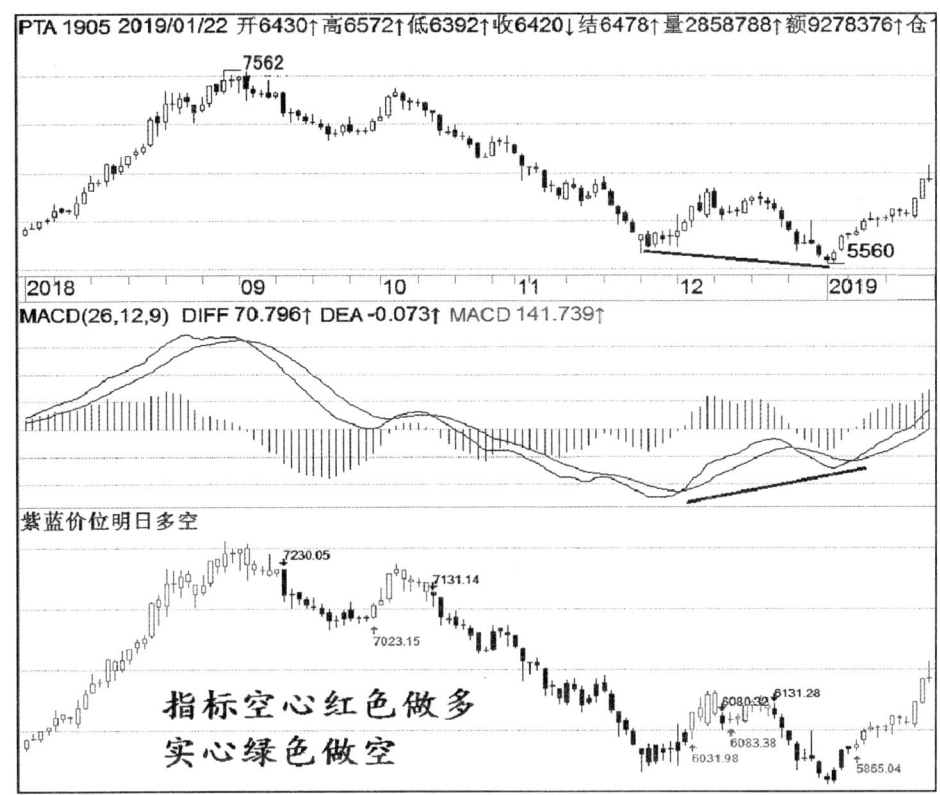

图7-8

姚助教：

介入之后，在成本附近指标出现实心翻绿现象时，就应当进行止损操作。若价格已摆脱了成本区间在更高的位置形成实心翻绿现象时，则应当进行止盈操作。其中，无论价格如何波动，只要指标始终保持着空心红色的状态，便可以一路持仓。

内部培训学员于明军：

无中生有先找底部区间，这是MACD指标的工作，而后用趋势监控确定具体介入点位、具体止损点位，以及解决持仓与止盈的问题，趋势监控实施精确打击。这样一来，只要价格的底部不是V底形态，就可以用这一招准确地找到抄底的介入点。这样做十分节省精力，我觉得一个初学者也可以在好工具的帮助下成为高手了。

姚助教：

就像打仗一样，你拿着小片刀，敌人拿着冲锋枪，任你有再高的刀法也没用，这就是工具的作用。指标就是工具，而工具历来不是什么神秘的东西，它就是一种辅助，可以简化交易流程，提高实战的效率，越是实用性好的工具越是简单。正如这种抄底技巧一样：MACD指标无中生有不难理解吧？接下来，在价格连续下跌之后找到了无中生有形态时，只要趋势监控指标翻红便可以入场抄底做多，翻绿就出局。有了工具的帮助，抄底还难吗？平仓空单还难吗？跟抄底思路一样，不翻红的情况下，空单一直拿着不就可以了？所以说，指标并不神秘，它的作用只是减轻投资者的分析压力，即使你的经验并不多，但因好的工具在手，依然可以跻身于高手的行列。

玩转期货50招之八
暗度陈仓——明为上涨实下跌

姚助教：

明修栈道，暗度陈仓，明着这样，暗地里那样，这种事情在现实生活中很常见。在期货市场，也存在着这样的技术特征，并且暗度陈仓的技术形态一旦识别不好，很容易造成多单利润的回吐，若多单开仓点位再高一些，还很容易引发资金的亏损。

暗度陈仓所使用的也是MACD指标，这与无中生有是一致的。无中生有技术形态针对的是价格下跌之后的底部形态，解决的是空单的平仓以及抄底的问题。而暗度陈仓则针对的是多单的开仓以及空单摸顶的问题。

内部培训学员冉高兆：

听一阳老师曾说过：做空的方法翻转过来就是做多的方法，既然无中生有与暗度陈仓都使用MACD指标，一个负责解决下跌后的空单问题，一个解决上涨后的多单问题，那么它们的技术形态也应当高度接近，具体的技术细节也是相差无几的吧？

姚助教：

的确是这样，技术形态差别不大。对于许多一直做期货的投资者来讲，感受不到抄底做多与摸顶做空有什么区别，但对于一些从股市中转到期货市场交易的投资者来说，摸顶就好像是另一项新的技术，因为受炒股的影响，抄底的习惯更多一些，而根本没有摸顶做空过，因此，逢高平多单能接受，但随之寻找机会摸顶做空就好像很难接受了。

内部培训学员冉高兆：

我就是这样的投资者，之前炒了好几年股票，碰到连续的大熊市后觉得赚钱很难，听朋友说起期货不分牛熊市，所以就来期货市场交易了。刚开始也是只敢做多不敢做空，用了好长时间才适应了做空操作。

姚助教：

许多投资者都有这样的经历，就连一阳老师也是如此，老师是1998年开始接触股票，2005年接触期货的，刚开始也是受不了做空操作，同样用了好长时间才克服了这个心理障碍。不过，这不是什么大问题，只要多进行一些实战操作，也就熟悉了各项细节。

先说暗度陈仓的使用环境：这种方法一定要用在价格上涨了一定幅度和时间之后，因为价格上涨的空间没有被透支，就很难走出持续性的下跌走势，如果上涨时间不够长，就很难反转形成长时间的下跌，因此，上涨周期有多长，上涨幅度有多大，未来的下跌行情就有多大。上涨与下跌两者之间存在一个周期大致相等的基本规律。

当然，多数情况下，形成暗度陈仓走势时，价格多数已经完成了三波的上涨，结合一阳老师所讲的三波涨跌定高低点的规律，此时的风险就需要多多留意了。

原油1903合约2019年1月18日1分钟K线走势图（图8-1）。

姚助教：

自见底上涨至高点区间，价格的波动形成了怎样的标准波浪形态呢？

内部培训学员冉高兆：

形成了老师所讲的：三波上涨定高点的技术形态。整整三个子波段的上涨使得价格到达了当天的高点区间。

姚助教：

之所以说三波上涨就容易形成高点，这是因为一旦价格经过连续三波上涨，MACD指标将会很容易形成高位的顶背离现象，一旦多方开始暗度陈仓，那么，第三波的上涨性质就将会发生根本性的改变。明着仍然是在上涨，但背地里却是在为趋势的反转做准备。

内部培训学员冉高兆：

价格第一波上涨与第二波上涨的时候，MACD指标都保持着完好的配合状态，而当第三波上涨走势出现时，MACD指标的技术形态发生了变化：价格高点仍在抬高，但是指标却形成了高点降低的态势。一个上涨，一个下跌，产生了矛盾，而有矛盾的地方我们最好不要参与，因为价格的波动非常不稳定。

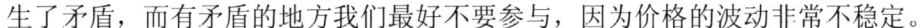

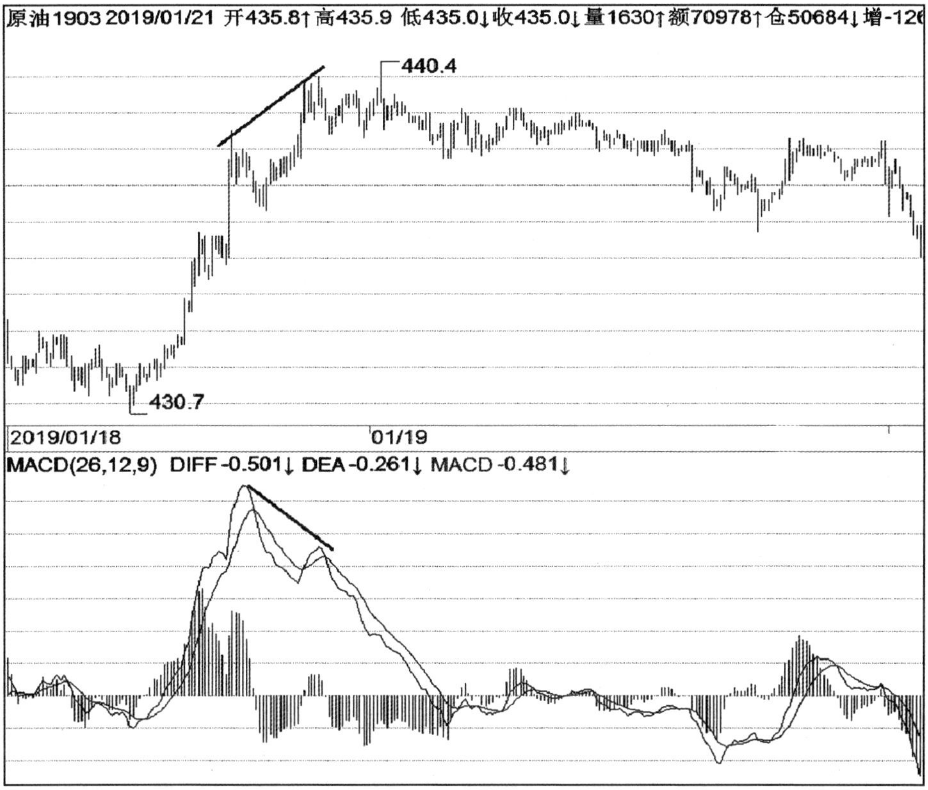

图8-1

姚助教：

对于大多数的案例来说，一旦暗度陈仓形态出现，价格将会在后面较长的时间内停止上涨，即使不出现下跌，持有多单想再增加盈利也是非常困难的，并且多数情况下价格都会有一定幅度的回落，从而使得多单非常被动。只有少部分案例价格保持高位强势横盘状态，经过一段时间调整后再度上涨，但因为这种情况出现的概率较小，基本上可以无视。再加上暗度陈仓出现时，价格整体已有了一定幅度的上涨，无论是从空间的角度，还是从时间的角度来讲，价格都有充分调整一番的需求，因此，这个区间投资者有必要回避。

内部培训学员冉高兆：

具体操作方法仍然要以平仓多单为主，而后再结合其他因素考虑摸顶操作。虽然价格有了一定幅度上涨，但上升趋势仍然非常明确，所以，我认为也不宜直接就进入做空的状态。

姚助教：

是这样的，手中有多单的，肯定是要先平掉多单，至于说是不是摸顶做空操作，也不必着急，毕竟价格是要调整一番继续上涨、还是彻底扭转为下跌的走势还不得而知，此时可以明确的就是大的上升趋势并没有结束，因此，摸顶慢一拍并没有什么错。而对于习惯了顺势交易的投资者来说，暗度陈仓出现平仓多单后也就可以休息一下了，等明确的下降趋势形成之后再顺势做空就可以。我们不提倡多单平仓后马上就做空单，这样过快的多空转换很容易做乱，一笔顺势交易做到了尽头之后休息一下，给自己一个沉淀的过程，等有了更为合适的顺势机会之后再入场操作就可以。

PTA1909合约2019年5月7日1分钟K线走势图（图8-2）。

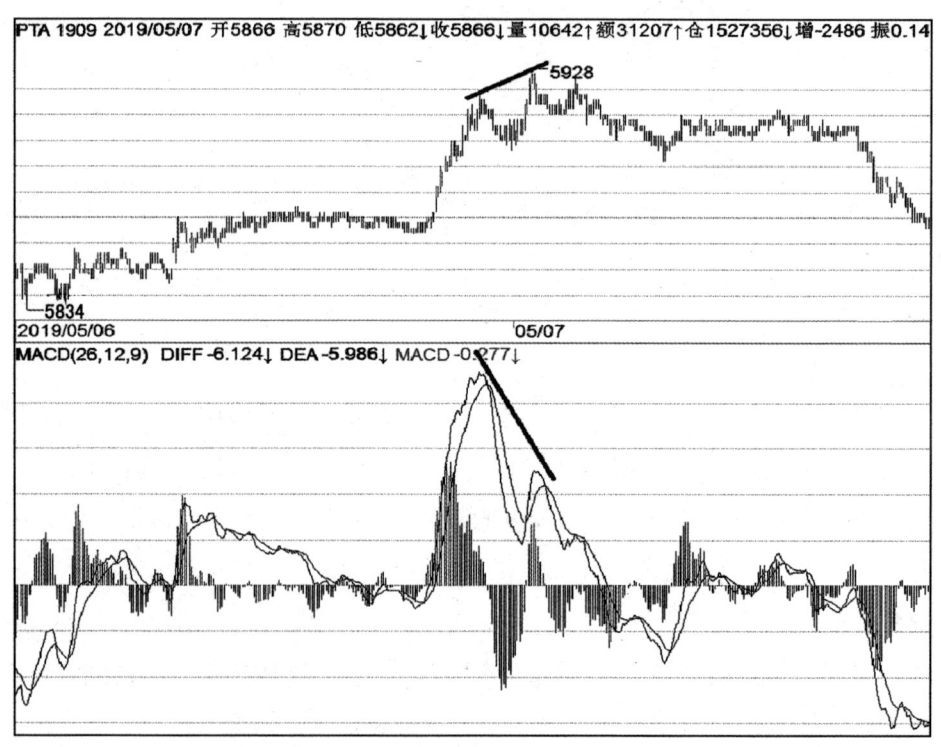

图8-2

姚助教：

在某些案例之中，价格并没有形成较大涨幅时便出现了暗度陈仓的技术形态，这个时候，价格往往会短暂调整一下之后继续上涨，形态上容易产生干扰的走势，虽然这种现象出现的次数并不算多，但也要知道如何应对。

MACD指标的技术形态固然很重要，但若价格整体涨幅并不是很大，便意味着多方的动能并没有耗尽，这种情况下，大的上涨行情也就不会停止。所以，只有在暗度陈仓走势出现，并且整体涨幅较大的情况下，才可以视为上涨将会停止以及上升趋势有可能逆转的信号。

内部培训学员冉高兆：

在PTA1909合约的走势中就是这样，当MACD指标形成了低点降低技术形态之前，价格已经出现了一大波的上涨行情，这就使得整体的上涨空间较大了，多方有可能耗尽了力量。因此，才可以称得上是高位出现的暗度陈仓形态。

姚助教：

逆势操作一定要注意幅度与位置这个重要的技术点，涨幅不大，价格所处的位置不高，那么，上涨行情的终止就不会到来，此时，MACD指标只会导致价格暂时性的停涨，而影响不了整体性的上涨。只有整体涨幅较大，价格所处位置较高，空方才有机会与多方抗衡。

知道了这个重要的技术点以后，什么样的暗度陈仓技术形态容易导致价格的停涨以及促使上升趋势转变，就变得更加容易识别了。

内部培训学员冉高兆：

价格的位置已高，再次形成向上创新高走势时，若MACD指标形成高点降低形态时，暗度陈仓走势便由此确定，在发现这种技术信号时，价格往往正处于上涨的过程中，此时进行平多单操作，往往可以起到很好的效果，回过头来看，平仓的点位往往是价格的高点区间。

虽然说暗度陈仓首先要用来进行平多单的操作，但判断高点所在使用的是逆势的操作思路，因此，位置高不高、整体涨幅大不大的确可以用来区分上涨中途形成的过渡式的假暗度陈仓形态与上涨到高位顶部的真暗度陈仓形态。

姚助教：

平仓操作之后，有之前顺势交易的盈利做保护，因此，当碰到了技术形态比较标准的走势时，也可以做摸顶的操作，即使摸顶操作失败，也无非少赚一些利润，并不会伤及本金，所以，在有多单盈利的情况下，暗度陈仓具有两种操作信号：一是平多单，二是择机入场做空。

在逆势做空的时候，一定要把握好多单盈利与空单止损幅度之间的关系，空单的止损幅度绝对不能超过多单的盈利，否则，牺牲顺势交易带来的所有盈利去换取逆势交易有可能的盈利是不值得的。

锰硅1909合约2019年4月29日1分钟K线走势图（图8-3）。

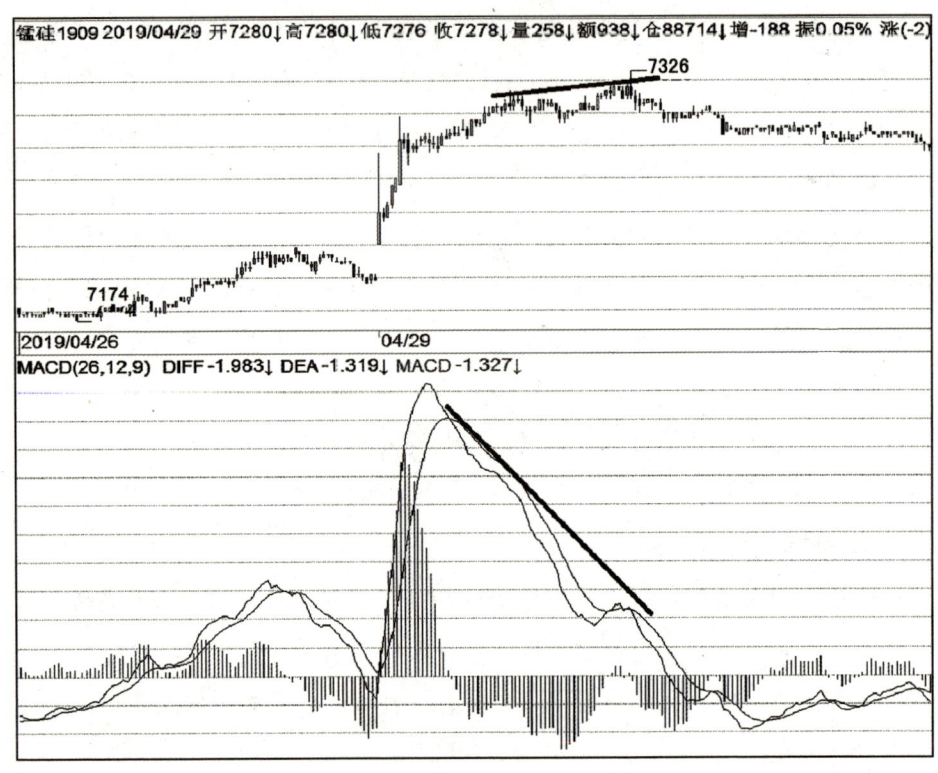

图8-3

姚助教：

锰硅1909合约在跳空高开并持续上涨的过程中，价格形成了怎样的波动特点呢？

内部培训学员冉高兆：

形成了非常标准的三波上涨见高点的走势。开盘后的第一波上涨最为猛烈。第二波上涨过程中，在价格创出新高的时候，MACD指标由于没有形成金叉，所以，此时的暗度陈仓形态并不标准。在第三波上涨的时候，MACD指标才形成了高点降低的态势，至此，一个标准的暗度陈仓多单风险信号就此成立。

姚助教：

锰硅的价格开盘后上涨过程中，还形成了标准的上涨衰竭性走势，你能看出来上涨衰竭性走势有怎样的技术特点吗？

内部培训学员冉高兆：

记得一阳老师曾经在周二四的公开课中讲过这种方法：价格在上涨的过程中，上涨的幅度依次减小，这说明多头的力量在减少，这种情况发生的原因就是资金越来越失去了做多的兴趣。

姚助教：

从图8-3中的走势来看，锰硅开盘后第一波上涨的幅度最大，上涨的角度也非常陡峭，这说明多方力量非常强大。价格第二波上涨的时候，上涨的幅度明显减少了，并且上涨的角度也明显变得平缓起来。第三波上涨出现时，仅仅创出了新高一点点，随着第三波上涨走势的出现，多方的力量被彻底耗尽。再结合MACD指标形成的暗度陈仓的走势，在价格第三波上涨的时候，一定要及时平仓手中的多单。

内部培训学员冉高兆：

这是不是意味着：暗度陈仓技术形态出现的时候，如果价格再形成上涨衰竭的走势，将会使得顶部形成的概率提高？

姚助教：

是这样的，衰竭性走势的出现是多方力量减弱的体现，在多方力量减弱的情况下，价格又上涨到了高点，那么，下跌的概率自然就会大大提高，因此，完全可以在第三波上涨的高点进行反手交易，之前的多单直接转变为空单。

这个案例的另一个特殊之处就是价格第二波上涨时MACD指标没有任何反应，但这并不影响操作，仍然符合价格向上创新高，但MACD指标保持向下的技术要点。只不过相比第二波上涨过程中形成一次死叉的走势而言，没有死又导致图形不太容易识别而已。

沥青1906合约2019年4月22日1分钟K线走势图（图8-4）。

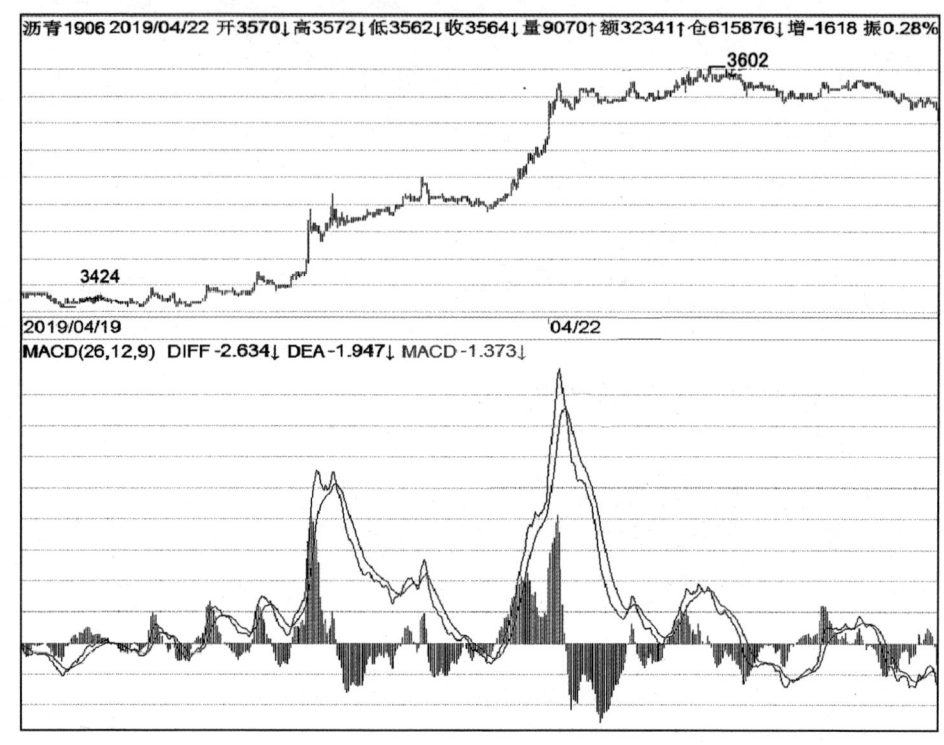

图8-4

姚助教：

沥青的价格在4月21日就曾出现过一次暗度陈仓的走势，从前边的走势来看，在价格创出新高但MACD指标却形成高点降低走势之后，陷入了较长时间的调整走势。在调整区间，如果手中拿着多单就有些难受了。

内部培训学员冉高兆：

沥青第一次形成暗度陈仓走势调整后不久，再度出现了一轮大幅上涨的行情，并没有彻底扭转成为下跌的走势，这是否意味着在具体操作时也不宜将暗度陈仓的走势视为顶部的信号？

姚助教：

暗度陈仓技术形态出现之后，价格往往在后期形成三种走势：第一种就是直接转为下跌，第二种就是长时间高位震荡，第三种便如沥青这般调整一番之后继续上涨。由这三种结果可以看到，无论价格后期是不是转为上涨，当暗度陈仓走势出现以后，肯定会有一段时间的调整，可能调一调又涨了，也可能调着调着就转势了，因此，无法判断价格后期会如何走，但是调整极有可能出现，这样一来，多单继续拿在手里就有一些风险了。这也是之前一直强调的：当暗度陈仓走势出现之后一定要先平仓多单，再找机会做空的原因。

内部培训学员冉高兆：

在价格出现了好几波以及较大幅度上涨之后，暗度陈仓可以提高摸顶的成功率，但是可以摸顶还需要结合其他因素，如果当天的盘面是非常明显的多头市场，这个时候去摸顶成功率就比较低，但若当天整体市场多头力量并不强，当暗度陈仓形态出现之后再去摸顶成功的可能性就大大提高了。

姚助教：

正是如此，所以说直接把它视为做空的信号是不对的，只能是平掉多单之后，再根据其他的信息来决定是否进行摸顶操作。就沥青的走势来看，价格在高位徘徊了许久才调整了下来，在价格刚下跌的区间入场不太现实，如果空单入场早了，就要受一段时间的折磨了。但是，如果先平仓多单，就算暂时没下跌，但也没怎么涨，心态反而会保持得比较好，而且平掉多单之后，还可以去寻找其他有可能刚形成交易机会的品种，进退更加自如。

硅铁1909合约2019年5月7日1分钟K线走势图(图8-5)。

姚助教：

硅铁1909合约的走势相比之前几个案例有一些特殊之处，你能发现这个案例与其他案例的区别在哪里吗？

内部培训学员冉高兆：

第一个不同之处就是，MACD指标在价格形成第二个高点的时候，并没有形成金叉而后留下一个高点，指标线始终保持着空头排列的状态。

姚助教：

这是一个技术点，这样的形态其实也属于暗度陈仓走势，只不过由于指标没有形成金叉再留下一个高点，所以使得图像不好辨认。但从另一个角度想一下这种形态也就理解了：价格上涨力度大一些才可以使得金叉形成，而现在没有形成金叉则说明多方力量并不是很大，平仓多单一定不要犹豫，如果要进行摸顶操作，是不是更应当选择那些多方力量小的形态？所以，此时MACD指标线没有留下高点对于摸顶操作而言是一件好事，它体现了多方的虚弱状态。

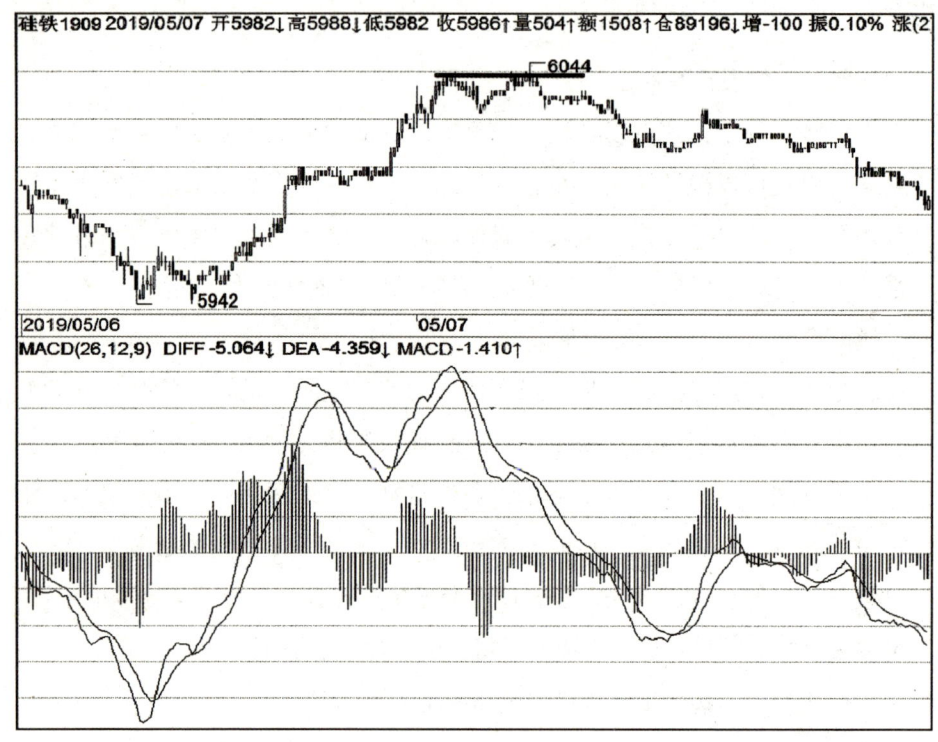

图8-5

这是一个与别的案例的不同之处，还有一个不同之处。

内部培训学员冉高兆：

前几个案例价格都形成了创新高的走势，而在本案例中，价格并没有创出新高，两个高点形成了水平的状态。

姚助教：

这是最主要的区别。其他的案例价格创出了新高，但MACD指标高点却形成了下降的趋势，价格趋势向上，指标方向向下，对比是非常明显的。但在本案例中，价格高点是水平的，从这个角度来说，价格的波动没有明确的方向，但由于指标形成了下降的方向，所以，一个没方向，一个方向向下，也就具备了暗度陈仓的性质。

价格方向向上，指标方向向下，这是方向的矛盾现象，是最标准的暗度陈仓形态。而价格没有方向，指标方向向下，两者的方向并没有统一，所以，属于变形的暗度陈仓形态。两者的操作手法是一样的，同样是当形态出现时应当先平仓多单，只不过在摸顶操作的时候，这种形态更值得交易。

内部培训学员冉高兆：

价格高点水平说明没有能力继续上涨，K线形态说明多方力度相比前几个案例小，做空就要找软柿子捏，所以，价格高点水平，但是MACD指标方向向下的案例就是最好的对象了。MACD指标有没有高点就不是主要的了。

姚助教：

是的，即使随着第二个高点的出现MACD指标形成了金叉并留下了一个高点，这也不影响操作，不管有没有指标的高点形态，指标方向都是向下，价格保持水平，这就是一种多头形态的弱势特征。

但有一点要明白，如果价格在高点水平，但MACD指标并没有形成高点方向向下的走势，那此时价格的走势就有可能是上涨中途的调整，就不能用上述思路去解读了。同样的高点水平形态，但MACD指标的形态不同，其波动的性质也必然不同。

菜油1905合约2018年12月至2019年1月15分钟K线走势图（图8-6）。

姚助教：

菜油1905合约的走势也是非常经典的，价格在上涨过程中走出了完整的五浪形态，第一波上涨非常迅猛，并且上涨幅度也较大，这种走势体现了多方力量的强大，开了一个好头，因此，价格在后边能有好的表现。

内部培训学员冉高兆：

当第五浪走出来的时候，暗度陈仓的走势就会出现，三浪上涨见高点，这样的现象十分普遍，知道了这个原因也就知道了什么时候该考虑减仓了。

姚助教：

许多投资者在操作的时候开仓就赔钱，其主要原因就是介入的位置出错，价格已运行到了五浪还依然往市场中冲，运气好的赚一点鱼尾巴钱，运气差的直接买在高点区间。若是知道了价格的基本运行规律，一看当前的波动性质属于五浪，便放弃操作，这样也就很难套住了。如果介入位始终在一、二、三浪上，那赚钱的概率就提高了。

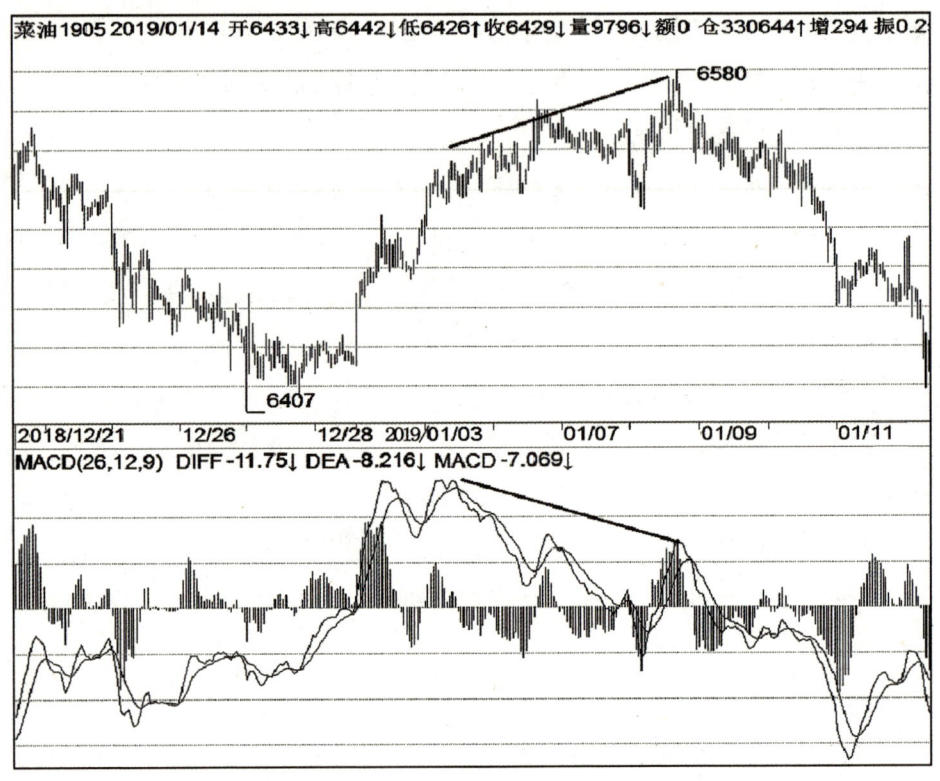

图8-6

内部培训学员冉高兆：

除了可以提示我们什么位置入场最容易赚钱，还可以提示我们获利的预期。如果当前价格只是处于三浪状态之中，那便可以继续持仓了，如果价格已经运行到了五浪，这个时候就要小心了，因为后期继续走出七浪，甚至是九浪也不是没有可能，只是概率非常低。所以，一旦见到五浪出现，就要随时做好出局的准备。哪怕是打算进行日线的操作，也有必要在日内波动形成五浪时先行出局，而后再找低点重新接回来，做个高抛低吸，进一步降低交易成本，明知价格停止上涨、调整或是转为下跌的可能性很大却还死拿着单子，这是不明智的。

姚助教：

在许多案例中，暗度陈仓只要有一个MACD指标的高点降低就可以对价格的上涨产生影响了，但是在菜油的走势中，暗度陈仓走势形成时，却形成了三个依次降低的高点，这会对实战操作有什么样的影响呢？

内部培训学员冉高兆：

对于平多单的操作来讲，无非少赚了最后那个高点的利润，在价格回落之后，平仓的点位也是次高点，所以并没有什么影响。但对于抄底摸顶操作就会产生影响，在第二个降低的高点入场做空之后，随着第三个高点的出现就需要进行一次止损操作。不过，第三个高点依然符合暗度陈仓的技术要求，所以，需要重新入场再次操作。

姚助教：

第三个高点越过第二个高点的时候，摸顶的空单就需要止损了，不仅是摸顶操作，任何做空的操作在价格越过前边高点的时候都有必须要进行止损操作。之前的空单止损并不代表空单就没有机会了，只要第三个高点依然满足技术要求，就需要再次入场进行做空操作，这种连续作战一定要学会适应，许多投资者前一次止损后就不敢再做了，这样一来肯定会跟丢能够赚钱的机会。止损不怕，只要当前的走势依然符合技术要求就必须再次入场操作。

螺纹1910合约2019年5月21日5分钟K线走势图（图8-7）。

姚助教：

螺纹的在上涨过程中出现了好几次调整走势，走势上满足了三浪上涨的技术形态，但是，在价格形成三波上涨的时候，MACD指标却并没有形成价格高点抬高、指标高点降低的暗度陈仓走势。每一次价格创出新高时，指标也创出了新高，没有出现暗度陈仓的走势，在操作的过程就不能因为看到价格涨了好几波就离场或是做空，而是一定要始终顺势进行交易。

内部培训学员冉高兆：

经过了较长时间的上涨之后，随着价格最后一次创出新高，MACD指标也终于形成了高点降低的态势，与高点抬高的价格相比，此时暗度陈仓形态形成，多单可以出局以及可以考虑找机会做空了。

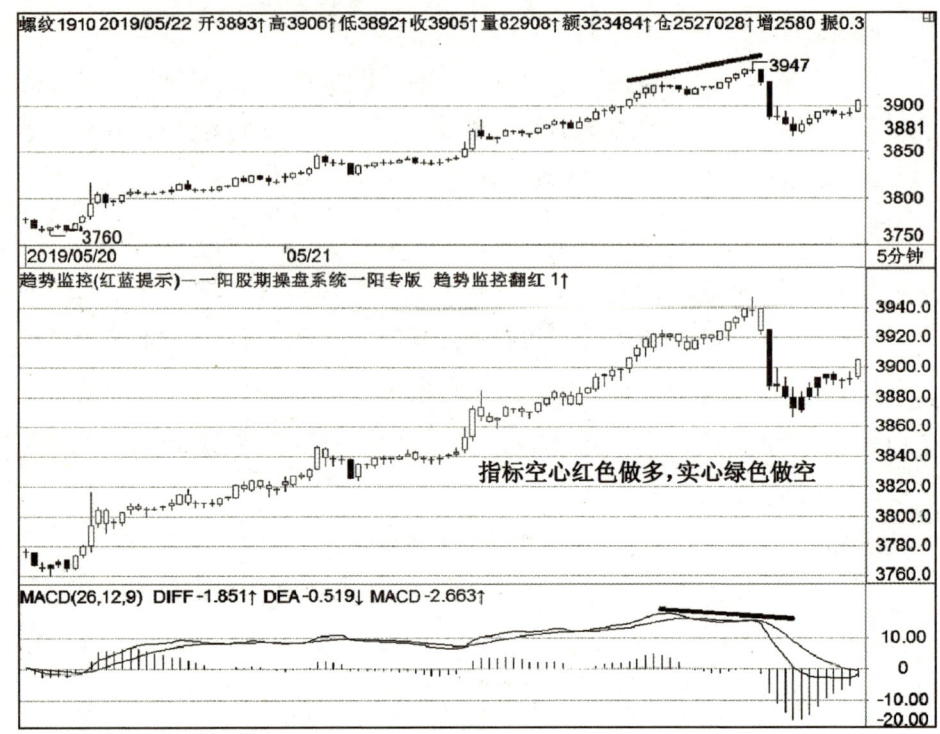

图8-7

姚助教：

在摸顶做空的时候，因为是逆势操作，所以必须做到统一技术口径，保持逆势交易理由的一致性。许多投资者之所以摸顶操作失败，最主要的原因就是介入点完全凭感觉，没有统一的交易理由。

在结合暗度陈仓摸顶操作时，投资者可以使用一阳老师发明的趋势监控指标配合操作。一旦暗度陈仓技术形态出现，只要趋势监控指标形成做空信号（指标K线形态实心的绿色状态即为做空信号）便可以入场进行操作，随后如果指标K线形成空心红色状态时则可以出局。这样一来，介入有统一的理由：在价格高点抬高，MACD指标高点降低时，只要指标翻绿便入场做空。出局也有统一理由：一旦指标重新翻红便出局，或止盈或止损。交易理由统一了，交易行为才不会乱，盈利的概率才会提升。

内部培训学员冉高兆：

在免费获得了老师的趋势监控指标之后，还有更多功能可以使用：双红双绿核心交易技巧和突破战法操盘技巧等。正如一阳老师所说：指标并不是什么神秘的东西，它的作用就是规范交易行为，严格按指标操作将会使得进出有理有据。现在我深刻地理解了这句话，日常操作始终跟着信号走，没有自己以前那些乱七八糟的想法，心态平和了，行为不混乱了，资金现在也开始慢慢地增长了。有了持续性的盈利，学习与交易也就有了更多的信心。

之前我听老师讲解过利用趋势监控指标进行抄底摸顶的操作方法，只是自己还没有使用过，看来以后可以尝试一下这样的操作。

姚助教：

一阳老师一直强调：抄底摸顶操作必须在顺势交易能稳定赚到钱的前提下使用，如果顺势交易都没有赚到钱，更没有资格做抄底摸顶。抄底摸顶是进阶的交易，顺势做好了以后，资金可以实现稳定盈利之后，就需要使用抄底摸顶的手法去捕捉更多的机会，以此满足更多获利的需求，好的技术有了，好的工具也在手，为什么不去多赚一些钱？

在暗度陈仓走势出现后，趋势监控指标翻绿做空时，之所以要求指标翻红就出局，就是因为大势依然向上，如果价格持续下跌指标必将会连续翻绿，这个时候就可以一直拿着，而一旦指标翻红，就意味着下跌很难继续，就一定要在指标翻红时出局了。本案例中，螺纹未能形成持续性的下跌，摸顶只赚到一波小的收益，但若依然死拿着不放，未来会存在风险。

L1909合约2019年5月15分钟K线走势图（图8-8）。

姚助教：

L1909合约的走势没能像螺纹一样在价格持续上涨的情况下一直不形成暗度陈仓的走势，在经过了两大波上涨之后，暗度陈仓走势便出现了。如果暗度陈仓形态没有出现，投资者则可以始终顺应趋势的变化，或是按照趋势监控指标翻红的提示一路持仓。而一旦形成暗度陈仓的走势，就不宜对收益期望过高了。在暗度陈仓的形态下，价格上涨的延续性将会受到考验。

内部培训学员冉高兆：

既然在暗度陈仓出现的时候，一旦趋势监控指标形成翻绿卖点时便可以入场进行做空操作，那么，是不是也可以把指标此时的翻绿作为平仓多单的信号？这样一来就省得自己还得决策在高点的什么位置出局了。

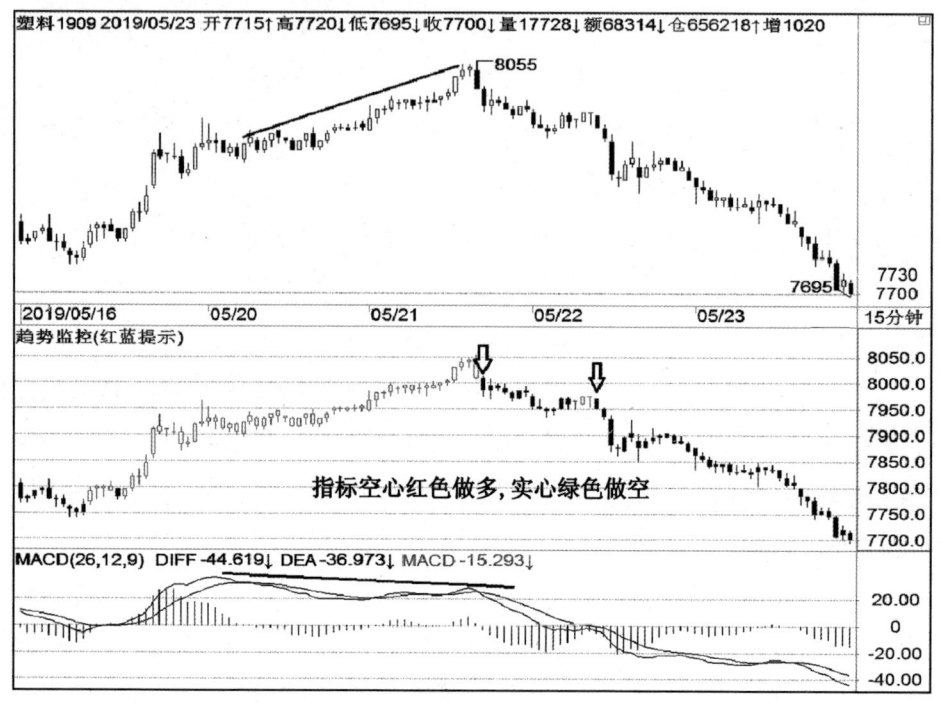

图8-8

姚助教：

当然要这样做了！暗度陈仓出现的时候，首先要做的就是平仓多单，因为还有许多投资者没有免费获得老师的操盘指标，所以，就需要再根据其他的信息来决定是不是进行摸顶操作了。而如果通过两大方式免费获得了老师的操盘指标，在价格上涨时，只要指标始终保持空心红色状态就一路持仓，而一旦指标翻绿便可以平仓多单了。

因为有了统一交易理由的工具，所以平仓多单的时候，还可以再入场做空。此时的操作动作就是：反手交易，在趋势监控指标翻绿的情况下直接将多单转变为空单。

内部培训学员冉高兆：

反手做空手不久，指标形成了翻红的信号，此时出局，第一波下跌只是一个小收益。随后指标再次翻绿，由于MACD依然符合技术要求，所以，应当继续进行做空操作。而此时的做空,就不是摸顶操作而是双绿卖点了。

姚助教:

摸顶操作与双绿卖点是不同的,摸顶操作是逆势,所以必须在暗度陈仓走势出现之后再操作,而双绿卖点是顺势,必须在方向指引的情况下入场操作。当摸顶操作完之后,价格的下降趋势方向已经形成,所以,再次翻绿时入场操作肯定是正确的,一来这是进行的顺势交易,盈利的可能性自然是最高的,二来价格此时仍处于MACD指标高点持续降低的过程中,所以,当再度有了实心绿色做空信号时仍然可以入场。

这样一来,第一个箭头处赚一把小的,第二个箭头处一个大机会也就抓住了。

内部培训学员冉高兆:

虽然下跌途中价格出现了反弹的走势,但由于趋势监控指标始终保持着实心绿色状态,因此,便无须理会价格如何走,只需要盯着指标有没有形成空心红色信号就可以了,只要它不翻红就说明价格一直保持着空头状态,始终持仓便可以了。按照指标信号操作,介入点可以轻松地判断出来,如何持仓这个老大难的问题也可以轻松解决。非常感谢老师赠送了我们这么犀利的工具,就算是新手,也可以凭借强大的工具跻身高手的行列!

姚助教:

暗度陈仓出现的时候怎么做?趋势监控指标只要形成实心绿色状态便可以平仓多单,同时,还可以入场进行摸顶做空操作。空单介入后,一旦指标翻红便可以出局。在顶部区间或是MACD的指标高点连续降低的区间,只要指标再次翻绿,便可以继续入场进行做空操作。如此一来,在统一了交易口径的情况下,多单平仓的位置将会更加理性,同时,摸顶操作的风险也将会变得更小,价格跌得不深那就赚笔小的,而一旦趋势彻底转势,便可以一把抓到一个大的下跌波段,而这并不需要懂太多的技术,只要有个好的工具,谁都可以做到!

玩转期货50招之九
隔岸观火——龙头不动二线飞

姚助教：

进行期货交易，首先要做的事情就是选对目标品种，用同样的方法进行操作，如果目标品种选错了，收益的差别将会是很大的。选对目标的投资者可能会赚10%，选错的投资者可能只赚百分之一二。因此，进行交易第一步并不是确定买卖点，而是找对品种。

内部培训学员张中顺：

以前操作的时候我就是不敢做那些活跃的品种，喜欢对玉米、玻璃等这些品种交易，因为觉得它们波动得慢，这样万一亏损也可以少亏一些。这些呆滞的品种亏的时候的确少，但赚的时候同样也非常少，根本做不出来盈亏比，因为自身技术水平也不高，所以，也没有能力去提高成功率，因此，做了大半年亏了60%，现在来看，做这些波动小的品种是真赚得不多，但亏起来却并不慢。后来听了一阳老师周二四的公开课以后知道这其实是错误的，操作一定要择强而入，一定要找活跃性高的品种去做，只有这些品种才可以带来较大的盈亏比，形态失败亏损时，亏损的额度跟那些表现一般的品种差不多，但盈利时，由于品种波动幅度大，带来的盈利将会是更大的，活跃的品种一波涨1%带来10%的收益，呆滞的品种一波可能只涨0.3%，只有3%左右的收益，运用同样的方法，但收益却差好几倍。所以，我现在每天按照一阳老师所说的，找波动幅度大的品种进行操作。

姚助教：

市场中常说这样的话，一定要找强势品种进行操作，其实找强势品种就是寻找那些波动高度活跃的品种，波动越活跃其中的机会也就越大，波动越呆滞交易的机会也就越少。所以，活跃性的高低，是找龙头的内在原因。波动活跃度高的品种的走势往往较强，许多投资者觉得找活跃度高的品种比较难，其实只是没有掌握正确方法而已。

活跃度高有两种体现，一种需要通过技术手段做出识别判断，一种是了解价格常态的波动活跃程度，而后始终将那些高度活跃的品种作为目标。比如沪镍、PP、苹果这三个品种，无论什么时候，它们随便一波上涨或下跌都可以出现几十点的空间，只要一波满足技术要求所获得的日内收益就非常可观了。但这几十点的波动对于那些波动呆滞的品种而言，可能是一周的波动幅度。

内部培训学员张中顺：

如果某一天波动活跃的品种并没有在涨跌幅前列也值得关注吗？

姚助教：

这种情况是存在的，如果波动活跃度高的品种在当天并没有形成较大的涨跌幅度，比如只是上涨或下跌了零点几，那就需要通过技术手段对那些强势明显的品种进行关注。但是，如果当天波动活跃度高的品种同时涨跌幅较大，那这些品种就是最佳的操作机会了。

具体怎么找波动活跃度高的品种呢？这就需要使用一款技术指标了，这个指标的计算其实很简单，在某一个周期内，比如60日，把60个交易日内价格的上涨幅度与下跌幅度（取绝对值）相加，而后除以60就可以了，它表示某品种60个交易日每一天的平均涨跌幅度，涨跌幅度越大则代表该品种在近期波动越活跃，也就越值得在近期进行操作。

下面结合具体案例讲解在面对波动活跃度高的品种的各种表现时的应对方法。

2019年1月24日60天均涨跌幅排行榜（图9-1）。

姚助教：

60日平均涨跌幅是指某一个品种近60个交易日内每一天的平均涨跌幅度。10日平均涨跌幅度指的是近10个交易日某品种的平均涨幅跌幅。20日那就是20个交易以来某品种平均的涨跌幅。60日代表的是稳定性的结果，是最需要关注的，这是某个品种长时间的表现，可以直接代表某品种的常规波动属性到底是活跃的，还是呆滞的。10日的作为短线交易可以重点关注，20日线的居中意义不如60日与10日更重要，起到一个辅助分析的作用。

序	代码	名称	均涨跌幅60	均涨跌幅10	均涨跌幅20
1	sc1903	原油1903	1.884	1.314	1.910
2	bu1906	沥青1906	1.595	1.577	1.578
3	j1905	焦炭1905	1.570	1.050	0.946
4	fu1905	燃油1905	1.530	1.198	1.482
5	jm1905	焦煤1905	1.320	1.038	1.006
6	MA905	甲醇1905	1.294	0.963	0.933
7	TA905	PTA1905	1.267	0.993	1.025
8	rb1905	螺纹1905	1.083	0.753	0.691
9	i1905	铁矿1905	1.071	0.790	0.883
10	pp1905	PP1905	1.072	0.927	1.006
11	zn1904	沪锌1904	1.054	0.914	0.863
12	hc1905	热卷1905	1.020	0.665	0.697
13	AP905	苹果1905	1.001	0.493	0.788
14	SM905	锰硅1905	0.913	0.698	0.726
15	ni1905	沪镍1905	0.864	0.622	0.780
16	ru1905	橡胶1905	0.820	0.797	0.953
17	RM905	菜粕1905	0.741	0.873	0.708
18	l1905	塑料1905	0.702	0.571	0.623
19	ZC905	动煤1905	0.700	1.003	0.781
20	m1905	豆粕1905	0.671	0.849	0.635
21	SR905	白糖1905	0.662	1.103	0.876
22	v1905	PVC1905	0.655	0.497	0.581
23	p1905	棕榈1905	0.641	0.680	0.665
24	jd1905	鸡蛋1905	0.616	0.785	0.769
25	cu1904	沪铜1904	0.561	0.437	0.465
26	b1905	豆二1905	0.557	0.528	0.469
27	CF905	棉花1905	0.530	0.487	0.413
28	y1905	豆油1905	0.519	0.515	0.521
29	OI905	菜油1905	0.458	0.548	0.415
30	cs1905	玉米淀粉1905	0.444	0.317	0.406
31	ag1906	白银1906	0.420	0.405	0.516
32	al1904	沪铝1904	0.414	0.472	0.530
33	au1906	黄金1906	0.300	0.210	0.299
34	sp1906	纸浆1906		0.814	0.883
35	eg1906	乙二醇1906		0.719	0.719

图9-1

有的投资者喜欢做黄金与白银，认为这是国际性的品种，但结合数据来看，做这两个品种是完全错误的。因为黄金在近60个交易日中，它每天只有平均0.3%的波动幅度，白银略高一点，60日有平均0.42%的波动幅度。掐头去尾留下1/3技术可以捕捉到的获利空间，操作黄金每天仅能抓到0.1%的波动空间，白银也只有0.14%的波动空间。

如果对原油进行操作呢？从数据来看，原油在60个交易日中，它每天的平均波动幅度是1.884%，掐头去尾每天可以捕获0.6%的空间，按10倍杠杆计算，就是每天可以为投资者带来6%的盈利幅度，是操作黄金的6倍！

内部培训学员张中顺：

原油商品之王的称呼可真是名副其实，有了这样的指标数据做参考，应当对什么品种进行操作，心中也就明白了。

我之前听到过这样的话：对冷门品种进行操作，因为冷门与热门是相互转换的，今天是冷门品种，明天可能就变成热门品种了，这样的话，做冷门波动幅度小的品种在它们变成热门之后岂不是会有更高的收益？

姚助教：

这样的说法很有蛊惑性，听着好像很有道理，但其实完全错误！冷门品种一定能变成热门吗？可能会变成，也可能一直冷下去，具有不确定性。而热门品种当前就是高热度、高活跃度的，这是非常确定的事情。为什么不去做非常确定的事情，而要去赌不确定性的事？

冷门品种是有转变为热门品种的可能，但这肯定需要一个时间吧？不可能说明天一下子就转成热门了，这个时间是多久？一周？一个月？还是大半年？这期间丢掉了多少热门品种的机会？就算真的变热了，它能追赶上多少丢掉的热门机会？

一波几十米高的大浪拍过来，下一波的浪是大是小？就算浪小了，也小不到哪去，不可能前一波是几十米的浪，后一面就是一波轻轻柔柔的小浪。同样，眼前这一波是轻轻柔柔的波浪，下一波的是大是小？就算大，也绝对不可能是几十米的大浪。

放着现成的热门高活跃度的品种不做，而去做冷门品种并企图将它们捂热乎，这是非常愚昧的想法！

内部培训学员张中顺：

您这样一讲马上就明白了其中的原因，这样的想法不仅是错误的，还是非常害人的。真是如老师所讲，用着同样的方法，一旦选错了品种，别人大口吃肉，自己就只能喝口清汤了。擒贼先擒王，这才是选目标对象正确的方法！

2019年1月3日涨跌排行榜（图9-2）。

姚助教：

2019年1月3日这一天形成了非常好的上涨形式。先看一下跌幅居前的品种，看它们有着怎样的属性状态？

内部培训学员张中顺:

这些跌幅居前的品种都是日均涨跌幅较小的品种,属于二、三线的品种。

代码	序	名称	最新	涨跌	↓涨幅
sc1903	1	原油1903	385.4	14.5	3.91%
j1905	2	焦炭1905	1937.0	60.5	3.22%
jm1905	3	焦煤1905	1175.5	30.0	2.62%
ni1905	4	沪镍1905	88370	2090	2.42%
rb1905	5	螺纹1905	3455	73	2.16%
bu1906	6	沥青1906	2630	52	2.02%
MA905	7	甲醇1905	2439	43	1.79%
hc1905	8	热卷1905	3350	56	1.70%
SM905	9	锰硅1905	7312	114	1.58%
i1905	10	铁矿1905	497.0	7.5	1.53%
fu1905	11	燃油1905	2408	36	1.52%
eg1906	12	乙二醇1906	5127	76	1.50%
FG905	13	玻璃1905	1303	19	1.48%
TA905	14	PTA 1905	5668	80	1.43%
ru1905	15	橡胶1905	11450	160	1.42%
ag1906	16	白银1906	3762	51	1.37%
y1905	17	豆油1905	5522	66	1.21%
au1906	18	黄金1906	290.70	2.40	0.83%
RM905	19	菜粕1905	2139	16	0.75%
p1905	20	棕榈1905	4630	32	0.70%
m1905	21	豆粕1905	2661	15	0.57%
SF905	22	硅铁1905	5736	32	0.56%
OI905	23	菜油1905	6524	31	0.48%
pp1905	24	PP1905	8511	40	0.47%
sp1906	25	纸浆1906	5082	0	0.00%
l1905	26	塑料1905	8480	-10	-0.12%
CF905	27	棉花1905	14865	-25	-0.17%
zn1904	28	沪锌1904	19740	-45	-0.23%
jd1905	29	鸡蛋1905	3393	-11	-0.32%
SR905	30	白糖1905	4670	-18	-0.38%
v1905	31	PVC 1905	6320	-25	-0.39%
ZC905	32	动煤1905	561.0	-2.4	-0.43%
cu1904	33	沪铜1904	47340	-310	-0.65%
al1904	34	沪铝1904	13410	-100	-0.74%
AP905	35	苹果1905	10671	-217	-1.99%

图9-2

姚助教:

二、三线品种下跌,并不会对整体上涨的走势产生影响。这就好像房地产市场一样,某几个二、三线城市的房价下跌并没有什么影响,但若几大一线城市的房价下跌,那就会引发连锁反应了。

在大多数品种上涨时,那些下跌或是涨幅落后的品种都是二、三线的,这就表明它们的下跌不会动摇当前整体行情上涨的根本。

内部培训学员张中顺:

下跌是二、三线品种,但上涨的品种都是一线品种,基本上都是日均涨跌幅靠前的品种。

姚助教：

涨幅最大的是最值得交易的商品之王原油，其次就是黑色系板块中的焦炭，60日均涨跌幅排名是黑色系板块的第一位。接下来的便是沪镍，从历史的数据来看，沪镍是有色金属板块中表现最亮眼的品种，只不过某一段时间沪锌的表现略好于沪镍。

内部培训学员张中顺：

从这种上涨形态来看，波动活跃度高、波动幅度靠前的品种全部都处于涨幅前列，记得一阳老师曾经讲过：这样的上涨格局是最可靠的，最容易实现大盈利。

姚助教：

之所以波动活跃就是因为有大量资金对它们持续进行交易，处于涨幅前列是外在体现，内部体现就是资金今天又开始发力做多了，在它们上涨的带领下，整个行情就非常容易持续性上涨，从而给投资者带来良好的交易机会。

2019年1月18日涨跌排行榜（图9-3）。

姚助教：

2019年1月18日这一天，大多数品种在上涨，而跌幅居前以及涨幅落后的多是二、三线品种，这说明下跌的力度并不大，没有主流品种在当天形成下跌的走势，这样的情况将会减轻整体上涨的阻力，没有拖后腿的力量。

内部培训学员张中顺：

从涨幅居前的品种来看，虽然原油没有跑到最前边，但是能源化工其他几个表现活跃的品种占据涨幅榜的前列，这也应当算是好的上涨格局吧？

姚助教：

是的，只要波动活跃的品种处于涨幅前列，这样的上涨形式就容易延续。在上涨居前的品种中，沪锌这个品种较为特殊。在有色金属板块中，活跃度排名是这样的：沪镍、沪锌、沪铜、沪铝。只是通过之前的60日均涨跌幅数据来看，沪锌暂时处于第一，所以，沪锌此时占据前列是非常正常的现象。

代码	序	名称	最新	涨跌	↓涨幅
bu1906	1	沥青1906	2978	108	3.76%
zn1904	2	沪锌1904	21195	595	2.89%
fu1905	3	燃油1905	2698	75	2.86%
i1905	4	铁矿1905	528.0	14.5	2.82%
TA905	5	PTA1905	6232	164	2.70%
rb1905	6	螺纹1905	3633	82	2.31%
p1905	7	棕榈1905	4678	100	2.18%
hc1905	8	热卷1905	3518	60	1.74%
SM905	9	锰硅1905	7510	124	1.68%
sc1903	10	原油1903	432.0	6.8	1.60%
j1905	11	焦炭1905	2065.5	31.0	1.52%
SF905	12	硅铁1905	6016	86	1.45%
SR905	13	白糖1905	4961	69	1.41%
y1905	14	豆油1905	5580	76	1.38%
ni1905	15	沪镍1905	94080	1260	1.36%
ZC905	16	动煤1905	591.6	7.8	1.34%
sp1906	17	纸浆1906	5380	64	1.20%
pp1905	18	PP1905	8866	101	1.15%
l1905	19	塑料1905	8780	100	1.15%
cu1904	20	沪铜1904	47840	470	0.99%
m1905	21	豆粕1905	2560	22	0.87%
OI905	22	菜油1905	6507	51	0.79%
ru1905	23	橡胶1905	11660	85	0.73%
RM905	24	菜粕1905	2115	12	0.57%
v1905	25	PVC1905	6505	35	0.54%
jm1905	26	焦煤1905	1238.0	6.5	0.53%
al1904	27	沪铝1904	13485	55	0.41%
FG905	28	玻璃1905	1311	5	0.38%
MA905	29	甲醇1905	2485	4	0.16%
ag1906	30	白银1906	3711	5	0.13%
au1906	31	黄金1906	285.05	-0.05	-0.02%
eg1906	32	乙二醇1906	5156	-3	-0.06%
CF905	33	棉花1905	15280	-20	-0.13%
jd1905	34	鸡蛋1905	3408	-23	-0.67%
AP905	35	苹果1905	10572	-86	-0.81%

图9-3

综合分析来看，虽然少了原油与沪镍的支持，但其他波动活跃的品种正在发力，所以，多头的状态是比较理想的，这种盘面下，投资者容易获得好的收益。

2019年1月21日涨跌排行榜(图9-4)。

姚助教：

2019年1月21日这一天下跌的品种中，除了焦炭之外，余下的均是二、三线的品种，根据之前讲解的内容可以得知，虽然有一些品种在下跌，但因为缺少大量一线品种下跌的支持，所以，空头行情并不会超越多方的力量。那么，从涨幅居前的品种来看，又有怎样的特征呢？

玩转期货 50 招（三）

代码	序	名称	最新	涨跌	↓涨幅
bu1906	1	沥青1906	3084	106	3.56%
TA905	2	PTA 1905	6426	194	3.11%
MA905	3	甲醇1905	2562	77	3.10%
SR905	4	白糖1905	5107	146	2.94%
FG905	5	玻璃1905	1343	32	2.44%
eg1906	6	乙二醇1906	5273	117	2.27%
y1905	7	豆油1905	5678	98	1.76%
AP905	8	苹果1905	10749	177	1.67%
ru1905	9	橡胶1905	11845	185	1.59%
p1905	10	棕榈1905	4752	74	1.58%
sc1903	11	原油1903	438.8	6.8	1.57%
fu1905	12	燃油1905	2740	42	1.56%
RM905	13	菜粕1905	2145	30	1.42%
OI905	14	菜油1905	6595	88	1.35%
sp1906	15	纸浆1906	5448	68	1.26%
jd1905	16	鸡蛋1905	3448	40	1.17%
m1905	17	豆粕1905	2585	25	0.98%
ni1905	18	沪镍1905	94980	900	0.96%
i1905	19	铁矿1905	533.0	5.0	0.95%
CF905	20	棉花1905	15380	100	0.65%
al1904	21	沪铝1904	13545	60	0.44%
rb1905	22	螺纹1905	3645	12	0.33%
pp1905	23	PP1905	8889	23	0.26%
l1905	24	塑料1905	8790	10	0.11%
v1905	25	PVC 1905	6500	-5	-0.08%
hc1905	26	热卷1905	3515	-3	-0.09%
cu1904	27	沪铜1904	47770	-70	-0.15%
zn1904	28	沪锌1904	21140	-55	-0.26%
SF905	29	硅铁1905	5998	-18	-0.30%
SM905	30	锰硅1905	7482	-28	-0.37%
ZC905	31	动煤1905	587.8	-3.8	-0.64%
au1906	32	黄金1906	283.20	-1.85	-0.65%
ag1906	33	白银1906	3661	-50	-1.35%
j1905	34	焦炭1905	2030.0	-35.5	-1.72%
jm1905	35	焦煤1905	1214.0	-24.0	-1.94%

图9-4

内部培训学员张中顺：

能源化工的表现尚好，虽然原油没有占榜，但其他波动活跃的能源化工品种此时的表现却是不错的，占据了涨幅榜的前几名。从这样的形式来看，至少在当天能源化工板块的表现肯定是没什么问题了，应当积极地对它们进行关注与操作。

但是涨幅第五名的玻璃却有一些无法理解。

姚助教：

这种现象就是"隔岸观火"，一线品种不动，静观二线品种出风头。一旦隔岸观火情况出现则证明这个板块的表现将不会太好，该涨的不涨，却让二、三线品种顶上，这可不是健康的表现，所以，黑色系板块在这一天是不宜进行操作的。

内部培训学员张中顺：

您这样一讲我就能理解铁矿和螺纹表现平平，余下的黑色系品种均有不同幅度下跌的原因了。以前不知道隔岸观火该如何解读，现在算是彻底明白了。以后面对这种二线品种表现好，但一线品种表现一般的走势时，就需要放弃对该板块的关注与操作了。哪个板块形成一线波动活跃度高的品种、处于涨幅前列，就对哪个板块进行积极的操作。

2018年12月18日涨跌排行榜（图9-5）。

代码	序	名称	最新	涨跌	↓涨幅
v1905	1	PVC 1905	6445	90	1.42%
p1905	2	棕榈1905	4532	44	0.98%
y1905	3	豆油1905	5398	46	0.86%
ru1905	4	橡胶1905	11425	85	0.75%
l1905	5	塑料1905	8630	55	0.64%
au1906	6	黄金1906	281.90	1.70	0.61%
m1905	7	豆粕1905	2668	16	0.60%
al1904	8	沪铝1904	13640	80	0.58%
SF905	9	硅铁1905	6046	24	0.40%
RM905	10	菜粕1905	2172	7	0.32%
ag1906	11	白银1906	3571	7	0.20%
eg1906	12	乙二醇1906	5627	9	0.16%
pp1905	13	PP1905	8586	6	0.07%
rb1905	14	螺纹1905	3435	0	0.00%
jd1905	15	鸡蛋1905	3488	-2	-0.06%
sp1906	16	纸浆1906	5126	-6	-0.12%
OI905	17	菜油1905	6618	-9	-0.14%
SR905	18	白糖1905	5013	-7	-0.14%
hc1905	19	热卷1905	3433	-6	-0.17%
SM905	20	锰硅1905	7448	-20	-0.27%
TA905	21	PTA 1905	6216	-20	-0.32%
ni1905	22	沪镍1905	90610	-310	-0.34%
i1905	23	铁矿1905	486.0	-2.5	-0.51%
ZC905	24	动煤1905	559.6	-3.0	-0.53%
cu1904	25	沪铜1904	48980	-280	-0.57%
AP905	26	苹果1905	11671	-68	-0.58%
FG905	27	玻璃1905	1298	-9	-0.69%
zn1904	28	沪锌1904	20620	-165	-0.79%
CF905	29	棉花1905	15220	-145	-0.94%
MA905	30	甲醇1905	2471	-33	-1.32%
bu1906	31	沥青1906	2740	-54	-1.93%
jm1905	32	焦煤1905	1216.0	-26.0	-2.09%
j1905	33	焦炭1905	1984.0	-44.0	-2.17%
fu1905	34	燃油1905	2580	-65	-2.46%
sc1903	35	原油1903	415.8	-11.1	-2.60%

图9-5

姚助教：

从2018年12月18日跌幅品种来看，当天的形式是非常明确的，你来说一下这一天跌幅靠前的品种有什么样的特征？

内部培训学员张中顺：

原油跌幅第一，并带动了几个跌幅靠前的能源化工品种一起下跌，这个板块的一线品种下跌走势非常抱团，这是良好的技术特征，这将会使得下跌的延续性非常好，并且很容易在该板块的下跌走势中实现盈利。

姚助教：

由于这一天还有一些品种在上涨，所以不要光看下跌的品种，还要看一下涨的品种。将上涨的品种与下跌的品种进行对比马上便可以看出问题所在。

内部培训学员张中顺：

这一天涨幅第一名的是PVC，这是能源化工的三线品种，虽然它上涨了，但由于地位不高，所以，并不会对下跌的能源化工板块中的其他品种产生干扰。

另外，就是油脂以及其他一些二、三线品种处于上涨的状态，上涨的品种中并未见到一线品种，所以，面对这样的盘面状况，做多显然是不合适的。

姚助教：

一线品种没有上涨，上涨的全是些二、三线品种，这样的情况就是"隔岸观火"，此时，上涨行情稳定的基础并不好，并且上涨的延惯性也并不会太好，所以，应当放弃对上涨品种的操作。而下跌靠前的品种，波动活跃度很高并且跌幅靠前，这才是最佳的操作对象。

2018年12月20日涨跌排行榜（图9-6）。

姚助教：

2018年12月20日这一天，上涨的品种中有这样三个：螺纹、沥青与沪镍。沥青的波动活跃度受原油涨跌的影响提高了不少，跻身到了一线的行情。而沪镍本身就是有色金属板块的一线品种，螺纹同样也是，由于价格波动非常活跃，并且成交量很大，因此，非常适合百万以上的资金进行操作。

代码	序	名称	最新	涨跌	↓涨幅
i1905	1	铁矿1905	496.5	9.5	1.95%
ru1905	2	橡胶1905	11490	185	1.64%
rb1905	3	螺纹1905	3481	56	1.64%
bu1906	4	沥青1906	2726	32	1.19%
ni1905	5	沪镍1905	90080	700	0.78%
CF905	6	棉花1905	15245	85	0.56%
FG905	7	玻璃1905	1301	6	0.46%
j1905	8	焦炭1905	1986.0	9.0	0.46%
hc1905	9	热卷1905	3459	11	0.32%
MA905	10	甲醇1905	2487	7	0.28%
cu1904	11	沪铜1904	48260	130	0.27%
AP905	12	苹果1905	11237	28	0.25%
jd1905	13	鸡蛋1905	3484	8	0.23%
RM905	14	菜粕1905	2175	4	0.18%
p1905	15	棕榈1905	4596	4	0.09%
sp1906	16	纸浆1906	5066	4	0.08%
al1904	17	沪铝1904	13785	5	0.04%
y1905	18	豆油1905	5440	0	0.00%
zn1904	19	沪锌1904	20540	-5	-0.02%
SR905	20	白糖1905	4974	-5	-0.10%
au1906	21	黄金1906	282.15	-0.40	-0.14%
SM905	22	锰硅1905	7382	-16	-0.22%
SF905	23	硅铁1905	6004	-18	-0.30%
fu1905	24	燃油1905	2478	-8	-0.32%
sc1903	25	原油1903	398.1	-1.3	-0.33%
jm1905	26	焦煤1905	1191.0	-4.5	-0.38%
ag1906	27	白银1906	3569	-14	-0.39%
m1905	28	豆粕1905	2663	-11	-0.41%
ZC905	29	动煤1905	560.4	-2.6	-0.46%
v1905	30	PVC 1905	6465	-50	-0.77%
eg1906	31	乙二醇1906	5576	-44	-0.78%
TA905	32	PTA1905	6124	-50	-0.81%
l1905	33	塑料1905	8620	-75	-0.86%
pp1905	34	PP1905	8517	-118	-1.37%
OI905	35	菜油1905	6547	-105	-1.58%

图9-6

这些波动活跃的品种处于涨幅前列，这说明盘面的多头状态是比较理想的，因此，投资者可在上涨的品种中寻找良好的交易机会。

内部培训学员张中顺：

这一天的盘面中有一半品种在上涨，还有一半品种在下跌，这就是一阳老师所说的：分化市。看完上涨的品种了，还需要对下跌的品种进行分析。下跌第一名是菜油，二、三线品种，同时，有好几个能源化工类的品种在跌，这几个品种却都是能源化工板块中的二、三线品种，在下跌的品种中"隔岸观火"的情况再度发生了。

姚助教：

上涨的品种符合较好的形式要求，而下跌的品种则形成"隔岸观火"的形式，所以，面对这一天的盘面状况，就应当以做多为主了。哪里的机会稳定、确定性更高就在哪里寻找机会进行操作。

2018年12月6日涨跌排行榜（图9-7）。

代码	序	名称	最新	涨跌	↓涨幅
OI905	1	菜油1905	6668	67	1.01%
ZC905	2	动煤1905	566.8	5.4	0.96%
RM905	3	菜粕1905	2232	19	0.86%
p1905	4	棕榈1905	4534	22	0.49%
SR905	5	白糖1905	4906	22	0.45%
au1906	6	黄金1906	279.90	1.00	0.36%
y1905	7	豆油1905	5530	4	0.07%
ag1906	8	白银1906	3534	1	0.03%
m1905	9	豆粕1905	2716	-2	-0.07%
ru1905	10	橡胶1905	11205	-10	-0.09%
sp1906	11	纸浆1906	5132	-8	-0.16%
l1905	12	塑料1905	8445	-15	-0.18%
FG905	13	玻璃1905	1251	-3	-0.24%
zn1904	14	沪锌1904	20530	-50	-0.24%
CF905	15	棉花1905	15185	-45	-0.30%
ni1905	16	沪镍1905	90340	-580	-0.64%
sc1903	17	原油1903	433.0	-2.9	-0.67%
cu1904	18	沪铜1904	40040	350	0.71%
TA905	19	PTA1905	6100	-48	-0.78%
al1904	20	沪铝1904	13750	-110	-0.79%
jd1905	21	鸡蛋1905	3493	-29	-0.82%
AP905	22	苹果1905	11700	-118	-1.00%
SM905	23	锰硅1905	7588	-82	-1.07%
fu1905	24	燃油1905	2750	-30	-1.08%
SF905	25	硅铁1905	6124	-68	-1.10%
v1905	26	PVC 1905	6350	-85	-1.32%
jm1905	27	焦煤1905	1188.5	-19.5	-1.61%
MA905	28	甲醇1905	2520	-45	-1.75%
i1905	29	铁矿1905	469.0	-8.5	-1.78%
hc1905	30	热卷1905	3309	-64	-1.90%
pp1905	31	PP1905	8525	-192	-2.20%
rb1905	32	螺纹1905	3375	-88	-2.54%
j1905	33	焦炭1905	1932.5	-53.5	-2.69%
bu1906	34	沥青1906	2780	-90	-3.14%

图9-7

姚助教：

2018年12月6日在下跌排行榜中可以看到，黑色系的表现整体不错，焦炭与螺纹这两个一线品种全部处于跌幅前列，从而带动黑色系板块中其他品种一起下跌，这是当天最值得交易的板块。

沥青虽然跌幅第一，但由于能源化工板块中其他的品种并未紧紧跟随着下跌，所以表现一般，因此，当天做空最好的对象是黑色系板块中的螺纹与焦炭。

内部培训学员张中顺：

上涨居前的品种表现就很一般了，涨幅第一的是菜油，属于二线品种，第二名动力煤也是二线品种，当天上涨的基本上全是二、三线品种，这样一对比就知道，做多肯定不值得。

姚助教：

形成"隔岸观火"现象时，上涨的品种或下跌的品种波动幅度在当天往往都不大，很难给投资者带来好的盈利机会。而未形成"隔岸观火"形式的品种，不仅板块之间非常抱团，而且波动幅度往往较大，很容易给投资者带来较大的盈利机会。

因此，在实际操作时，一定要对那些波动活跃度高、波动幅度大而且处于涨幅或跌幅前列的品种进行操作，延续性好的交易机会只存在于这些品种之中。

2018年11月12日涨跌排行榜（图9-8）。

姚助教：

2018年11月12日这一天的情况有些复杂，从涨跌家数来讲，下跌的品种占多数。从涨跌幅度对比，下跌品种的平均幅度远大于上涨的品种，这意味着当天空头的力量大于多头，从这些信息来看，应当是坚定做空的。

内部培训学员张中顺：

从上涨居前的品种来看，一线的能源化工品种涨幅居前，单从这一点来看，做多是有理由的，只不过受限于下跌品种多于上涨品种这一条，做多只能是备选方案。但从做空来讲，除了焦炭之外，硅铁与锰硅分别处于跌幅第二、第三的位置，二线品种的跌幅跑到了前面，有一些"隔岸观火"的味道。

姚助教：

的确是这样，螺纹在这一天的跌幅并不靠前，从这个角度来讲，黑色系并没有紧紧地抱在一起。面对这样的形式又该如何去解读呢？如果说它们下跌的幅度不大，这倒好解决，可是硅铁与锰硅的跌幅非常大，这处理起来就难了。

代码	序	名称	最新	涨跌	↓涨幅
TA905	1	PTA1905	6384	124	1.98%
fu1905	2	燃油1905	3244	49	1.53%
sc1903	3	原油1903	510.0	6.7	1.33%
m1905	4	豆粕1905	2781	8	0.29%
RM905	5	菜粕1905	2266	5	0.22%
y1905	6	豆油1905	5554	10	0.18%
p1905	7	棕榈1905	4678	6	0.13%
al1904	8	沪铝1904	13980	-10	-0.07%
v1905	9	PVC1905	6215	-5	-0.08%
OI905	10	菜油1905	6554	-10	-0.15%
cu1904	11	沪铜1904	49080	-200	-0.41%
I1905	12	铁矿1905	487.0	-2.0	-0.41%
zn1904	13	沪锌1904	20235	-85	-0.42%
ZC905	14	动煤1905	577.0	-3.2	-0.55%
au1906	15	黄金1906	276.55	-2.15	-0.77%
SR905	16	白糖1905	5002	-40	-0.79%
MA905	17	甲醇1905	2670	-22	-0.82%
rb1905	18	螺纹1905	3484	-29	-0.83%
hc1905	19	热卷1905	3406	-30	-0.87%
pp1905	20	PP1905	8927	-83	-0.92%
ag1906	21	白银1906	3509	-40	-1.13%
ru1905	22	橡胶1905	11395	-130	-1.13%
jd1905	23	鸡蛋1905	3706	-43	-1.15%
l1905	24	塑料1905	8510	-100	-1.16%
CF905	25	棉花1905	15590	-195	-1.24%
AP905	26	苹果1905	12218	-193	-1.56%
FG905	27	玻璃1905	1208	-20	-1.63%
ni1905	28	沪镍1905	94400	-1670	-1.74%
bu1906	29	沥青1906	3262	-66	-1.98%
jm1905	30	焦煤1905	1172.0	-27.0	-2.25%
SM905	31	锰硅1905	7736	-300	-3.73%
SF905	32	硅铁1905	6112	-284	-4.44%
j1905	33	焦炭1905	1978.0	-103.5	-4.97%

图9-8

　　之所以要分析有没有形成"隔岸观火"的现象发生，就是希望回避那些二、三线品种跌得多、而一线品种不下跌的情况，这种情况下，那些二、三线品种就算是上涨或下跌，其幅度都并不会太大，这是一种经验。但是，如果一线品种不怎么下跌或不怎么上涨，但二、三线品种的表现非常好，涨跌幅非常大，那肯定也需要执行幅度优先的操作。

　　内部培训学员张中顺：

　　查看60日均涨跌幅就是为了看哪些品种的波动幅度大，如果今天二、三线品种涨幅靠前但涨跌幅度却并不大，形成了非常标准的"隔岸观火"形态，那就不宜进行操作。但如果它们的幅度加大了，这就表示有冷门品种被捂热乎的可能，也就应当对它们进行操作了。

姚助教：

幅度优先这是实现更大收益的根本保障，哪个品种的幅度大就优先对哪个品种操作，哪个品种的幅度小就放弃对它的交易。就本案例而言，交易的思路是灵活的，不能僵死化地去处理，二、三线品种并不见得不好，只是常规情况下它们的整体表现并不尽如人意，但若某一天它们的表现十分出众，那自然就会成为好的目标对象。

"隔岸观火"多数情况下都是不好操作的体现，可以对投资者起到很大的帮助，直接就可以看出这个板块今天大概率的情况。而一旦实际走势与经验数据产生了偏差，那就需要及时调整操作，服从市场的状况！

玩转期货50招之十
笑里藏刀——阳尽而阴多小心

陈助教：

价格上涨到顶或下跌到底的时候，会有几种顶部形态与底部形态，比如之前讲解的无中生有与暗度陈仓形态。本节内容中再为大家讲解一种顶底形态：笑里藏刀。这种形态针对的是短线级别的顶底或底部，一旦"笑里藏刀"形态出现，可能会形成一个重要的顶部或底部，但也可能只会引发一个局部的高点或低点，调整过后，价格可能还会再创新高或新低。因此，这属于短线性质顶部或底部的识别技巧。

内部培训学员吴进华：

一阳老师曾说过：不管是期货还是股票，抑或是其他交易品种，短线性质的顶底都是非常难以识别的，所以，老师主张我们更多地学习那些大级别的顶底形态，因为这些形态就像无中生有或暗度陈仓一样，有着统一明确的技术点。那么，您讲的笑里藏刀不知是否也有统一的技术要求？

陈助教：

短线顶底之所以难以判断，就是因为形态多变且规律性的变化较少，但"笑里藏刀"是个例外，它有着统一的技术要求。一旦价格的波动符合技术要求，就一定要多加小心，就算不清仓也需要减仓了。

先说价格的形态，对众多上涨走势进行观察便可以发现一种规律：绝大多数上涨行情在初期上涨的过程中，阳线的实体都是适中的，上涨都是温和的，而一旦进入顶部阶段，就将会出现加速上涨的走势，阳线的实体突然变大，这个时候，快速的上涨将会耗费多方的动能，因此，价格也就容易产生调整或见顶回落的需求。

内部培训学员吴进华：

这种走势就是加速赶顶吧？温和上涨以后只要见到实体较大的阳线，一定要小心，虽然有的案例中可能会是加速上涨的开始，但大多数走势中一旦价格开始加速往往就会进入上涨的末期。

陈助教：

在实际运用时也不能只是见到价格在温和上涨之后收出大实体的阳线就认为顶部到来了，还必须结合成交量变化一起分析。若价格温和上涨之后收出大实体的阳线，但成交量依然保持温和放大的状态，那就不能说是顶部到来了。可一旦加速大阳线伴随着巨大的成交量出现，这个时候就要多加小心！大实体阳线出现时，做多投资者的收益将会快速增长，见到这样的情况谁会不笑？可是这笑中却潜藏着危机，因为巨大的成交量表明资金已经耗费光了，上涨的高点近在眼前，若不做好逢高减仓或清仓的准备，将会很容易使得到手的收益随着后期的调整出现回吐。

下面结合具体的案例讲解一下如何应对"笑里藏刀"技术形态。

苹果1905合约2019年1月22日1分钟K线走势图（图10-1）。

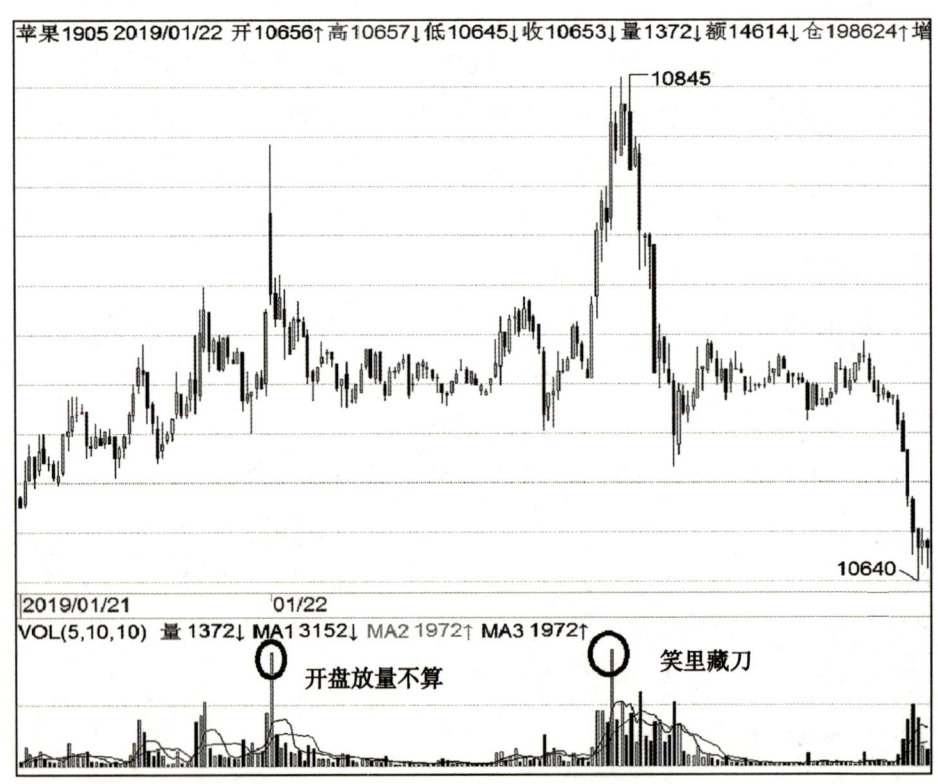

图10-1

陈助教：

2019年1月22日这一天开盘时收出了一根巨大的成交量，此时的放量有分析的价值吗？

内部培训学员吴进华：

开盘时的成交量往往都是比较大的，特别是价格出现明显的跳空高开或低开走势时，成交量则会更大。这是因为出现大幅度高开或低开后，价格走势的突破断档使做对方向的人大赚，此时他会有止盈出局的想法，但也会使做错方向的人大亏，这便会产生止损的想法，再加入场外新入场参与的资金，在这一根K线的时间内，成交量就会非常大。但多数情况下，开盘后的成交量会很快回归正常，所以，日开盘、夜开盘以及节日停牌后开盘出现的放量现象，不能用于技术分析。

陈助教：

你说得非常正确，对成交量进行分析，一定要注意开盘这个因素，只有盘中连续波动形成的放量才具有分析价值。

苹果价格在后面上涨的时候，成交量也有所加大，但相比之前上涨时的成交量来讲，初期上涨时属于温和放大，成交量温和放大是一种完美的放量现象，这说明资金有序地在场中进行操作，这将会对价格的上涨起到推动作用。而当价格上涨到高点之后，成交量出现了异常，此时又有怎样的特征？

内部培训学员吴进华：

在价格上涨到高位，随着最后一根大阳线出现的时候，成交量急剧放大，并且超过了开盘时的那根巨量，这样的成交量就有点异常了，一阳老师曾说过：异常的量能将容易导致价格异常的波动，所以，这是一种风险性信号。

陈助教：

价格刚拉出大阳线的时候，只需要温和的推动便可以使它涨上去，到了高点之后却需要两倍以上的成交量才可以推动起来，就好像汽车一样，踩一半油门就能跑到100公里，现在油门踩到底才跑100公里，这是不是不正常？成交量的不正常是资金操作混乱的体现，资金交易变得混乱起来，那么，价格也必然会受到影响。

随着这根放大量的大阳线出现，上涨行情也走到了尽头。大阳线笑着冲投资者捅出了一刀，这滋味可不好受，因此，当"笑里藏刀"形态出现的时候，一定要主动回避，因为这往往会是一个阶段性的高点。

沪镍1905合约2019年1月21日和22日1分钟K线走势图(图10-2)。

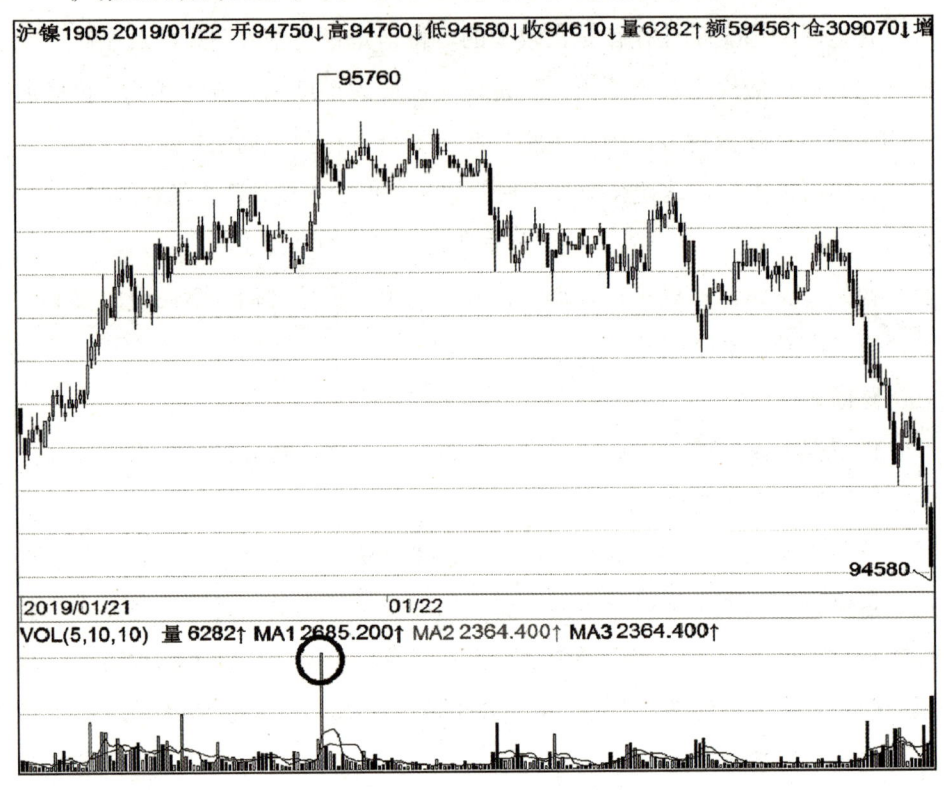

图10-2

陈助教：

沪镍1905合约在2019年1月21日盘中上涨的时候，整体成交量都保持着温和的状态，但是，随着价格最后一次向上创出新高，成交量的变化出现了问题。除了成交量创下了最近阶段的最大量以外，还有怎样的特征呢？

内部培训学员吴进华：

另一个技术特征就是成交量突然放大以后，又很快萎缩了下来，急剧放量，急剧缩量。

陈助教：

面对异常的巨量应当这样分析：为什么之前的成交量不需要这么大价格

就可以保持正常的波动？为什么资金入场之后，很快便结束了，没有资金可以持续性的介入？这种急剧放量并伴随着急速缩量的现象，说明虽有大量的资金在此操作，但一下子消耗光了，没有后继资金继续推动，价格自然也就难以维持当前的趋势。

从后期的走势来看，笑里藏刀形态出现的点位就是当天的高点区间，虽然价格后期并没有马上下跌，但再也涨不上去了。

内部培训学员吴进华：

有一句话是：天量见天价，是不是说的这种形态？

陈助教：

是说的这种形态，但并不完整，天量只是当前的天量，如果成交量能够延续放大，那就不是天量了。之所以成为天量，还是因为有后面的缩量做参照，巨量之后紧接着缩量，这才会构成正宗的笑里藏刀技术形态。

热卷1905合约2019年1月22日1分钟K线走势图（图10-3）。

陈助教：

在之前大波段上涨的时候，成交量都保持着连续放大的状态，虽然量能放大但并没有形成异常巨量，这说明资金入场非常具有持续性，量能只要不乱，价格的运行趋势就会稳定地延续下去。

经过一番长时间的调整之后，价格继续上涨，虽然再度上涨时的幅度也挺大，但在技术形态上也有一个不足之处，不知你是否能够识别？

内部培训学员吴进华：

调整后价格再次上涨时，成交量没有像之前一样保持放大的状态，而是以无量的形式完成了上涨，这说明资金做多的积极性并不高涨。

陈助教：

这也是为什么之前的价格上涨后经过调整还能再创新高，而第二次上涨之后价格彻底转势下跌的原因。有资金推动，上涨行情才可以更好地延续，否则就容易形成趋势的反转。

在价格上涨的末期阶段，收出了两根大实体的阳线，这使得做多投资者的收益急剧增加，与之相伴的便是成交量的急剧放大。在价格有了一定幅度上涨之后，再度出现大量大阳的现象时就要多加小心了，因为这可能会形成笑里藏刀的形态。之前连续上涨时不需要这么大的量价格照样可以上涨，为什么现在却要这么大的推动力度才能涨得上去？显然，资金的交易出现了问题。

图10-3

内部培训学员吴进华：

当发现笑里藏刀现象之后及时地将手中的多单进行减仓或是清仓，价格后期快速下跌就不会造成利润的回吐了。这一刀之后，上涨的高位区间大量大阳太有杀伤力了，涨的时候很得意，但如果不注意及时止赢，结局就会很惨了。

PP1905合约2019年1月11日1分钟K线走势图（图10-4）。

陈助教：

PP1905合约在价格震荡上涨的过程中出现了一次标准的笑里藏刀技术形态，以及两次不太标准的笑里藏刀技术形态，你说一下这三次笑里藏刀形态的特点吧。

图10-4

内部培训学员吴进华：

第一次笑里藏刀出现时，价格并没有形成连续的上涨，技术形态满足要求，但是价格所处的位置并不满足要求。当一根大阳线突破之前高点的时候，成交量也急剧放大，但第二根K线，成交量马上攻缩了下来，形成了大阳线伴随着急剧放量与急剧缩量的现象，这说明子弹打光了，没有后继资金入场推动，价格就很容易回落。

陈助教：

虽然价格刚刚形成突破，但却无法阻止深幅度的回落，由此可见，价格的交易形态再好，若得不到成交量的完美配合，买点也会失效。

内部培训学员吴进华：

第二次形成笑里藏刀形态时是不标准的，价格上涨时成交量连续放大，价格也随之快速上行，按说笑里藏刀应当是突然放量而后快速缩量，但本案例中却形成了连续放量之后，快速缩量，这说明资金失去了后劲，从而再次导致价格出现回落。

陈助教：

类似的情况不少，价格涨得好好的，成交量也连续性放大，到了高点之后成交量突然萎缩，就好像开车松了油门一样，从而使得价格的上涨失去了动力，在这种走势中，放量不是重点，快速的缩量是核心，成交量快速萎缩意味着价格失去了动力，这个时候往往促使价格形成高点。

内部培训学员吴进华：

最后一次的笑里藏刀则是标准的，形态发生于价格连续上涨之后，位置符合要求。而后成交量突然放大，大量跟着大阳一起出现，这种走势最容易激发投资者的交易热情。但放量之后成交量便很快萎缩，没有资金继续大规模入场，价格也就容易再次形成高点。

陈助教：

虽然短线的顶部有多种表现形态，但是，只要出现笑里藏刀走势，就一定要及时离场回避，就算价格还能够继续上涨，但在上涨之前，肯定会有一番调整，大量大阳的高点离场，而后调整低点区间重新接回多单，这才是正常的。笑里藏刀，大阳线让你笑，大量之中有把刀，一定要多加小心！

焦煤1905合约2019年1月22日和23日1分钟K线走势图（图10-5）。

陈助教：

焦煤的走势在整体波动的时候，无论是上涨还是下跌，成交量都没有形成密集性放大的走势，在实战操作时，对于这种短周期K线图中成交量没有明显规律的走势，一定要注意回避。之所以将它作为案例进行交流，就是因为它形成了标准的笑里藏刀技术形态，虽然其他的技术点没什么好讲的，但笑里藏刀却是标准的。

内部培训学员吴进华：

价格在下跌的时候，成交量始终放不大，这种现象说明没有资金积极在场中进行做空操作，因此，即使空单的开仓点设置得不错，也不能抱有过大的收益预期。

图10-5

陈助教：

成交量在很多时候对持仓的推动作用更大，价格连续放量下跌时，下跌的幅度大并且下跌的速度快，而在无量的状态下，下跌的幅度小并且下跌的速度慢，所以，一定要在无量下跌时降低收益目标。

在下跌的低点区间，一根大实体的阴线突然出现，这是图中最大一根实体的K线，与之相伴的就是成交量的急剧放大，这一根成交量柱体也是图中最大的。大阴伴大量说明量价出现了混乱，笑里藏刀的出现往往会对空头不利，此时该如何做？

内部培训学员吴进华：

笑里藏刀一旦出现，价格虽然后期还会下跌，但在此时将会出现一定幅度的反弹，所以，手中的空单是一定要先出局的，等有了好的做空形态之后再度入场进行操作。虽然这个案例中价格彻底扭转了趋势，但由于笑里藏刀可能针对的是局部的低点，也可能这个低点变成了最低点，但它并不是用来识别大底部形态的，所以，不宜用笑里藏刀进行抄底的操作，用它进行平仓操作才是最正确的。

PP1905合约2019年1月14日1分钟K线走势图（图10-6）。

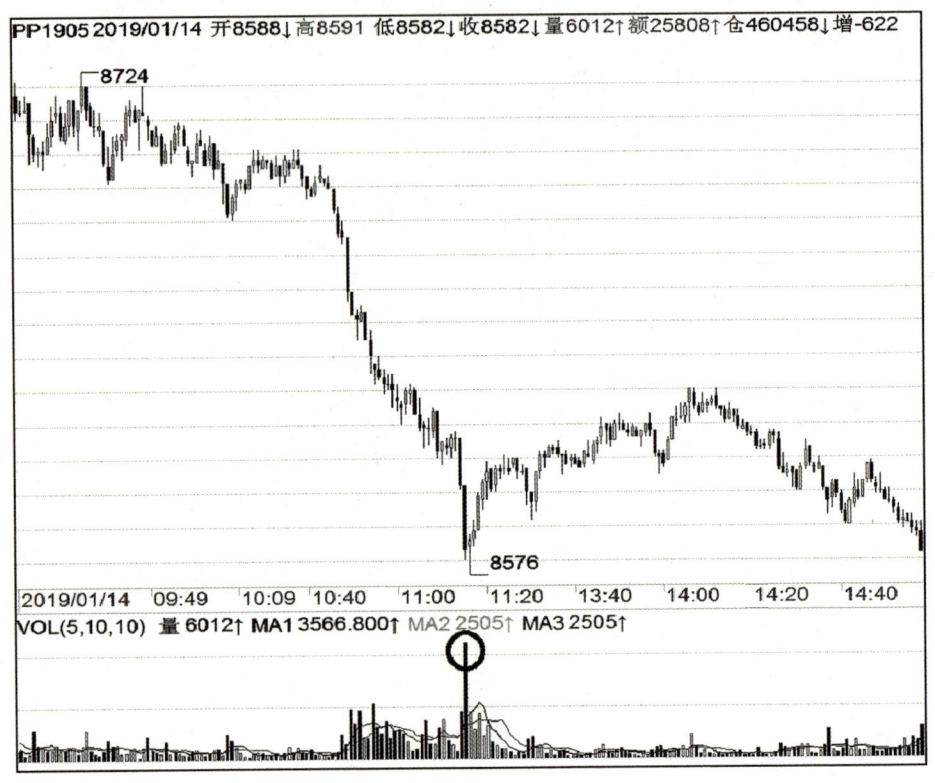

图10-6

陈助教：

PP1905合约在下跌的过程中，成交量始终保持着放大的状态，但是这种放大非常有规律，成交量柱体都差不多，这样的量能说明资金入场非常有序，持续性的放大没有任何混乱，成交量稳定则价格波动必然稳定，趋势的方向也将会很好地延续。

内部培训学员吴进华：

这种成交量密集连续放大的现象，在价格大幅下跌或大幅上涨的过程中是经常见到的，一阳老师说过：量能的放大能够保持多长时间，那么，价格的下跌或上涨就能延续多长时间，直到成交量出现了明显的萎缩或异常的放大。

陈助教：

在经过了连续大幅下跌之后，出现大实体的阴线，下跌途中出现大阴线的时候，还是破位后下跌的初中期阶段，而在下跌了这么大幅度之后，再度收出大实体的阴线，这很有可能意味着价格出现加速赶底的走势，这个位置的大阴线，要么会促使价格直奔跌停而去，要么就是几根大阴线快速杀下来后形成一个重要的反弹低点。

内部培训学员吴进华：

在低位大阴线出现的时候，成交量也急剧放大，之前在温和的放量中价格就可以很好地跌下来，现在这么大量才跌下来，可见资金的操作出现了混乱。低位大阴伴大量，笑着的赚空单收益的时候，也要留意多方的一刀。虽然价格后期再度回落，但是，笑里藏刀的点位却形成了一个大规模的底部低点。

菜油1905合约2019年1月24日1分钟K线走势图（图10-7）。

图10-7

陈助教：

菜油在上涨的高位区间形成了放量的现象，而后成交量又快速萎缩，资金不愿再继续积极入场操作后，价格便出现了连续的回落。下跌过程中又出现了什么样的经典走势呢？

内部培训学员吴进华：

价格创下新低之后成交量出现了放大的现象，此时的量能放大比较温和，因为量能并不是太大，所以，阴线的实体也并不是太大。经过一波下跌之后，成交量突然急剧放大，原本温和且持续的放量此时变得异常。不过，这一根K线实体并不大，只是下影线比较长，也可以视为标准的笑里藏刀技术形态吗？

陈助教：

从成交量的变化来看，肯定是符合笑里藏刀形态要求的。那些长长的下影线是不是满足要求呢？我们来分解着看待：笑里藏刀形成之后价格容易出现反弹，这是大概率的事情，下影线首先是由下跌引起的，跌到了低点的时候是不是形成了一根大实体的阴线？那此时就形成了大阴大量的现象，这是不是符合了笑里藏刀的要求？完成了笑里藏刀形态之后，价格快速上涨，上涨使得K线的收盘形成了一根长长的下影线，这也是笑里藏刀形态完成后正常的走势，只不过这一根K线变化得太快，一根K线完成了两步走势：下跌与上涨。因此，下跌低点巨量后的长下影线也属于标准的笑里藏刀技术形态。

原油1903合约2019年1月23日和24日1分钟K线走势图（图10-8）。

陈助教：

之前几个案例共同的特点就是：笑里藏刀技术形态出现之后，价格都形成了一个大规模的高点或是低点。而在原油的走势之中，笑里藏刀出现之后的走势却是与众不同的，来说一下这两次笑里藏刀技术上的特点吧。

内部培训学员吴进华：

先说成交量的变化，这两次笑里藏刀的量能形态是一致的，突然放出了巨大的成交量，而后成交量又快速萎缩，这说明资金的后劲不足，无法给价格提供持续性下跌的动力。在巨大的成交量出现的时候，价格也出现了大幅度的下跌，形成了经典的大阴伴大量的现象，所以，这两次的笑里藏刀其实都符合技术要求。

图10-8

陈助教：

从量价的形态来看，与之前笑里藏刀的走势没有什么太大差别，唯一一点差别就是这两处笑里藏刀形态发生的位置并不是在连续下跌的低点，而是在价格创出新低的点位。这个位置有大量是正常的，随着新低的出现，趋势的方向更加明显了，多单的资金有在此处进行止损的，而也有做空的资金看到趋势方向更加明确之后也更愿意入场操作，两股力量导致了成交量的放大。

大阴伴大量出现之后，价格的确也出现反弹了，但是，反弹的幅度很小，并且反弹的时间很短，而后便再度出现下跌。虽然先后两次形成低点，但都只是下跌途中的局部低点，这是与前几个案例最大的不同。

内部培训学员吴进华：

笑里藏刀一旦出现将会很容易促使价格形成低点，但是，到底是形成大级别的底部低点，还是形成涨跌中途的局部低点，这是无法提前判断的。无论是形成什么性质的低点，都有必要先平掉手中的单子，若是大低点就躲过了一劫，但若是下跌中途的低点，则在价格后期继续下跌时可以重新入场操作，所以，笑里藏刀作为一种识别价格低点的技巧，回避风险锁定利润是它的主要作用，是必须重视起来的。

玩转期货50招之十一
李代桃僵——板块分化两头做

陈助教：

李代桃僵放在期货市场中针对的是同板块内分化性的走势。从正常的角度来讲，同板块中关联的品种分化明显是不好的走势，削弱了整体板块上涨或是下跌的力量，有涨有跌的走势不如同板块所有品种紧紧抱团齐涨齐跌的获利效果好。

但是，从另一个角度来讲，可以把同板块分化的走势视为一种跷跷板的游戏，该板块中下跌的品种正在放量狠狠地下跌，那么，上涨的品种肯定会受拖累停止上涨或是出现调整，而一旦下跌的品种下跌结束开始反弹，那么，上涨的品种会由于板块中失去了做空的力量而开始发力上涨。

内部培训学员韩振波：

那是不是那些下跌的品种会因为上涨品种的带动而停止下跌或是随之反弹，而一旦发力上涨的品种上涨结束，板块中缺少了做多力量带动的时候，下跌的品种又有可能继续发力下跌？

陈助教：

你说得非常好，就是这样连贯性的分析！此消彼长，空头发力多头退让，空头休息则多头发力，多头发力空头退让，多头休息则空头发力，就是这样一种循环。只要把握好分化品种的涨跌节奏，就可以多空通吃，增加交易的机会。

因此，从这个角度来讲，分化走势并不见得都是不好的现象。

内部培训学员韩振波：

在板块内的品种形成分化走势时，有什么需要注意的吗？比如需不需要注重分化品种龙头跟风的地位，以及分化品种的数量对比？

陈助教：

龙头与跟风的属性对比不需要关注，因为龙头只有一个，余下的全是跟风，因此意义不大。分化家数的对比是必须关注的，原则是涨跌各半就是最好的，但多数情况下可能会略有偏差，多方多几家空方少几家，或是空方少几家多方多几家，这都能接受，只要数量上不是相差太大就可以。除此，涨跌的幅度也要关注，幅度相差越大，这种跷跷板现象越明显，交易的机会越多。下面结合具体案例进行讲解。

2018年12月10日涨跌幅排行榜（图11-1）。

代码	序	名称	最新	涨跌	↓涨幅
sc1903	1	原油1903	438.3	15.5	3.67%
fu1905	2	燃油1905	2760	72	2.68%
eg1906	3	乙二醇1906	5674	74	1.32%
ag1906	4	白银1906	3582	43	1.22%
au1906	5	黄金1906	283.10	2.85	1.02%
CF905	6	棉花1905	15310	145	0.96%
p1905	7	棕榈1905	4524	38	0.85%
sp1906	8	纸浆1906	5166	28	0.54%
bu1906	9	沥青1906	2792	12	0.43%
ZC905	10	动煤1905	576.8	2.4	0.42%
y1905	11	豆油1905	5450	6	0.11%
al1904	12	沪铝1904	13770	5	0.04%
FG905	13	玻璃1905	1270	0	0.00%
SR905	14	白糖1905	4947	-11	-0.22%
l1905	15	塑料1905	8480	-20	-0.24%
OI905	16	菜油1905	6651	-17	-0.25%
ru1905	17	橡胶1905	11215	-30	-0.27%
ni1905	18	沪镍1905	89310	-270	-0.30%
i1905	19	铁矿1905	473.5	-1.5	-0.32%
cu1904	20	沪铜1904	48950	-270	-0.55%
AP905	21	苹果1905	11849	-88	-0.74%
jd1905	22	鸡蛋1905	3469	-37	-1.06%
m1905	23	豆粕1905	2681	-30	-1.11%
RM905	24	菜粕1905	2210	-25	-1.12%
pp1905	25	PP1905	8496	-112	-1.30%
MA905	26	甲醇1905	2513	-36	-1.41%
jm1905	27	焦煤1905	1194.5	-23.0	-1.89%
hc1905	28	热卷1905	3281	-64	-1.91%
v1905	29	PVC 1905	6265	-125	-1.96%
SF905	30	硅铁1905	6018	-122	-1.99%
zn1904	31	沪锌1904	20545	-490	-2.33%
SM905	32	锰硅1905	7496	-184	-2.40%
rb1905	33	螺纹1905	3312	-85	-2.50%
TA905	34	PTA 1905	6134	-158	-2.51%
j1905	35	焦炭1905	1984.5	-78.5	-3.81%

图11-1

陈助教：

2018年12月10日这一天，涨幅居前的是三个能源化工的品种，由于原油是能源化工板块中的老大哥，其他品种往往要随着涨跌，所以，当原油上涨并且得到了另外两个能源化工品种紧紧跟随的时候,坚定做多原油肯定是正确的。

内部培训学员韩振波:

这一天上涨的品种除了原油、燃油、乙二醇、沥青以外,其他能源化工的品种都出现了下跌,并且当天大多数品种是下跌的,这还能做多原油吗?

陈助教:

若站在涨跌数量定多空的角度来讲,这一天是应当进行做空操作的,因为下跌的品种占大多数。但如果站在板块分化的角度来看,做多原油并没有错,因为任何时候,涨幅第一的品种肯定是要做多,只不过还要再看有没有做空的对象更值得操作。对比之下便可以看到,还有四只能源化工的品种出现了下跌,一半上涨一半下跌。上涨的能源化工品种的涨幅与下跌的能源化工品种的跌幅有了较大的差别,这个时候,就需要注意跷跷板现象了。

内部培训学员韩振波:

一旦发现上涨的品种正在上涨,就应当先去做多,同时手中若有空单就得多多留神了。而一旦上涨结束,就需要对下跌的品种高度关注,板块中失去了做多的力量之后,跌幅靠前的品种就很容易再度下跌了。如此一来,上涨的有做多的机会,下跌的有做空的机会,的确是比单纯的上涨或下跌带来的操作机会多。

2019年1月15日涨跌幅排行榜(图11-2)。

陈助教:

看了能源化工的分化现象及操作思路后,再来看一下2019年1月15日黑色系板块不标准的分化现象。先说一下跌幅榜前列有什么样的特征?

内部培训学员韩振波:

位于跌幅前列的是螺纹与热卷,紧随其后的还有动力煤,这说明黑色系板块的下跌还是有抱团现象的。

陈助教:

涨幅第6名是硅铁,但锰硅与焦炭却位于涨幅第15和16名,虽然有三个黑色系的品种上涨,但并不怎么抱团,名次之间差得比较远,远不如下跌的品种那样紧紧地挨着。

代码	序	名称	最新	涨跌	↓涨幅
eg1906	1	乙二醇1906	5221	78	1.52%
TA905	2	PTA1905	6118	88	1.46%
fu1905	3	燃油1905	2620	37	1.43%
bu1906	4	沥青1906	2832	28	1.00%
zn1904	5	沪锌1904	20215	195	0.97%
SF905	6	硅铁1905 ⇐	5934	38	0.64%
pp1905	7	PP1905	8635	50	0.58%
SR905	8	白糖1905	4792	26	0.55%
RM905	9	菜粕1905	2110	10	0.48%
m1905	10	豆粕1905	2577	11	0.43%
ni1905	11	沪镍1905	92070	370	0.40%
sc1903	12	原油1903	416.3	1.5	0.36%
MA905	13	甲醇1905	2509	9	0.36%
OI905	14	菜油1905	6459	23	0.36%
SM905	15	锰硅1905 ⇐	7384	20	0.27%
AP905	16	苹果1905	10712	22	0.21%
j1905	17	焦炭1905 ⇐	2019.0	4.0	0.20%
cu1904	18	沪铜1904	46980	80	0.17%
al1904	19	沪铝1904	13335	5	0.04%
ag1906	20	白银1906	3715	1	0.03%
ru1905	21	橡胶1905	11505	0	0.00%
l1905	22	塑料1905	8575	-5	-0.06%
jd1905	23	鸡蛋1905	3431	-3	-0.09%
CF905	24	棉花1905	15130	-15	-0.10%
v1905	25	PVC1905	6350	-10	-0.16%
i1905	26	铁矿1905	512.0	-1.0	-0.19%
y1905	27	豆油1905	5566	-14	-0.25%
au1906	28	黄金1906	284.30	-0.75	-0.26%
ZC905	29	**动煤1905**	575.0	-2.2	-0.38%
p1905	30	棕榈1905	4618	-24	-0.52%
jm1905	31	**焦煤1905**	1237.5	-7.5	-0.60%
FG905	32	玻璃1905	1308	-9	-0.68%
sp1906	33	纸浆1906	5242	-52	-0.98%
hc1905	34	**热卷1905**	3416	-43	-1.24%
rb1905	35	**螺纹1905**	3519	-56	-1.57%

图11-2

三家上涨四家下跌这是不是分化现象呢？从涨跌家数来讲的确是的，但结合具体的幅度来看就不是分化了，除了螺纹与热卷跌幅超过1%以外，其余两个品种跌幅都很少，而上涨品种的幅度也很少，分化是怎么要求的？一定要有较大的涨跌幅差别。而黑色系中的涨跌幅平均差别还不到1%，这又怎么能称得上是分化呢？既然没有形成标准的分化现象，跷跷板式的操作方法就不能运用了。

内部培训学员韩振波：

分不分化虽然是先看涨跌品种的数量，再看涨跌的幅度，但是，涨跌幅度的差别是否较大才是决定是否分化的主要因素。涨跌幅差别大，品种又差不多一半涨一半跌,这才满足条件,才可以用跷跷板的方式两头进行操作。

2019年1月10日涨跌幅排行榜(图11-3)。

代码	序	名称	最新	涨跌	↓涨幅
fu1905	1	燃油1905	2638	74	2.89%
sc1903	2	原油1903	421.5	5.2	1.25%
bu1906	3	沥青1906	2828	16	0.57%
jd1905	4	鸡蛋1905	3520	16	0.46%
jm1905	5	焦煤1905	1192.0	4.5	0.38%
au1906	6	黄金1906	286.90	0.70	0.24%
MA905	7	甲醇1905	2490	6	0.24%
ni1905	8	沪镍1905	91560	220	0.24%
ag1906	9	白银1906	3751	8	0.21%
TA905	10	PTA 1905	6002	12	0.20%
rb1905	11	螺纹1905	3514	7	0.20%
CF905	12	棉花1905	15160	15	0.10%
hc1905	13	热卷1905	3421	0	0.00%
ZC905	14	动煤1905	561.0	-0.4	-0.07%
m1905	15	豆粕1905	2670	-4	-0.15%
FG905	16	玻璃1905	1307	-2	-0.15%
OI905	17	菜油1905	6524	-11	-0.17%
AP905	18	苹果1905	10634	-18	-0.17%
y1905	19	豆油1905	5586	-12	-0.21%
cu1904	20	沪铜1904	47530	-150	-0.31%
l1905	21	塑料1905	8535	-30	-0.35%
RM905	22	菜粕1905	2170	-9	-0.41%
SF905	23	硅铁1905	5798	-30	-0.51%
al1904	24	沪铝1904	13450	-70	-0.52%
v1905	25	PVC 1905	6355	-35	-0.55%
pp1905	26	PP1905	8621	-50	-0.58%
SR905	27	白糖1905	4754	-28	-0.59%
eg1906	28	乙二醇1906	5092	-30	-0.59%
i1905	29	铁矿1905	506.5	-3.0	-0.59%
j1905	30	焦炭1905	1934.5	-11.5	-0.59%
sp1906	31	纸浆1906	5272	-32	-0.60%
SM905	32	锰硅1905	7266	-66	-0.90%
zn1904	33	沪锌1904	20185	-185	-0.91%
p1905	34	棕榈1905	4630	-50	-1.07%
ru1905	35	橡胶1905	11640	-145	-1.23%

图11-3

陈助教:

2019年1月10日黑色系板块同样是四个下跌三个上涨,结合这一天的整体走势来说一下黑色系是不是形成了符合要求的分化现象呢?

内部培训学员韩振波:

从数量上来讲,黑色系板块的确形成了分化的现象,因为四家下跌三家上涨。

陈助教:

第一步先看数量上的对比。如果这一天是七家下跌一家上涨,那就肯定不是分化现象了。相比较而言，下跌的品种抱团抱得要紧一起，下跌的名次挨得都比较近。

内部培训学员韩振波：

如果从涨跌幅度上进行对比，黑色系板块在这一天便不是分化现象了，因为下跌幅度最大的锰硅也仅跌了0.9%，与涨幅最大的焦煤也仅仅相差了1.26%，这样的涨跌幅差异太小了，因此，不属于标准的分化现象。

陈助教：

第二步看幅度。幅度相差越大，说明各自的力量越大，如果涨跌幅度相差较小，这样就很容易受到对方的影响而可能改变自己上涨或下跌的节奏，所以，在涨跌幅度相差较小的情况下，分化现象表面上是存在的，但在操作上却增加了难度，因为没有跷跷板现象可以稳定地抓住机会。

2018年12月17日涨跌幅排行榜（图11-4）。

陈助教：

2018年12月17日黑色系板块有四个下跌的品种，上涨的则有三个，从整体上涨与下跌的排名来看，结构较为松散，均没有形成非常抱团的现象，这说明涨跌的力度都是比较小的。

内部培训学员韩振波：

通过这两个案例来看，但凡抱团不紧的现象出现，都会对应着较小的涨跌幅差异，这一天黑色系的涨跌幅仍然是这样，平均差值还是在1%左右，跷跷板两头做的手法又没有了用武之地。

陈助教：

为什么涨跌幅差距小就很难提供跷跷板两头做的交易机会呢？这是因为幅度小彼此的吸引力就大，很有可能上涨的直接就将下跌的拉起来了，也有可能下跌的直接就把上涨的拉下来了，幅度小则空间小，下跌的品种一跌，上涨品种的那点涨幅可能一下子就抹平了，没有足够的空间去抵抗对方的影响。而差距大分化明显，彼此间的吸引就小，下跌的不会影响上涨的，上涨的也不会影响下跌的，彼此的波动空间足够大，所以，上涨与下跌互不影响，这样一来，"跷跷板"效果才会提供两头的交易机会。

代码	序	名称	最新	涨跌	↓涨幅
zn1904	1	沪锌1904	20785	495	2.44%
ni1905	2	沪镍1905	90920	1860	2.09%
AP905	3	苹果1905	11739	168	1.45%
i1905	4	铁矿1905 ←	488.5	6.5	1.35%
SR905	5	白糖1905	5020	53	1.07%
pp1905	6	PP1905	8580	75	0.88%
v1905	7	PVC 1905	6355	50	0.79%
FG905	8	玻璃1905 ←	1307	10	0.77%
l1905	9	塑料1905	8575	60	0.70%
SF905	10	硅铁1905 ←	6022	40	0.67%
cu1904	11	沪铜1904	49260	320	0.65%
j1905	12	焦炭1905 ←	2028.0	12.0	0.60%
OI905	13	菜油1905	6627	35	0.53%
TA905	14	PTA1905	6236	32	0.52%
jd1905	15	鸡蛋1905	3490	17	0.49%
MA905	16	甲醇1905	2504	11	0.44%
ru1905	17	橡胶1905	11340	45	0.40%
SM905	18	锰硅1905	7468	16	0.21%
eg1906	19	乙二醇1906	5618	12	0.21%
al1904	20	沪铝1904	13760	20	0.15%
bu1906	21	沥青1906	2794	2	0.07%
sp1906	22	纸浆1906	5132	0	0.00%
CF905	23	棉花1905	15365	-5	-0.03%
y1905	24	豆油1905	5352	-2	-0.04%
au1906	25	黄金1906	280.20	-0.15	-0.05%
hc1905	26	热卷1905	3439	-5	-0.15%
ag1906	27	白银1906	3564	-8	-0.22%
rb1905	28	螺纹1905	3435	-10	-0.29%
p1905	29	棕榈1905	4488	-16	-0.36%
m1905	30	豆粕1905	2652	-10	-0.38%
RM905	31	菜粕1905	2165	-12	-0.55%
ZC905	32	动煤1905	562.6	-3.4	-0.60%
fu1905	33	燃油1905	2645	-19	-0.71%
sc1903	34	原油1903	426.9	-4.1	-0.95%
jm1905	35	焦煤1905	1242.0	-14.0	-1.11%

图11-4

2018年12月19日涨跌幅排行榜(图11-5)。

陈助教：

2018年12月19日在上涨居前的品种中，有四个属于能源化工的品种，它们的涨幅排名挨得较近，这说明上涨的力量较为集中，一旦形成抱团现象，上涨的稳固性将会是比较好的。下跌的品种有什么样的特点呢？

内部培训学员韩振波：

下跌的品种中同样有四个主流的品种，只是名次之间的距离略微有点大。四个密集性上涨的，四个下跌的，从家数上来讲，形成了分化的状态。

玩转期货 50 招（三）

代码	序	名称	最新	涨跌	↓涨幅
p1905	1	棕榈1905	4592	60	1.32%
v1905	2	PVC1905	6515	70	1.09%
y1905	3	豆油1905	5440	42	0.78%
l1905	4	塑料1905	8695	65	0.75%
ZC905	5	动煤1905	563.0	3.4	0.61%
pp1905	6	PP1905	8635	49	0.57%
OI905	7	菜油1905	6652	34	0.51%
hc1905	8	热卷1905	3448	15	0.44%
MA905	9	甲醇1905	2480	9	0.36%
ag1906	10	白银1906	3583	12	0.34%
au1906	11	黄金1906	282.55	0.65	0.23%
m1905	12	豆粕1905	2674	6	0.22%
i1905	13	铁矿1905	487.0	1.0	0.21%
RM905	14	菜粕1905	2171	-1	-0.05%
eg1906	15	乙二醇1906	5620	-7	-0.12%
FG905	16	玻璃1905	1295	-3	-0.23%
rb1905	17	螺纹1905	3425	-10	-0.29%
jd1905	18	鸡蛋1905	3476	-12	-0.34%
j1905	19	焦炭1905	1977.0	-7.0	-0.35%
zn1904	20	沪锌1904	20545	-75	-0.36%
CF905	21	棉花1905	15160	-60	-0.39%
SF905	22	硅铁1905	6022	-24	-0.40%
al1904	23	沪铝1904	13780	-60	-0.43%
SM905	24	锰硅1905	7398	-50	-0.67%
TA905	25	PTA1905	6174	-42	-0.68%
SR905	26	白糖1905	4979	-34	-0.68%
ru1905	27	橡胶1905	11305	-120	-1.05%
sp1906	28	纸浆1906	5062	-64	-1.25%
ni1905	29	沪镍1905	89380	-1230	-1.36%
bu1906	30	沥青1906	2694	-46	-1.68%
jm1905	31	焦煤1905	1195.5	-20.5	-1.69%
cu1904	32	沪铜1904	48130	-850	-1.74%
fu1905	33	燃油1905	2486	-94	-3.64%
sc1903	34	原油1903	399.4	-16.4	-3.94%
AP905	35	苹果1905	11209	-462	-3.96%

图11-5

陈助教：

涨跌家数满足了分化的要求之后，接下来就要看幅度的差别了。本案例之中，下跌品种的跌幅与上涨品种的涨幅有了较大的差距，不再像之前的案例仅有1%左右的幅度。幅度差得越大，说明上涨品种与下跌品种的独立性更好，你涨你的，我跌我的，彼此互不干扰，这样的话，跷跷板效应就会给投资者带来多空两头的交易机会。

内部培训学员韩振波：

应放弃对涨跌幅差距小的分化板块的操作，应当对那些紧紧抱团的板块进行交易。而当板块分化形成较大的涨跌幅差异时，机会就会更多了，跌的时候做空，跌完了便切换到多头品种中，多头品种涨完了再重新切换到空头品种中，如此一来，交易的机会就更多了，同时利用空头力量消失做多，多头力量消失做空，也会使得交易成功的可能性增加。

2018年12月10日涨跌幅排行榜(图11-6)。

代码	序	名称	最新	涨跌	↓涨幅
sc1903	1	原油1903	438.3	15.5	3.67%
fu1905	2	燃油1905	2760	72	2.68%
eg1906	3	乙二醇1906	5674	74	1.32%
ag1906	4	白银1906	3582	43	1.22%
au1906	5	黄金1906	283.10	2.85	1.02%
CF905	6	棉花1905	15310	145	0.96%
p1905	7	棕榈1905	4524	38	0.85%
sp1906	8	纸浆1906	5166	28	0.54%
bu1906	9	沥青1906	2792	12	0.43%
ZC905	10	动煤1905	576.8	2.4	0.42%
y1905	11	豆油1905	5450	6	0.11%
al1904	12	沪铝1904	13770	5	0.04%
FG905	13	玻璃1905	1270	0	0.00%
SR905	14	白糖1905	4947	-11	-0.22%
l1905	15	塑料1905	8480	-20	-0.24%
OI905	16	菜油1905	6651	-17	-0.25%
ru1905	17	橡胶1905	11215	-30	-0.27%
ni1905	18	沪镍1905	89310	-270	-0.30%
i1905	19	铁矿1905	473.5	-1.5	-0.32%
cu1904	20	沪铜1904	48950	-270	-0.55%
AP905	21	苹果1905	11849	-88	-0.74%
jd1905	22	鸡蛋1905	3469	-37	-1.06%
m1905	23	豆粕1905	2681	-30	-1.11%
RM905	24	菜粕1905	2210	-25	-1.12%
pp1905	25	PP1905	8496	-112	-1.30%
MA905	26	甲醇1905	2513	-36	-1.41%
jm1905	27	焦煤1905	1194.5	-23.0	-1.89%
hc1905	28	热卷1905	3281	-64	-1.91%
v1905	29	PVC 1905	6265	-125	-1.96%
SF905	30	硅铁1905	6018	-122	-1.99%
zn1904	31	沪锌1904	20545	-490	-2.33%
SM905	32	锰硅1905	7496	-184	-2.40%
rb1905	33	螺纹1905	3312	-85	-2.50%
TA905	34	PTA 1905	6134	-158	-2.51%
j1905	35	焦炭1905	1984.5	-78.5	-3.81%

图11-6

陈助教：

2018年12月10日在下跌的几个能源化工板块中，虽然下跌的名次挨得并不紧，但这几个品种的跌幅均超过了1%，正常情况下，只要某个品种的跌幅超过1%，都将会给投资者带来几次良好的交易机会。那么，上涨的能源化工品种有什么样的特征呢？

内部培训学员韩振波：

涨幅前三名全都是能源化工品种，上涨抱团抱得非常紧，这种情况将使上涨的可靠性大大增加,它们将会给投资者带来非常好的交易机会。

陈助教:

某一个板块如果霸占着涨幅前几名,这种行情就是送钱行情,哪怕介入点做得不太精细,只要入场做多,都将获得非常不错的收益。

几家能源化工品种下跌,跌幅不错,另外几家能源化工品种上涨,涨幅较大而且处于涨幅前列,如果上涨的能够拉动下跌的,早把它们拉得涨上去了,但是这些品种还保持着较大的跌幅,这就说明上涨干涉不了下跌,下跌影响不了上涨,这种分化现象是非常好的,涨的时候坚决做多,涨完了就去做空,跌完了再回过头做多,两头通吃,盈利的幅度也就会更大了。

2018年12月5日涨跌幅排行榜(图11-7)。

代码	序	名称	最新	涨跌	↓涨幅
hc1905	1	热卷1905	3373	97	2.96%
j1905	2	焦炭1905	1986.0	55.0	2.85%
TA905	3	PTA1905	6148	162	2.71%
rb1905	4	螺纹1905	3463	89	2.64%
SM905	5	锰硅1905	7670	164	2.18%
MA905	6	甲醇1905	2565	42	1.66%
sp1906	7	纸浆1906	5140	82	1.62%
RM905	8	菜粕1905	2213	35	1.61%
m1905	9	豆粕1905	2718	36	1.34%
jm1905	10	焦煤1905	1208.0	14.5	1.21%
i1905	11	铁矿1905	477.5	5.5	1.17%
SF905	12	硅铁1905	6192	70	1.14%
AP905	13	苹果1905	11818	121	1.03%
ru1905	14	橡胶1905	11215	55	0.49%
zn1904	15	沪锌1904	20580	90	0.44%
l1905	16	塑料1905	8460	35	0.42%
pp1905	17	PP1905	8717	27	0.31%
OI905	18	菜油1905	6601	16	0.24%
FG905	19	玻璃1905	1254	3	0.24%
v1905	20	PVC 1905	6435	15	0.23%
au1906	21	黄金1906	278.90	0.55	0.20%
CF905	22	棉花1905	15230	15	0.10%
SR905	23	白糖1905	4884	3	0.06%
jd1905	24	鸡蛋1905	3522	1	0.03%
p1905	25	棕榈1905	4512	-2	-0.04%
y1905	26	豆油1905	5526	-8	-0.14%
ag1906	27	白银1906	3533	-6	-0.17%
fu1905	28	燃油1905	2780	-6	-0.22%
ZC905	29	动煤1905	561.4	-1.6	-0.28%
al1904	30	沪铝1904	13860	-65	-0.47%
cu1904	31	沪铜1904	49390	-350	-0.70%
ni1905	32	沪镍1905	90920	-790	-0.86%
sc1903	33	原油1903	435.9	-5.3	-1.20%
bu1906	34	沥青1906	2870	-40	-1.37%
eg1906	35	乙二醇1906			

图11-7

陈助教：

2018年12月5日上涨的能源化工品种有大的上涨幅度，但是唯一不好的就是彼此间的名次拉得有点远，没有紧紧地挨在一起。下跌的品种此时又有什么样的特点呢？

内部培训学员韩振波：

下跌的品种还不如上涨的品种，因为名次略有一些间隔，同时，下跌品种的跌幅还有点小，不像上涨的品种那样大。

陈助教：

这又是一个新的问题，品种分化肯定是满足要求的，从总的幅度差距来讲，上涨的品种与下跌的品种差距也满足要求，这说明多方不会受空方的影响，而空方也不会被多方拉上去，上涨与下跌均可以保持自己独立的个性，这符合分化的操作要求，同样可以使用跷跷板效果两头操作。

但需要注意的一点就是：当天大多数品种都是上涨的，同时，能源化工涨幅大于跌幅，这说明多头力量强于空头力量，因此，虽然可以两头去操作，但还是应当把更多精力放在多头这一边。空头力量小，虽然有做空的机会，但是幅度也不会太大；多头力量大，一旦出现做多的机会，上涨的空间则会大于下跌的空间，谁能带来更大的获利空间，自然就要把注意力更多地放在谁身上。

2018年11月8日涨跌幅排行榜（图11-8）。

陈助教：

先不说黑色系板块表现如何，先来说一下2018年11月8日这一天整体的多空状态如何。

内部培训学员韩振波：

这一天基本上一半品种上涨，一半品种下跌，从涨跌家数来看，整体环境形成了分化市场的格局。

陈助教：

整体环节分化，黑色系板块也随之形成了分化的走势，下跌前列的品种表现比较好，占据了跌幅前三名。上涨的品种则表现平平，没有挤进涨幅前列。从涨跌家数来看，涨一半跌一半。

代码	序	名称	最新	涨跌	↓涨幅
bu1906	1	沥青1906	3386	48	1.44%
AP905	2	苹果1905	12292	112	0.92%
sc1903	3	原油1903	511.4	4.5	0.89%
rb1905	4	螺纹1905	3584	25	0.70%
CF905	5	棉花1905	15740	105	0.67%
jd1905	6	鸡蛋1905	3746	18	0.48%
MA905	7	甲醇1905	2717	13	0.48%
al1904	8	沪铝1904	14060	45	0.32%
SR905	9	白糖1905	5089	14	0.28%
SM905	10	锰硅1905	8090	22	0.27%
i1905	11	铁矿1905	494.5	1.0	0.20%
TA905	12	PTA1905	6354	10	0.16%
ZC905	13	动煤1905	582.8	0.6	0.10%
zn1904	14	沪锌1904	20170	20	0.10%
ni1905	15	沪镍1905	96830	70	0.07%
ru1905	16	橡胶1905	11580	5	0.04%
l1905	17	塑料1905	8715	0	0.00%
v1905	18	PVC1905	6230	-5	-0.08%
ag1906	19	白银1906	3572	-3	-0.08%
cu1904	20	沪铜1904	49430	-60	-0.12%
pp1905	21	PP1905	9155	-30	-0.33%
OI905	22	菜油1905	6608	-23	-0.35%
au1906	23	黄金1906	279.40	-1.00	-0.36%
fu1905	24	燃油1905	3259	-12	-0.37%
SF905	25	硅铁1905	6450	-30	-0.46%
hc1905	26	热卷1905	3500	-20	-0.57%
y1905	27	豆油1905	5578	-40	-0.71%
p1905	28	棕榈1905	4742	-36	-0.75%
m1905	29	豆粕1905	2785	-35	-1.24%
RM905	30	菜粕1905	2270	-29	-1.26%
jm1905	31	焦煤1905	1222.5	-21.5	-1.73%
j1905	32	焦炭1905	2088.5	-39.5	-1.86%
FG905	33	玻璃1905	1244	-28	-2.20%

图11-8

内部培训学员韩振波：

但黑色系板块的涨跌幅平均差距并不是很大，如果看上涨与下跌幅度第一名的倒是幅度拉开了，但平均差值仍是1%，这又该如何操作呢？

陈助教：

这属于比小差值略大一些，但比大差值又要小一些的情况，居于两者中间。此时就要先看一下整体环境如何，整体环境是分化状态，没有给出明确的方向。那就再看一下涨跌的具体幅度的差异，比较之下便可以看到，下跌的幅度大于上涨的幅度，这说明空方力量大于多方力量，这样一来，操作的主心骨就找到了吧？

内部培训学员韩振波：

既然下跌力量大于上涨力量，在不好确定能不能根据较小的涨跌差值进行跷跷板操作的情况下，便可以顺应力量大的一方进行操作，更为积极地在跌幅居前的黑色系品种上寻找交易的机会。

玩转期货50招之十二
顺手牵羊——强势领涨带跟风

陈助教：

龙头品种与跟风品种是怎样一种关系呢？龙头品种在上涨的时候将会带领着同板块的品种，甚至可以辐射到其他板块的品种一起上涨，而下跌的时候也会带领同板块或是辐射其他品种一起下跌，龙头起到领涨或领跌的作用，而跟风品种则始终在后面跟着走。从幅度来讲，龙头品种的涨跌幅度往往是最大的，领跑的人如果不能跑在第一名，还怎么带领大家一起前进？所以，对它们操作获利的效果才最好的。

内部培训学员邓志宏：

龙头的确是好，以前在实战操作的时候总是有这样的顾虑：龙头已经涨那么多了，再去操作心里总是会感觉害怕，但又不想错过机会，因此，便会对同板块中那些弱一些的品种进行操作，有的时候能够赚到钱，但很多时候收益却并不好。

陈助教：

对跟风品种进行操作之所以能够赚钱，必定是因为龙头品种继续发挥着领涨或领跌的作用，因此带动其他品种一起上涨。而赚不到钱的时候，往往是龙头品种暂停上涨开始调整，龙头品种都不涨了，弱势的跟风品种又怎么可能上涨呢？这个时候，这些跟风品种就很容易继续保持弱势而给投资者带来风险了。

对龙头品种的高涨幅害怕，这是正常心理现象，口头上说克服是没有任何实际意义的，而是要从实际的操作中去寻找解决的方法。具体怎么做呢？利用龙头品种对跟风品种的领涨促涨作用去做弱势的跟风上涨行情，在此基本上，要去判断龙头品种处于什么状态，如果龙头品种已经涨了好几波了，随时会有调整的可能，这个时候再对弱势品种进行操作显然就不明智了，一旦龙头品种快要涨不动了，跟风品种只会提前调整或是下跌。但若龙头品种只涨了一两波，那在多数情况下跟风品种往往还有一定的上涨空间，因为龙头品种一波强势的上涨往往要拉出三四个子波段，涨了一两波只是刚运行到腰部。

这样一来，只需要对龙头品种有个简要的分析就可以对跟风品种进行操作了。既化解了对高涨跌幅龙头品种的恐惧，也可以抓住机会。虽然这是一个行之有效的方法，但仍然需要提醒大家，如果心理上能够接受对龙头品种进行操作，还是要优先交易龙头品种。

2018年12月7日涨跌幅排行榜（图12-1）。

代码	序	名称	最新	涨跌	↓涨幅
j1905	1	焦炭1905	2063.0	130.5	6.75%
TA905	2	PTA1905	6292	192	3.15%
zn1904	3	沪锌1904	21035	505	2.46%
jm1905	4	焦煤1905	1217.5	29.0	2.44%
AP905	5	苹果1905	11937	237	2.03%
FG905	6	玻璃1905	1270	19	1.52%
ZC905	7	动煤1905	574.4	7.6	1.34%
i1905	8	铁矿1905	475.0	6.0	1.28%
SM905	9	锰硅1905	7680	92	1.21%
MA905	10	甲醇1905	2549	29	1.15%
hc1905	11	热卷1905	3345	36	1.09%
SR905	12	白糖1905	4958	52	1.06%
pp1905	13	PP1905	8608	83	0.97%
rb1905	14	螺纹1905	3397	22	0.65%
l1905	15	塑料1905	8500	55	0.65%
v1905	16	PVC1905	6390	40	0.63%
jd1905	17	鸡蛋1905	3506	13	0.37%
cu1904	18	沪铜1904	49220	180	0.37%
ru1905	19	橡胶1905	11245	40	0.36%
SF905	20	硅铁1905	6140	16	0.26%
ag1906	21	白银1906	3539	5	0.14%
RM905	22	菜粕1905	2235	3	0.13%
au1906	23	黄金1906	280.25	0.35	0.13%
sp1906	24	纸浆1906	5138	6	0.12%
al1904	25	沪铝1904	13765	15	0.11%
bu1906	26	沥青1906	2780	0	0.00%
OI905	27	菜油1905	6668	0	0.00%
CF905	28	棉花1905	15165	-20	-0.13%
m1905	29	豆粕1905	2711	-5	-0.18%
ni1905	30	沪镍1905	89580	-760	-0.84%
p1905	31	棕榈1905	4486	-48	-1.06%
y1905	32	豆油1905	5444	-86	-1.56%
fu1905	33	燃油1905	2688	-62	-2.25%
sc1903	34	原油1903	422.8	-10.2	-2.36%

图12-1

陈助教：

2018年12月7日这一天，形成了多头的盘面，这一天的盘面有着怎样的特征呢？

内部培训学员邓志宏：

空头的主力是原油，但由于下跌的家数比较少，并且能源化工板块下跌的家数也少，所以，做空并不是最适合的。而上涨的品种中，前十名黑色系板块比较集中，占了6席，再加上焦炭涨幅第一，所以，黑色系板块是一天最值得交易的板块。

陈助教：

焦炭是黑色系板块中涨跌幅始终较高的品种，它的波动活跃度也高，因此，非常适合投资者操作。既然黑色系板块是当天的热点板块，并且焦炭也是龙头，那肯定是最佳的选择。但是，从收盘的角度来看，焦炭的涨幅也太大了，肯定会有许多投资者不敢操作它，那该如何利用焦炭的领涨作用去对低涨幅的品种进行操作呢？下面结合它们的分时走势进行讲解。

焦炭1905合约2018年12月7日走势图（图12-2）。

陈助教：

焦炭的走势在夜盘以及日盘的上午时间并没有良好的表现，分时线围绕着均价线震荡，均价线一直保持着平缓的无方向态势，所以，在下午之前，焦炭其实并不是好的交易对象。

到了下午之后，价格突然出现了快速上涨的走势，第一波上涨时的量价配合有怎样的经典形态呢？

内部培训学员邓志宏：

量价配合最明显的特征就是成交量出现了密集性放大的形态，这说明此时有大量的资金入场操作，受到资金大力度的推动，所以才导致了价格飙升。在成交量放大的推动下，分时线的上涨角度非常陡峭、力度非常大，中途调整的时候，价格回落的幅度非常小，这说明空方力量很弱。从分时线的形态便可以做出判断，多方力量很大，而空方力量很弱，第一波上涨之后，价格继续上涨的概率是极大的。

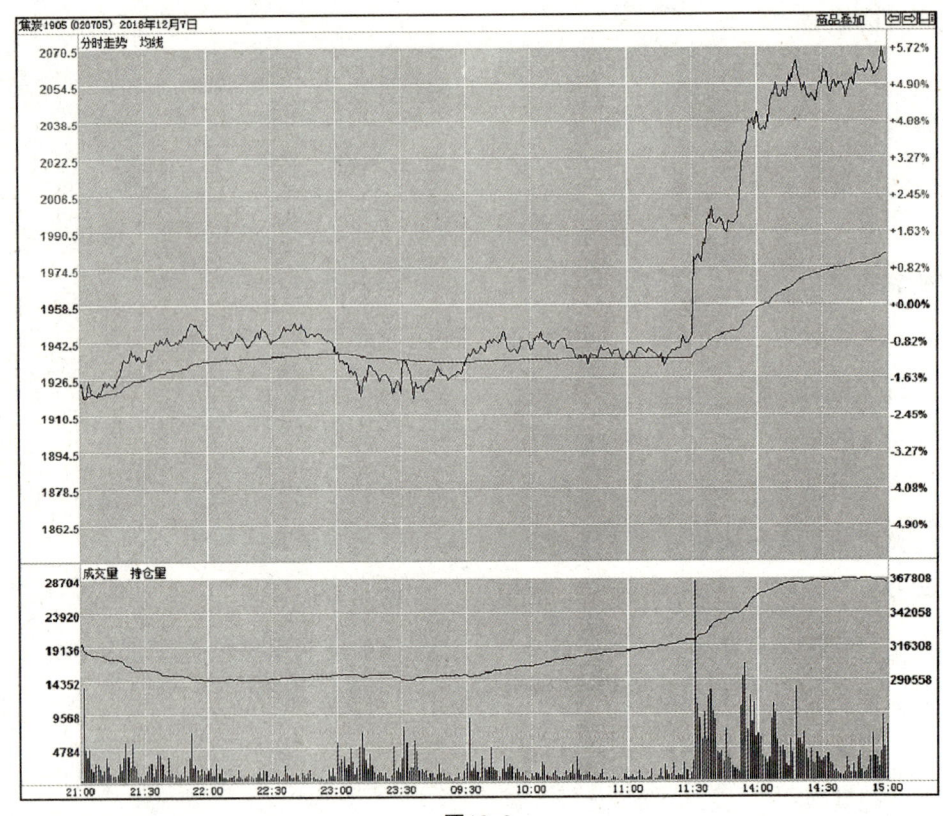

图12-2

陈助教：

在价格调整的时候，成交量出现了明显的缩量，这说明并没有资金愿意在此时进行做空操作，这也是价格将会大概率上涨的一个判断因素。第一波上涨之后，量价形态的配合非常完美，这是非常经典的看涨形态。

虽然价格涨得猛，但只涨了一波；虽然涨得快涨得多，但第一波的涨幅并没有超过2%，并不算大的涨幅，所以，未来价格还有一定的上涨空间。龙头品种既然还有上涨空间，那么就意味着那些跟风品种在焦炭形成了第一波上涨之后也有相应的上涨空间，如果不敢对焦炭进行操作，则可以在知道了焦炭还会大概率上涨的情况下，对跟风品种进行替代式的操作。

焦煤1905合约2018年12月7日走势图（图12-3）。

陈助教：

焦煤在夜盘的时候与焦炭的走势差不多，无论是上涨还是下跌幅度都不大，并没有什么出彩的地方。并且涨跌的延续性都不是太好，这样的形态加大了操作的难度。对于涨跌幅并不大的走势来说，涨跌波动延续性差以及无序都是最常见的情况，所以不建议大家盯着涨跌幅落后品种看。

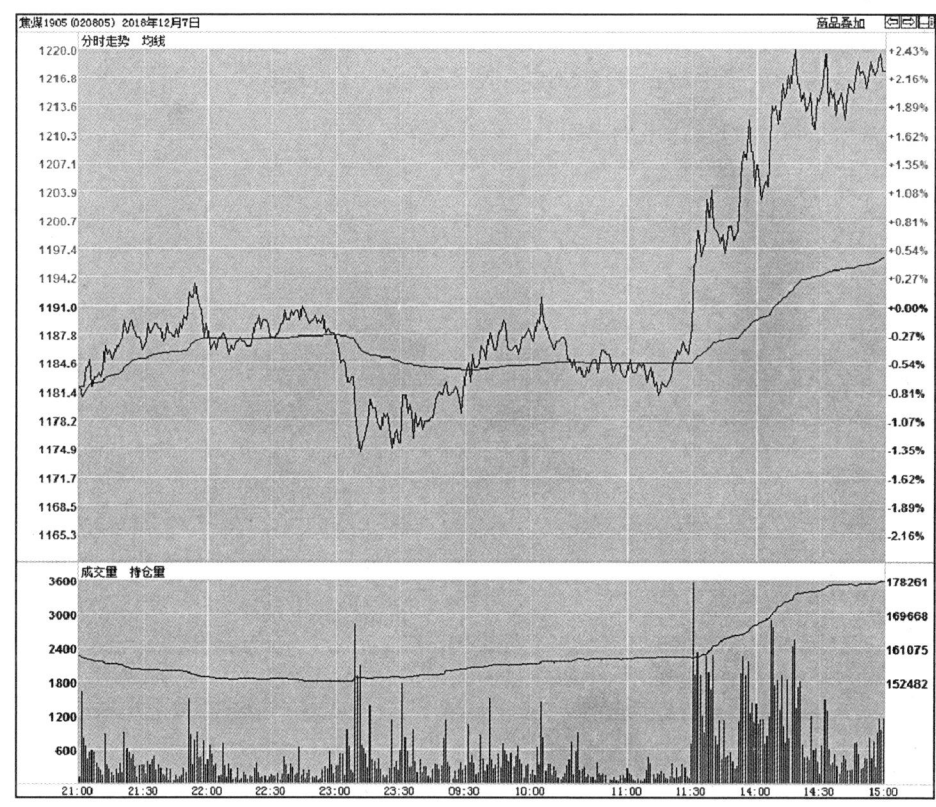

图12-3

焦煤到了下午上涨的时候，走势上有什么特点？

内部培训学员邓志宏：

与焦炭一样，在上涨的过程中成交量均出现了密集性放大的态势，并且在价格调整时成交量也出现了明显的萎缩，形成了放量上涨、缩量调整的完美量价形态。

陈助教：

由于通过焦炭第一轮的上涨做出了价格将会继续上涨的判断，因此，在焦煤缩量调整的区间便可以对其进行做多操作。虽然焦煤也出现了上涨，但是仅仅上涨了约1.4%，相比焦炭整整差3倍的幅度，但这没有办法，既然不敢对最强的品种进行操作,而去选择弱一些的跟风品种交易,那就要承担涨幅明显小于龙头品种的后果。

从整体走势来看,焦炭的强势上涨明显对焦煤产生了带动的作用:焦炭上涨焦煤也跟着涨,焦炭调整焦煤也跟着调整,正是焦炭上涨的带动作用,才给投资者提供了不敢跟龙头而选择跟风替补的交易机会。

螺纹1905合约2018年12月7日走势图(图12-4)。

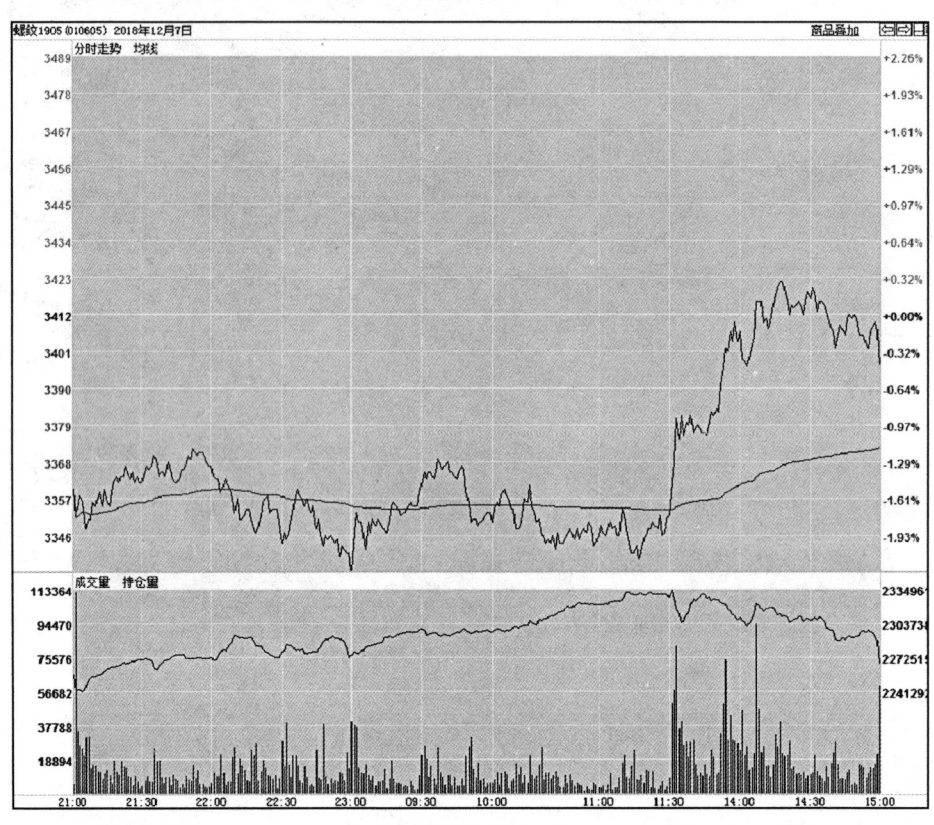

图12-4

陈助教:

螺纹夜盘的时候下跌的幅度还是比较大的,平均跌幅维持在1.6%左右,这样跌幅的品种适合做多吗?

内部培训学员邓志宏:

不适合做多!一阳老师曾说过:跌幅为负的品种不要做空,因为盘中必然有跌幅小于它的,也肯定有出现正涨幅的品种,这些品种都是空方力量小多方力量大的代表，所以，要进行做多操作是轮不到类似螺纹这样跌幅为负的品种的。

陈助教：

即使不敢对上涨的龙头品种进行做多操作，也绝对不能把下跌的品种作为替补，并对它们做多。

在焦炭涨了第一波以后，焦煤形成了正涨幅的状态，这肯定可以作为替补目标，但螺纹在下午开盘的第一波上涨过后，依然处于跌幅的状态，显然，螺纹的上涨是受到了焦炭上涨的带动，属于被动跟风上涨。做多操作就要找上涨力量大的，而不是找被动上涨的。

多方龙头品种的领涨以及促涨作用会对该板块中的所有品种发挥作用，但是，在具体操作时也要好好筛选一下，最强的不敢做，那第二强势或者是第三强势总敢做了吧，涨幅越往后的越不值得关注。螺纹自第一波上涨的高点到收盘仅上涨了0.6%，其幅度远小于焦炭，也小于焦煤，所以说，越弱的品种其波动的幅度也越小，能给投资者带来的收益自然也会比较低。

2018年12月25日涨跌幅排行榜(图12-5)。

陈助教：

2018年12月25日这一天形成了标准的空头盘面，并且能源化工还形成了板块性强空的态势，又是一天难得做空赚大钱的机会。这一天的盘面有怎样的特点？

内部培训学员邓志宏：

首先是下跌的家数较多，下跌家数基本上直接决定盘面的多空性质。其次是下跌的幅度远大于上涨的幅度，上涨品种的最大涨幅连下跌品种的零头都没有，这说明空方力量非常强大，应当在场中坚定地进行做空操作，放弃任何做多的操作。最后，下跌居前的品种板块结构非常好，跌幅前五名里有四个能源化工的品种，跌幅前十名里有7个能源化工板块中的品种。

陈助教：

下跌数量多，下跌幅度大，下跌时板块结构明显，请大家记住这种赚大钱的盘面特点！

原油在这一天跌幅最大，由此可以得知，能源化工板块品种的下跌，应当是得到了原油的带动，毕竟原油是许多能源化工板块的上游，能够带动其他品种涨跌。

代码	序	名称	最新	涨跌	↓涨幅
au1906	1	黄金1906	287.10	1.65	0.58%
AP905	2	苹果1905	11327	47	0.42%
sp1906	3	纸浆1906	5000	18	0.36%
m1905	4	豆粕1905	2631	8	0.30%
al1904	5	沪铝1904	13850	40	0.29%
jd1905	6	鸡蛋1905	3498	3	0.09%
ag1906	7	白银1906	3593	1	0.03%
SM905	8	锰硅1905	7244	0	0.00%
FG905	9	玻璃1905	1281	-1	-0.08%
RM905	10	菜粕1905	2107	-4	-0.19%
cu1904	11	沪铜1904	47980	-100	-0.21%
zn1904	12	沪锌1904	20100	-115	-0.57%
SR905	13	白糖1905	4806	-28	-0.58%
l1905	14	塑料1905	8440	-55	-0.65%
OI905	15	菜油1905	6458	-51	-0.78%
pp1905	16	PP1905	8313	-76	-0.91%
SF905	17	硅铁1905	5826	-56	-0.95%
i1905	18	铁矿1905	486.0	-5.0	-1.02%
v1905	19	PVC 1905	6410	-70	-1.08%
y1905	20	豆油1905	5402	-60	-1.10%
hc1905	21	热卷1905	3375	-50	-1.46%
rb1905	22	螺纹1905	3398	-53	-1.54%
ni1905	23	沪镍1905	88880	-1420	-1.57%
p1905	24	棕榈1905	4480	-76	-1.67%
ZC905	25	动煤1905	555.4	-9.6	-1.70%
CF905	26	棉花1905	14700	-345	-2.29%
jm1905	27	焦煤1905	1168.0	-31.0	-2.59%
ru1905	28	橡胶1905	11050	-300	-2.64%
TA905	29	PTA 1905	5750	-160	-2.71%
eg1906	30	乙二醇1906	5174	-158	-2.96%
MA905	31	甲醇1905	2317	-98	-4.06%
j1905	32	焦炭1905	1888.5	-91.5	-4.62%
bu1906	33	沥青1906	2580	-146	-5.36%
fu1905	34	燃油1905	2349	-153	-6.12%
sc1903	35	原油1903 ⇐	355.6	-29.2	-7.59%

图12-5

但由于原油跌幅过大，不敢对它操作，或是发现它时已经形成较大的跌幅，这该如何操作呢？此时就可以根据原油走势的性质做出基本的判断，看一下原油未来一段时间是会上涨，还是会继续下跌，抑或是保持横盘震荡状态，而后可以对跌幅小的品种找机会做它们的补跌或是跟风式下跌。

原油1903合约2018年12月25日走势图（图12-6）。

陈助教：

原油有个称呼：商品之王，在国际上它的波动活跃度是非常高的，并且国内原油半夜两点半才收盘，收盘时间晚于其他所有能源化工品种，这样就会引发一个问题：别的能源化工收盘了，但原油还在波动，若原油跌了，那等到日盘开盘时，其他品种必然低，若原油涨了，那日盘一开盘其他品种必然上涨。因此，在日盘开盘前，首先要看一下夜盘期间原油是怎样的走势。

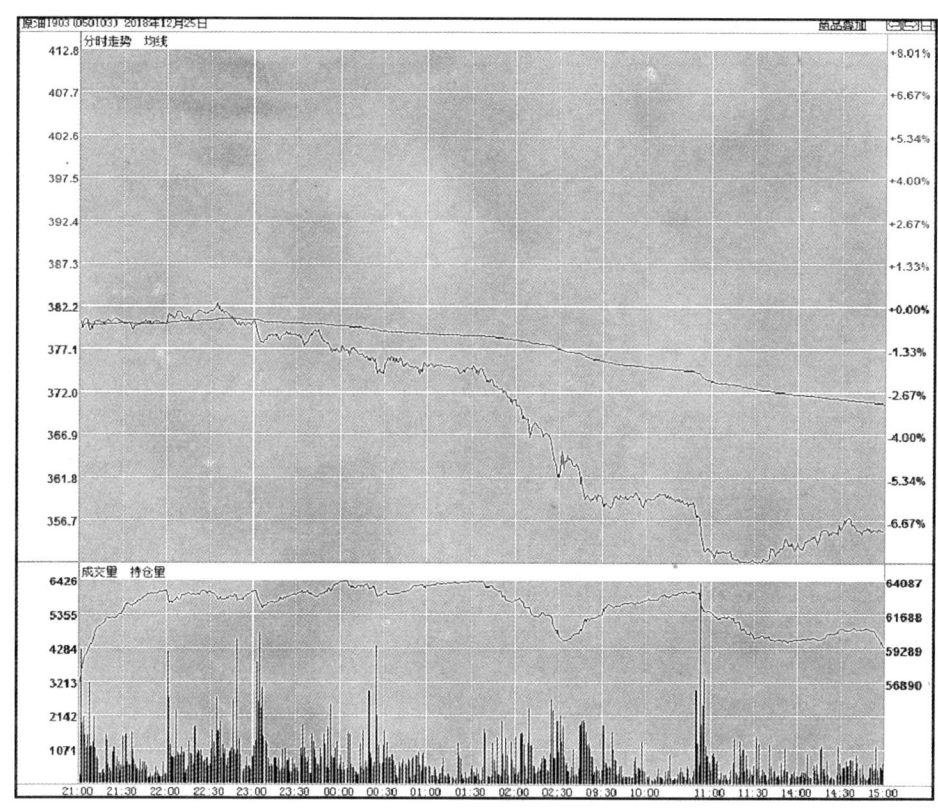

图12-6

内部培训学员邓志宏：

原油到了23:00之后便开始了连续性的下跌，下跌过程中技术形态非常单一，特别是在其他能源化工品种收盘之后，它更是踏入了主跌浪的阶段，23:30之后至原油夜盘收盘，价格形成了4%以上的跌幅，由此可见，日盘其他品种至少低开2%是大概率的事情。

陈助教：

受原油的带动，其他能源化工品种的下跌是必然的，问题就是怎样下跌，要么是直接大幅低开一步到位，然后长时间震荡，要么就是低开幅度较小，开盘后再持续下跌，追随原油的脚步。

因为原油深夜2:30才收盘，很少有投资者能熬到这个时候，因此，当看到原油出现这么大跌幅的时候，肯定会担心跌了这么多会不会没有空间了，这个时候，便可以盯着同板块其他品种的开盘，从中寻找机会。

燃油1905合约2018年12月25日走势图（图12-7）。

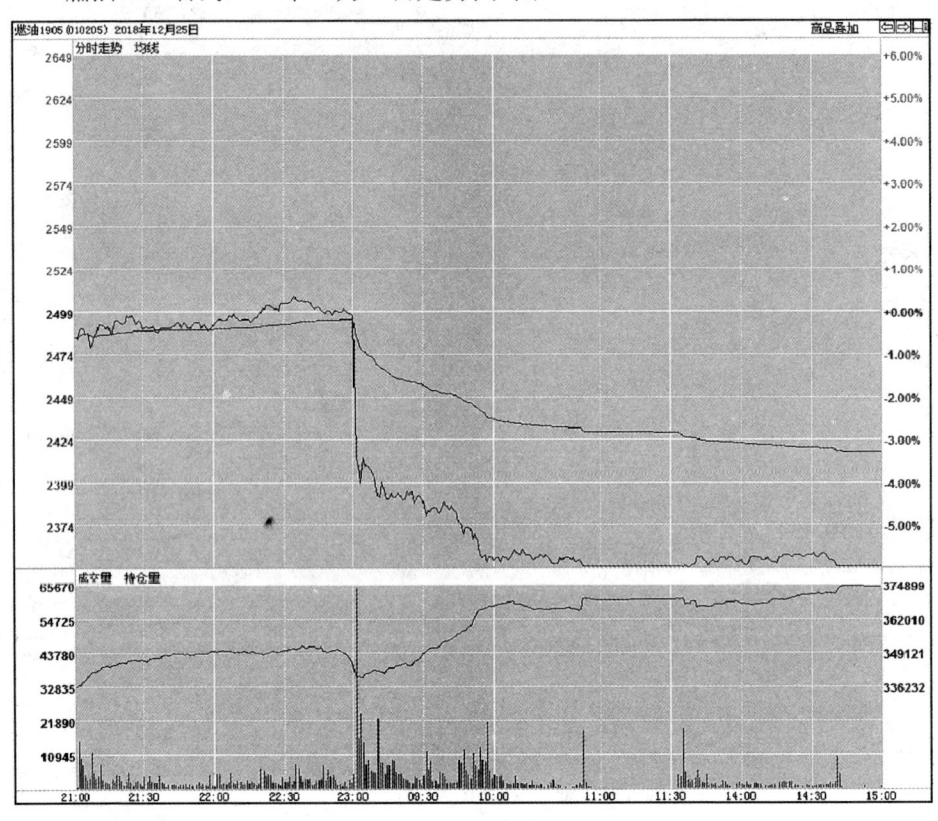

图12-7

陈助教：

燃油与原油走势是密切相关的，在夜盘期间燃油一度还保持着波动重心不断上移的态势，这种走势在收盘前很有欺骗性，如果投资者不小心拿了多单而没有平仓，一开盘就要遭受重大的损失了。由这个案例也可以看出，为什么日内投资更适合普通投资者？就是因为日内投机绝不隔夜，完全可以避免这种开盘便遭受巨大亏损打击的情况。

把燃油的开盘幅度与原油相比有怎样的差别呢？

内部培训学员邓志宏：

原油夜盘收盘跌了五点多，而燃油开盘一步到位，直接到达了4%的跌幅状态，从这个角度来讲，幅度差不太多，若原油没有进一步的下跌，那么，燃油也就没有太大的操作价值了。

陈助教：

燃油这种走势就是一步到位的形态，不留给投资者一点取巧的机会。一下子追上了原油的跌幅，因此，后面价格能不能下跌就要看原油的了。

好在日盘开盘之后原油继续下跌，虽然燃油最终跌停了，但其实也只是一直在追随原油的脚步，毕竟原油跌停的幅度更大。原油收盘跌了6%，燃油收盘6%跌停，两者的幅度倒是基本相当了。如果看到原油5%的跌幅，并且在夜盘一口气不停的持续下跌而不敢操作，那也可以在燃油身上做做文章，虽然开盘就到了4%跌幅的位置，但毕竟开盘后还没怎么表现，作为原油的替补还是值得关注的。

沥青1906合约2018年12月25日走势图（图12-8）。

陈助教：

沥青与原油也是高度相关的，属于原油的下游产品，受原油夜盘持续下跌的影响，沥青日开盘之后也出现了低开的走势，但沥青的开盘却更值得关注，这是为什么呢？

内部培训学员邓志宏：

燃油一开盘便到了4%跌幅的位置，而沥青只到了2.65%的跌幅位置，距离原油的跌幅还有很大的空间。因为低开的幅度并不是很大，因此，就有了开盘后主动追随原油下跌的可能性，空间不到位就是理由。

陈助教：

同是能源化工品种，其他品种跌了那么多，为什么它跌得少？不合常理就肯定有问题。虽然说沥青开盘后的下跌跟原油开盘后的下跌也有一定关系，但也要分主动下跌与被动跟风下跌。原油日盘在上午十点多区间，价格并未创新低，但是沥青却创下了新低，技术形态比原油弱，由此可以确定，沥青是主动下跌的。

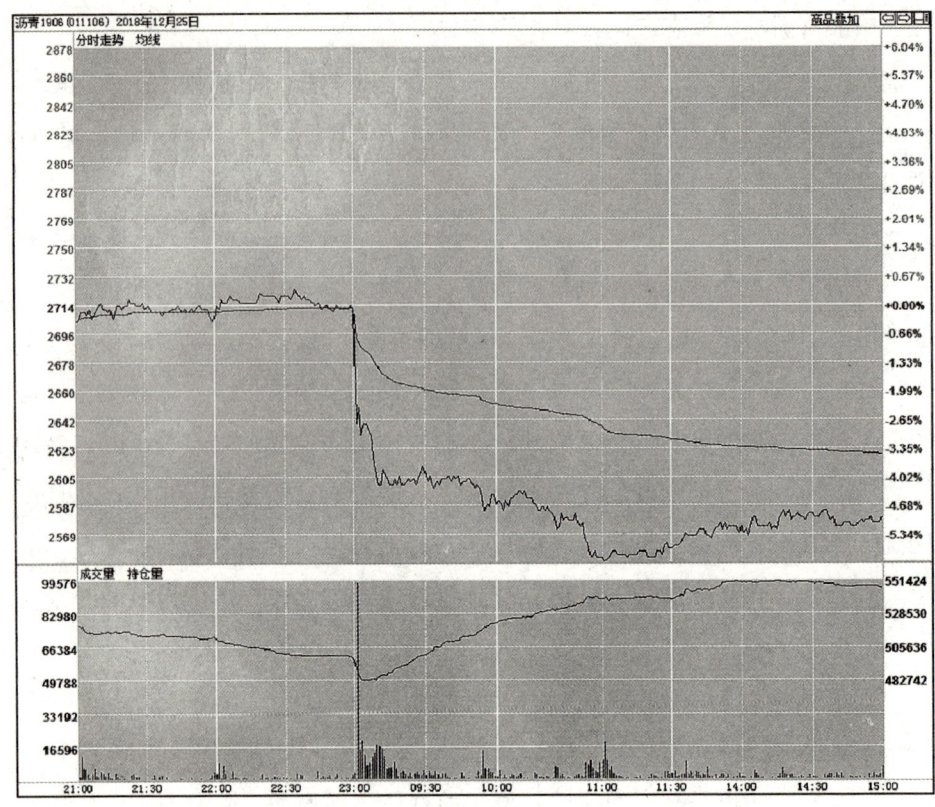

图12-8

在其他品种大幅低开的情况下，沥青低开幅度小，这种现象就给投资者带来了机会。只要开盘后继续下跌，就表明开盘并未一步到位，下跌空间也就由此打开了。

盘中连续性的波动，龙头带领跟风品种的技术特征比较明显，因为都是同一时间形成了接近的走势。而受到夜盘收盘时间不一致导致的开盘时龙头对跟风品种的影响就多了一些变化，但核心的应对思路却是相通的，只不过从开盘找机会允许找幅度小的，这与盘中连续波动时找幅度第二或第三大的有一些不同。

玩转期货50招之十三
打草惊蛇——潜伏点位藏良机

彭助教：

蛇是经常潜藏在草丛中的，我们要做的就是将它打出来。价格的波动也是如此，有些时候会非常明确地给投资者提示介入点位，但有的时候，这些入场点却是潜伏起来的，若不仔细观察就很难发现它们的存在。所以，这一讲的内容就是围绕这些潜伏点位的，讲解在不太容易发现的波动形态中如何捕捉好的交易机会。

内部培训学员张黎：

潜伏的入场点是不是指介入点正在形成孕育的过程中，我们在买卖点形成之前找到它们，然后等着具体介入机会的到来呢？

彭助教：

是这个意思，有时候介入点恰巧形成时可以做进去，但有时候却因为种种原因没能够做进去，这个时候就会面临着交易机会丢失的现象了，所以，一定要尽可能在介入点形成之前去发现它们的存在，提前做好工作，甚至设立了条件单或画线开仓，机会又怎么可能会放跑？那些错过交易机会的，基本上都是因为没有提前做功课，没有掌握如何在介入点形成之前将它们事先确定出来的方法。

内部培训学员张黎：

那是不是所有的介入点都可以提前确定呢？如果是这样的话，那操作也就太省心了。

彭助教：

想法是好的，可惜做不到，并不是所有的介入点形成都可以提前确定，跟踪式介入点就不太容易做到，虽然技术上也可以实现，但是肯定会有所偏差，最简单的，在移动均线还没有形成金叉之前如何确定？只能跟踪一步步地走，什么时候快形成金叉才可以确定，但此时确定的数值必然有偏差，一方面可能不会形成金叉，只是均线靠近了一下，也可能提前形成了金叉，也可能滞后一些形成了金叉，实际形成金叉的价格就必然会与预先判断的价格存在偏差，所以说，跟踪式的介入方法是不能提前判断出介入点的，只能紧随价格波动，形成的时候及时入场。

固定点位的买卖点都可以提前确定，这也是为什么止损的时候可以提前设条件单或画线，因为止损位都是固定的，设定好就不会改变，因此可以提前确定了。这一节讲的内容就是如此，所以，才可以提前识别出价格的潜伏状态以及对应的后期的介入点所在。

沪镍1905合约2019年1月18日1分钟K线走势图（图13-1）。

图13-1

彭助教：

沪镍的价格开盘后经过一波震荡上涨形成了一个大的高点，而后形成了较长时间的调整走势，此时的调整有怎样的技术特征？

内部培训学员张黎：

价格调整的时候成交量没有明显放大，这说明场中的空头力量并不是很大。虽然调整的时间长了一些，但是整体回落的幅度却在上涨波动的三分之一以内，这样的形态说明价格后期继续上涨的概率是非常大的。

彭助教：

调整时没有做空的力量，这是导致价格回落幅度不深的主要原因，这种调整是一种非常常见的上涨中继形态，它们的出现意味着上涨行情并没有结束。

调整结束后，价格开始继续上涨，但却在前高点附近的位置停止了，好像是受到了压力，面对这种走势投资者需要做好两手准备：一是价格受压回落，这是比较正常的走势；二是价格克服压力延续之前的上涨行情，如果选择这样的走势，再一次盈利的机会也就到来了。

内部培训学员张黎：

如果价各受压回落，那就不会在那一直横盘了，受压但不下跌，这说明价格经受住了压力，这个时候就要以做多的态度来面对了吧？

彭助教：

正是这样的，受到压力该跌却跌不下来，不想跌那只有上涨这一条路走了。由此，我们便发现了价格潜伏的机会，如果只看这一时间段K线图的话，价格没有创新高、仍在调整间内，好像没有什么特别之处，但知道了这种受压而不回落的技术原理后，机会也就近在眼前了，一旦价格向上突破前高点，便可以入场操作。

内部培训学员张黎：

受压而不下跌，提前找到潜伏的介入点，突破一旦形成介入点随之到来，由于提前做好了操盘的准备工作，所以，交易的机会就不会错过了。

白糖1905合约2019年1月16日1分钟K线走势图（图13-2）。

彭助教：

白糖开盘之后出现了一波快速的上涨走势，拉升过后价格陷入了长时间的调整，虽然调整的时间非常长，但奇怪的是价格的波动重心却始终掉不下来，一直保持在上涨波动三分之一以内，这说明空方的力量非常虚弱，这是典型的继续看涨形态。

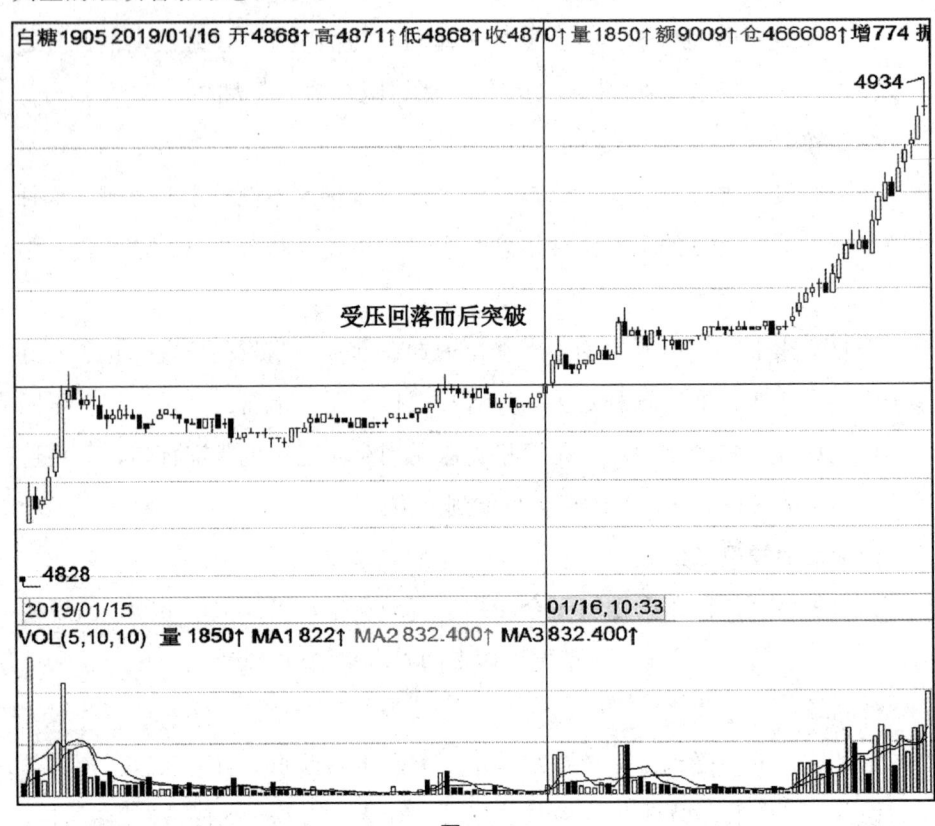

图13-2

内部培训学员张黎：

调整是空方引发的，调整回落的幅度便是空方力量大小的体现，价格一直无法深幅回落说明空方力量非常虚弱而多方力量较强，这就是继续看涨后市的主要原因。

彭助教：

经过一番调整后价格缓慢上行，到了前期高点的时候，再度形成一个高点并且产生了一定幅度的回落。受到前高点压力而下跌这是很正常的波动，后面的走势无论怎样下跌都是正常的，但是，价格此时回落的幅度又是非常小的，相比之前的高点还形成了低点抬高的走势，这是什么含义？**价格根本**

不想下跌，若真想跌下去，早就击穿前边的低点了。

内部培训学员张黎：

一阳老师曾说过：价格不想跌就是要涨，不想涨就是要跌。受压不想下跌，那就只能继续上涨了。

彭助教：

价格受压小幅度回落，这种走势若发生在前高点下方附近，就一定要注意了，机会就此潜伏了下来，看似受到压力，其实往往是价格上涨之前的主动下蹲，再次的回落表象是收回来拳头，实则是为了更有力地打出去。因此，一旦价格向上再次越过前高点，便可以在突破点位入场操作了。如果等到突破形成时再操作，手快的有可能开成仓，手慢一些的，在突破形成的一瞬间就会来不及，从而错失机会。虽然不是每一次的突破都会形成这种潜伏的走势，但是，只要形成了潜伏式的走势就一定会带来好的突破交易机会。

铁矿1905合约2019年1月21日30分钟K线走势图（图13-3）。

彭助教：

铁矿的价格上涨之后出现了调整，其调整形态与之前两个案例完全一致，虽然调整时间较长，但是价格回落的幅度却处于上涨波段的三分之一以内，这说明空方力量比较小。因为留给了价格足够的波动时间，这么久的时间也跌不下去，那就只能在后期继续上涨了。调整之后价格再度震荡上涨的过程中有什么样的情况发生呢？

内部培训学员张黎：

价格慢慢地接近了前高点之后出现了受压回落的走势，与前两个案例一致的就是，受压回落的低点也形成了抬高的迹象，虽然受到了压力，但是空方的力量更弱了，无力将价格打落到刚才的低点处。

彭助教：

高点虽然没有向上创出新高，未能反映多方力量的增强，但是低点的抬高则说明空方力量在衰弱。整体形态价格跌不下去，而后又形成了低点抬高走势，因此，继续上涨的概率将会是很大的。

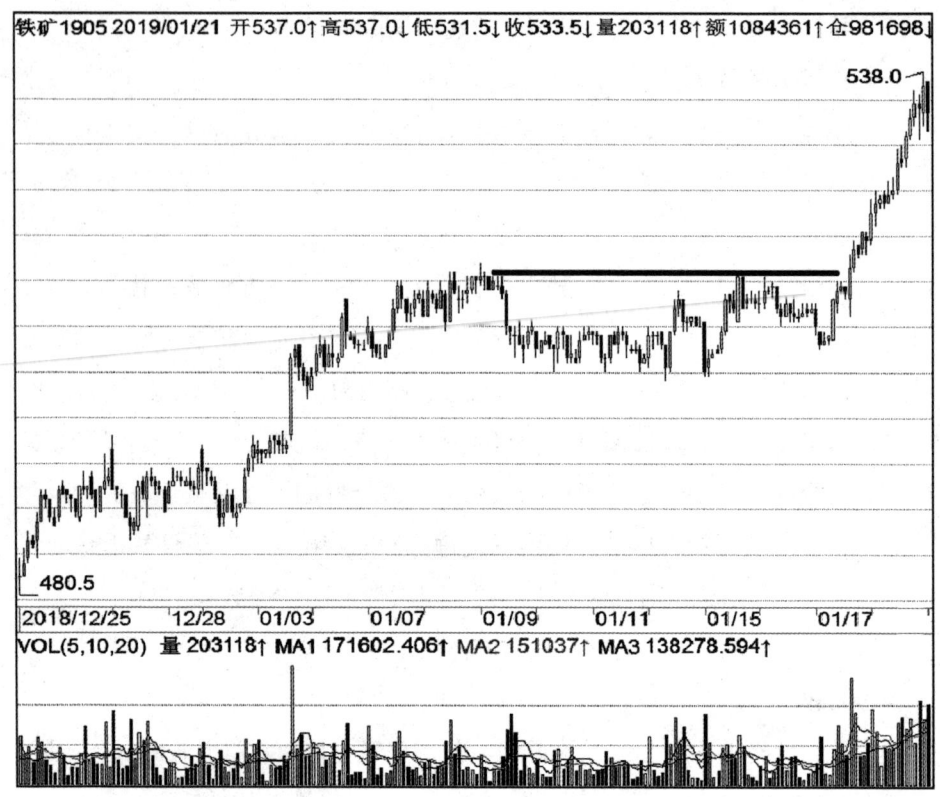

图13-3

内部培训学员张黎：

这样的走势出现只是用于观察，做出价格上涨概率较大的预期，具体什么时候介入还需要再看价格如何表现吧？

彭助教：

是的，价格上涨概率不代表一定涨，如果调着调着又跌了呢？所以，在前高点下方受压回落但并不下跌只是一种判断性的形态，它的作用就是提前通知投资者做好准备。什么时候介入这就要看价格何时突破前高点了，只有再次形成了突破则证明整个调整走势的结束，如此一来，一轮新的上涨行情便会随着突破的形成展开了。

铁矿1905合约2019年1月17日1分钟K线走势图（图13-4）。

彭助教：

前几个案例都是当天的，高点与再次突破的时间都在两个小时以内，但是，这种识别机会的方法可不仅仅针对当天的走势有效，对于几天内的走势，甚至更长周期的走势全都有效，技术形态是不会受到时间限制的。正如铁矿一样，2019年1月15日形成的高点，对17日夜盘的走势依然有效。而在日K线图的连续走势中，几年前的高低点对当前的走势同样会产生影响，形成符合要求的技术形态。

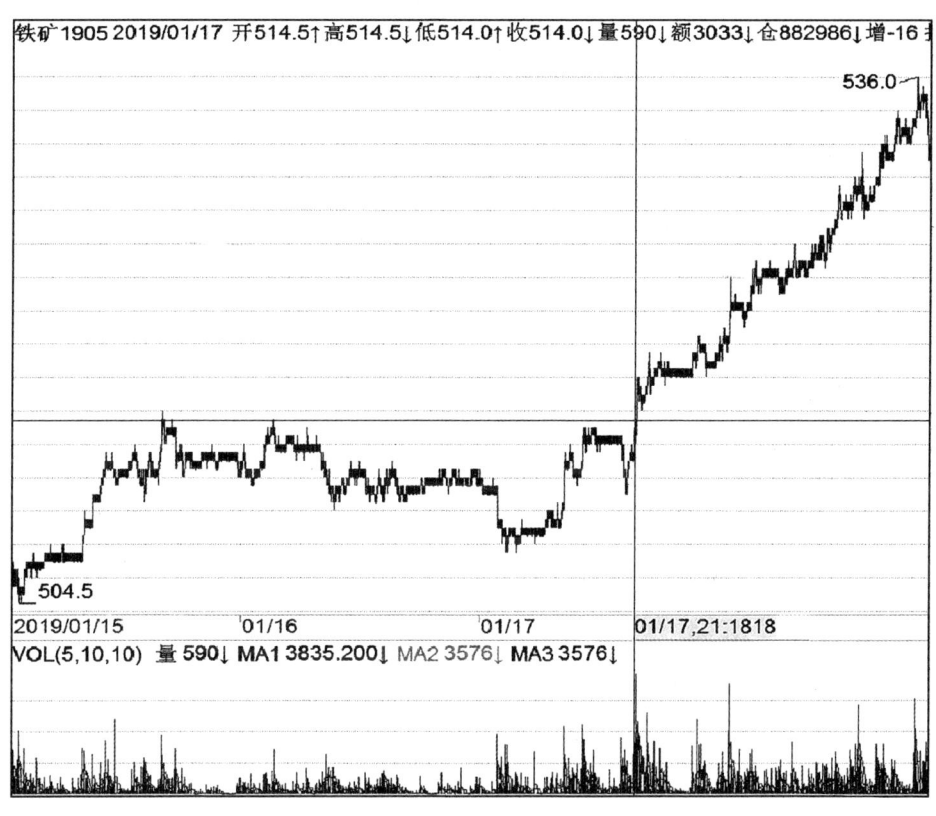

图13-4

内部培训学员张黎：

这也就是一阳老师所说的：形态为主，时间跨度为辅，形态形成了，时间跨度近的最好，走势的连续性更好，但时间跨度长的也没关系，按形态继续执行操作就可以了。

彭助教：

形成了最高点之后，价格经过一番调整后再度回到了这个位置，这一回是真正的受压回落了，价格在后期出现了连续回落的走势，这种形式的下跌才是受压回落的正常走势，之前的案例中价格受压回落后并没有下跌，而是形成了低点抬高的走势，与本案例相比差别很大。

内部培训学员张黎：

下跌之后价格上涨，再度回到了前高点的位置，而后再一次受到了压力产生回落，但这一次回落并没有延续，短线快速下跌了一下之后，很快又拉了上来，因为在前高点位置出现这种受压回落但跌不下去的走势，这就需要留神了，为什么此时跌不下去了呢？不想跌就是想涨，这是在为上涨打基础。因此，一旦价格后期突破前高点便可以入手进行做多操作了。

热卷1905合约2019年1月21日1分钟K线走势图(图13-5)。

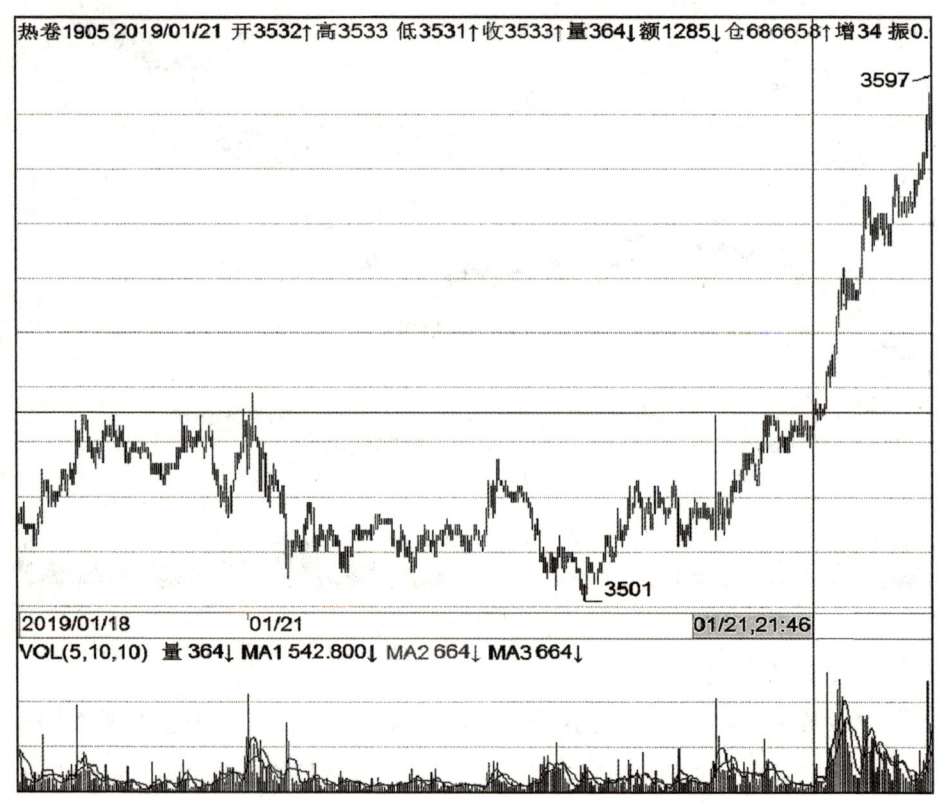

图13-5

彭助教：

热卷的价格同样也是在前几天形成了一个高点，这个高点对未来价格的波动产生了好几次压力，最终导致价格的连续回落。从此时受压回落的走势来看，都有着怎样的共性呢？

内部培训学员张黎：

受到压力之后，价格回落的幅度比较大，低点不断地向下，而不是继续停留在前高点附近。

彭助教：

受到压力之后有两种可能的走势：一种就是受压回落，但回落的幅度非常小，波动重心始终在前高点附近；另一种受压回落就是价格不断地远离前高点，这就是要持续走弱的信号。既然前两次受压都选择了向下，那交易的机会也就没有了。

经历过较长时间的震荡之后，2019年1月21日夜盘，价格第三次受到前高点压力，但此时的走势与前两次明显不同，同样是受压回落，但是波动重心始终在前高点下方较近的位置震荡，并且还形成了低点抬高的走势，与前两次的差别非常大，这就是价格要继续上涨的信号，此时投资者就要做好准备好了。

内部培训学员张黎：

一旦价格向上越过前高点的时候，便可以在突破点入场进行操作。其中的核心是否就是您所说的：在前高点下方徘徊而不能远离前高点？

彭助教：

是的，在前高点下方附近震荡这是价格不想下跌的信号，只有在附近的价格震荡，才可以轻松越过前高点，如果离得较远，价格向上突破的阻力就会变大，需要消耗的资金也会越多，离得越近，略微一涨就完成了突破，消耗的资金就非常少了，利于资金控盘操作。

鸡蛋1905合约2019年1月14日1分钟K线走势图(图13-6)。

彭助教：

价格在盘中出现了一波大幅下跌的走势之后，留下了一个大级别的低点，一番反弹后再度下跌，但是，到了前低点的时候下跌结束，由于从高位开始下跌，到了低点的时候累积空间已大，在没有经过蓄势的情况下，就容易在这些敏感的位置结束当前的运行状态。

图13-6

内部培训学员张黎：

后期价格再度回落到前低点位置的时候，也是从高位跌下来的，之所以后期跌下来，是不是因为价格在前低点的位置形成了一次蓄势的走势，从而形成了一种缓冲，让空方的力量得到了一番休整。

彭助教：

是这个意思，一口气跌到前低点处，价格已有了较大的下跌空间，即使再度下跌，其空间也有限了。而到了前低点附近时，价格主动反弹，形成一次蓄势，看似是受到了前低点的支撑，但其实这是价格主动反弹释放多头的力量，多方力量得到了宣泄之后，轮到空方出手时便可以更好地完成下跌了。

内部培训学员张黎：

在达到了前低点附近时，价格反弹了，但是反弹的幅度很小，波动重心始终在前低点上方附近运行，并没有远离，这说明价格并不想上涨，这与之前的反弹完全不同。之前的走势是到达前低点时快速远离，而此时却在附近徘徊。

彭助教：

该反弹上涨却涨不去，这说明上涨是假的，价格既然不想涨，那么就肯定要下跌，因此，只要向下跌破前低点，便可以入场进行做空操作。当然，需要注意的一点就是：若没有形成突破是不宜提前入场操作的，因为这种形态是观察形态，并不是操作形态，它只能提示投资者价格继续下跌的概率是非常大的。

菜粕1905合约2018年11月和12月30分钟K线走势图（图13-7）。

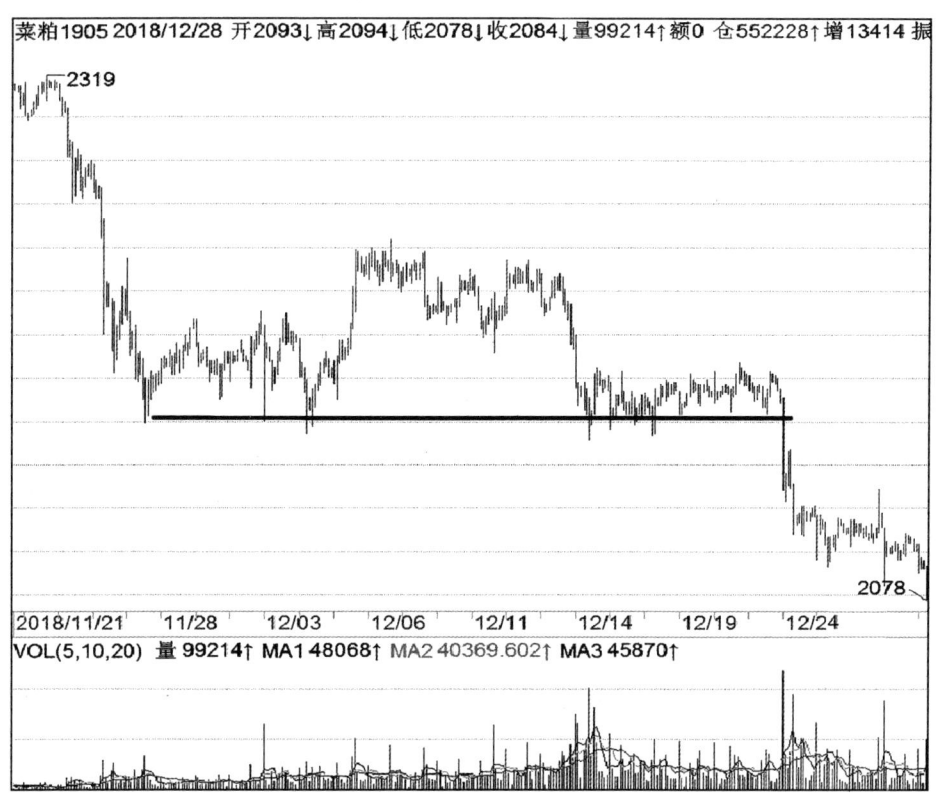

图13-7

彭助教：

图13-7中价格经过三波下跌之后形成了一个重要的低点，而后价格出现持续性的反弹，从整体走势来看，这一波下跌的低点形成了强大的支撑作用，

每当价格跌落到此便都出现了反弹。但是，这里边也依然存在一个问题，如果支撑真的那么有效，为什么不能促使产生一轮彻底的反转走势呢？

内部培训学员张黎：

一阳老师曾说过：下跌过程中，所有的支撑位都是最终要被跌破的，虽然支撑发挥了很多次作用，但是，一直无法促使价格形成真正的上涨，这说明支撑强也只是表象，撑不起来价格真正的上涨，最终还得形成向下的走势。

彭助教：

一波力量略大些的反弹出现之后，价格产生了回落，从高位一口气再次跌到了前低点的支撑位，而后价格在前低点上方形成了震荡的走势，这种形态符合了操作的要求，前低点上方附近形成徘徊蓄势的走势，因此，就需要密切留意创新低走势的出现。

内部培训学员张黎：

之前的案例中价格都是在前低点上方或前高点下方运行，而在本案例中，价格的波动重心虽然在前低点上方，但是价格还是跌破了几次前低点，这又该如何应对呢？

彭助教：

为什么说这种形态是分析形态，而不是操作形态呢？操作形态是某种走势出现就可以直接操作，可以交易的同时还具备分析的作用，而分析形态只能用于分析，形态标准的则不会产生干扰，形态不标准的就会像菜粕的走势一样了，来回击穿了几次前低点。由于价格在前低点上方运行的时间略长，因此，肯定会出现止损情况。当然，只要严格按技术形态执行操作，虽然会出现一些小亏，但后边大波段的盈利肯定是可以把握住的。

苹果1905合约2018年9月至2019年1月的日K线走势图（图13-8）。

彭助教：

苹果的走势在2018年10月形成了一个低点之后价格开始反弹，下跌过程中先后两次形成了反弹的走势，这两次反弹是否具备前低点蓄势的技术形态呢？

图13-8

内部培训学员张黎：

12月初第一次形成反弹的时候，我觉得价格离前低点有点远，距离上来看好像并不完全符合要求。而第二次的反弹则满足了要求，正好在前低点上方出现了反弹，并且反弹的幅度非常小。

彭助教：

价格在前低点上方出现反弹，距离前低点肯定是要有要求的，绝对不能相隔太远，否则，跌破前低点的时候已经有了一定幅度的下跌，未来下跌的空间就会受到限制了。既要在前低点上方，又要离得较近，这样在价格起跌的时候，才不会浪费空间。

内部培训学员张黎：

这个案例与前一个案例一样，下影线产生了干扰，不过略有些不同，因为下影线出现在下跌的末期，以下影线跌破前低点进行操作则没有出现蓄势形态，所以，下影线虽然使得形态不是太规则，但是并没有对操作产生干扰。

彭助教：

下影线过后，价格的反弹形态就非常容易确认了，而后便可以得出结论：价格后期继续下跌的概率是很大的，一旦突破前期低点便可以入场进行做空操作。

内部培训学员张黎：

也可以按老师发明的趋势监控指标操作，在长周期K线图中，指标K线形成空心翻红信号时入场做多，指标K线形成实心绿色信号时入场做空，同时，结合指标上的买卖价位提示还可以使得进出点位更加合理。通过老师团队开设期货账号获得了交易所手续费标准，极大地降低了我们的手续费成本，还赠送我们实盘指导服务，以及赠送我们股期两用操盘指标，在实战操作上真是帮了大忙：不仅交易成本低，在别人还亏钱的时候我们早已赚钱，还可以依靠好的工具直接跻身高手的行列！

彭助教：

利用我们的优势帮助广大投资者节省期货交易手续费，把大家的期货手续费降到最低！再利用我们操盘经验的优势赠送给大家好的服务与好的工具，只要严格按老师的方法、按老师的工具信号执行操作，成功的概率就会提高。

玩转期货50招之十四
借尸还魂——借你下跌换我涨

彭助教：

10年前的期货市场极少出现分化性的走势，所有品种都处于同涨同跌的态势，而随着上市品种的增多，产品结构越来越丰富，经济越来越多样化，到了今天，分化现象变得多了起来，别说几大板块之间的分化，就连同板块间的品种也经常出现分化的走势。

内部培训学员赵占魁：

如果不懂得对分化盘面进行分析，操作起来是比较麻烦的。毕竟有的涨有的跌，上涨的品种会对下跌的品种产生影响，下跌的品种也会对上涨的品种产生影响，如果不懂这里边的关系，操作起来就会比较混乱了。

彭助教：

进行实战操作一定要了解各品种的波动特点以及板块间的特点，这些特点有一些是固定的，但还有一些规律性的分化则是处于变化之中的，今年呈现这种状况，明天可能就不是了，这就需要投资者对整体盘面状况进行细心的观察。

像近一年，农产品板块就经常与黑色系板块、有色金属板块以及能源化工板块形成"借尸还魂"的现象，即：农产品板块上涨，则其余三大板块下跌；其余三大板块上涨，则农产品板块下跌。这样的走势其实是好的事情，与"李代桃僵"的思路类似，均可以使用跷跷板的效应多空两头操作，以此增加交易的机会。

内部培训学员赵占魁：

有涨有跌看着乱，但只要明白了其中的核心要素，也就不乱了，并且还可以增加交易的机会。我甚至开始觉得"借尸还魂"比单纯的多头或空头盘面更容易赚到钱了，因为单纯的多头或空头盘面只能做一个方向，而农产品与其他三大板块顶着干则可以提供两个方向的交易机会。请您结合具体案例讲解一下吧。

2019年1月2日涨跌排行榜（图14-1）。

代码	序	名称	最新	涨跌	↓涨幅
p1905	1	棕榈1905	4598	116	2.59%
y1905	2	豆油1905	5456	80	1.49%
RM905	3	菜粕1905	2123	26	1.24%
OI905	4	菜油1905	6493	58	0.90%
m1905	5	豆粕1905	2646	21	0.80%
sp1906	6	纸浆1906	5082	34	0.67%
MA905	7	甲醇1905	2396	8	0.34%
ZC905	8	动煤1905	563.4	1.8	0.32%
ag1906	9	白银1906	3711	11	0.30%
au1906	10	黄金1906	288.30	0.45	0.16%
CF905	11	棉花1905	14890	10	0.07%
ru1905	12	橡胶1905	11290	-15	-0.13%
SR905	13	白糖1905	4688	-12	-0.26%
SF905	14	硅铁1905	5704	-28	-0.49%
rb1905	15	螺纹1905	3382	-22	-0.65%
FG905	16	玻璃1905	1284	-10	-0.77%
TA905	17	PTA1905	5588	-52	-0.92%
i1905	18	铁矿1905	489.5	-5.0	-1.01%
fu1905	19	燃油1905	2372	-30	-1.25%
l1905	20	塑料1905	8490	-110	-1.28%
j1905	21	焦炭1905	1876.5	-24.5	-1.29%
cu1904	22	沪铜1904	47650	-640	-1.33%
al1904	23	沪铝1904	13510	-185	-1.35%
hc1905	24	热卷1905	3294	-51	-1.52%
pp1905	25	PP1905	8471	-133	-1.55%
eg1906	26	乙二醇1906	5051	-83	-1.62%
SM905	27	锰硅1905	7198	-120	-1.64%
v1905	28	PVC 1905	6345	-110	-1.70%
ni1905	29	沪镍1905	86280	-1790	-2.03%
bu1906	30	沥青1906	2578	-54	-2.05%
jd1905	31	鸡蛋1905	3404	-74	-2.13%
sc1903	32	原油1903	370.9	-8.2	-2.16%
zn1904	33	沪锌1904	19785	-545	-2.68%
jm1905	34	焦煤1905	1145.5	-34.0	-2.88%
AP905	35	苹果1905	10888	-464	-4.09%

图14-1

彭助教：

2019年1月2日涨跌排行榜中，从下跌的前几名品种来看，板块结构并不太好，这是为什么呢？

内部培训学员赵占魁：

下跌前五名分别是：苹果、焦煤、沪锌、原油、鸡蛋。苹果与鸡蛋虽然属于农产品这一大类的，但是，两者之间的走势并没有什么关联性。余下的三个品种分别是黑色系板块、有色金属板块与能源化工板块。跌幅前五名出现了四个板块，因此，这种板块结构并不好，太过于分散。好的板块结构是跌幅前五名里全都是一个板块的品种，或至少有三个品种是同一个板块的。

彭助教：

下跌的板块是散乱的，那上涨的情况又如何呢？

内部培训学员赵占魁：

上涨居前的品种全部是农产品，前几名被农产品霸占着，多头的力量全部集中在了这个板块身上。不过，不太好的一点就是农产品的涨幅并没有另外三个板块的跌幅大。

彭助教：

在实际操作时，一定要选择优先板块操作。上涨或下跌居前的品种在哪个板块就优先对那个板块操作，但这样操作的前提则是幅度。就像这一天的走势一样，农产品的确有板块效应，但是涨幅小，这说明多头力量并不是太大，而下跌的品种虽然没有板块效应，但是空方力量非常大，这样就需要服从幅度了，幅度是力度的代表，想要赚取更多的收益肯定要服从波动力度大的才可以。

内部培训学员赵占魁：

这样就产生了一个矛盾，农产品跟其他的品种顶着干，力度又小于其他板块，这该对谁操作呢？

彭助教：

对于这种有板块效应但上涨幅度小，没板块效应但下跌幅度大的形势，就要看谁率先形成符合要求的介入点了，比如农产品率先形成做多的信号，那就要对农产品进行操作，如果另外三大板块率先形成做空的形态，那就要对其他三个板块进行做空操作。农产品只能做多，其余的三大板块只能做空。这样一来，矛盾就化解了，我们无力改变盘面的变化，所以，只能想办法去适应。

2019年1月8日涨跌排行榜（图14-2）。

彭助教：

2019年1月8日上涨的品种整体涨幅不大，下跌的品种跌幅也不大，对于这样的盘面该以怎样的策略进行操作呢？

代码	序	名称	最新	涨跌	↓涨幅
y1905	1	豆油1905	5598	62	1.12%
SR905	2	白糖1905	4779	39	0.82%
AP905	3	苹果1905	10701	86	0.81%
TA905	4	PTA1905	5884	42	0.72%
p1905	5	棕榈1905	4666	32	0.69%
zn1904	6	沪锌1904	20130	125	0.62%
OI905	7	菜油1905	6557	15	0.23%
jd1905	8	鸡蛋1905	3503	5	0.14%
fu1905	9	燃油1905	2528	2	0.08%
CF905	10	棉花1905	15055	5	0.03%
ru1905	11	橡胶1905	11675	0	0.00%
ni1905	12	沪镍1905	90830	0	0.00%
i1905	13	铁矿1905	514.0	-0.5	-0.10%
SF905	14	硅铁1905	5784	-12	-0.21%
RM905	15	菜粕1905	2171	-5	-0.23%
sp1906	16	纸浆1906	5158	-12	-0.23%
hc1905	17	热卷1905	3403	-8	-0.23%
cu1904	18	沪铜1904	47330	-120	-0.25%
v1905	19	PVC1905	6415	-25	-0.39%
rb1905	20	螺纹1905	3505	-15	-0.43%
FG905	21	玻璃1905	1310	-6	-0.46%
au1906	22	黄金1906	287.25	-1.40	-0.49%
sc1903	23	原油1903	405.5	-2.0	-0.49%
al1904	24	沪铝1904	13435	-70	-0.52%
SM905	25	锰硅1905	7352	-42	-0.57%
bu1906	26	沥青1906	2754	-16	-0.58%
MA905	27	甲醇1905	2458	-17	-0.69%
l1905	28	塑料1905	8595	-60	-0.69%
m1905	29	豆粕1905	2677	-20	-0.74%
j1905	30	焦炭1905	1949.0	-15.0	-0.76%
ZC905	31	动煤1905	564.8	-4.6	-0.81%
ag1906	32	白银1906	3744	-34	-0.90%
jm1905	33	焦煤1905	1184.0	-11.0	-0.92%
eg1906	34	乙二醇1906	5080	-53	-1.03%
pp1905	35	PP1905	8618	-128	-1.46%

图14-2

内部培训学员赵占魁：

上涨与下跌的幅度都非常小，这说明整体环境的涨跌力度不足，面对这样的情况，盈利的预期就一定要降下来，这一天是没有机会赚大钱的，宜采取获利之后见好就收的方式进行操作。

彭助教：

涨跌力度大则可以采取一阳老师的核心交易策略"持仓逐利术"去获取更大的盈利，但即使你有天大的水平，行情不给任何机会，赚大钱的方法也就没有了用武之地。谁都希望获得更高的收益，但是，这也得需要市场给这种机会，涨跌第一名的品种才只有一点多的幅度，只能主动地去降低当天的收益预期。

从当天的涨跌家数来看，空方数量多一些，因此确定，这一天的盘面形式属于空头状态。从下跌居前的品种来看，能源化工、黑色系是主要的空头力量，有色金属表现平淡；因为这三大板块表现很一般，所以，农产品便成了这一天的主要多头力量。

在具体操作时，可以盯着下跌前几名的品种寻找做空机会，也可以盯着农产品择机入场进行做多的操作。由于农产品与其他三大板块在涨跌方向上呈现相反的走势，所以，根本不用担心彼此间相互的影响与带动，农产品涨就做多，农产品跌就做空，不必理会其他三个板块的动向。同样，做另外三大板块时，也不必理会农产品的动向，将它们看作独立的就可以。

2019年1月11日涨跌排行榜（图14-3）。

代码	序	名称	最新	涨跌	↓涨幅
jm1905	1	焦煤1905	1233.0	41.0	3.44%
j1905	2	焦炭1905	1982.0	47.5	2.46%
SF905	3	硅铁1905	5916	118	2.04%
sc1903	4	原油1903	426.9	5.4	1.28%
FG905	5	玻璃1905	1323	16	1.22%
pp1905	6	PP1905	8725	104	1.21%
SM905	7	锰硅1905	7338	72	0.99%
sp1906	8	纸浆1906	5324	52	0.99%
l1905	9	塑料1905	8610	75	0.88%
bu1906	10	沥青1906	2852	24	0.85%
rb1905	11	螺纹1905	3539	25	0.71%
MA905	12	甲醇1905	2503	13	0.52%
hc1905	13	热卷1905	3438	17	0.50%
i1905	14	铁矿1905	509.0	2.5	0.49%
eg1906	15	乙二醇1906	5117	25	0.49%
v1905	16	PVC1905	6380	25	0.39%
SR905	17	白糖1905	4769	15	0.32%
fu1905	18	燃油1905	2646	8	0.30%
TA905	19	PTA1905	6020	18	0.30%
ni1905	20	沪镍1905	91720	160	0.17%
p1905	21	棕榈1905	4634	4	0.09%
ZC905	22	动煤1905	561.0	0.0	0.00%
ru1905	23	橡胶1905	11640	0	0.00%
CF905	24	棉花1905	15140	-20	-0.13%
zn1904	25	沪锌1904	20155	-30	-0.15%
al1904	26	沪铝1904	13430	-20	-0.15%
AP905	27	苹果1905	10616	-18	-0.17%
y1905	28	豆油1905	5568	-18	-0.32%
cu1904	29	沪铜1904	47320	-210	-0.44%
ag1906	30	白银1906	3732	-19	-0.51%
jd1905	31	鸡蛋1905	3497	-23	-0.65%
au1906	32	黄金1906	284.95	-1.95	-0.68%
OI905	33	菜油1905	6479	-45	-0.69%
RM905	34	菜粕1905	2139	-31	-1.43%
m1905	35	豆粕1905	2628	-42	-1.57%

图14-3

彭助教：

从2019年1月11日涨跌排行来看，黑色系成为这一天的多头热点，紧随其后的便是能源化工板块，这一天有色金属板块同样表现一般。

内部培训学员赵占魁：

在下跌居前的品种中有许多农产品，这说明空方的主要力量来自它们。农产品再度与其他板块反着走，因此，这一天的交易就是黑色系坚决做多，农产品一直盯空单。

在这里有一个问题，农产品有许多种类，但感觉许多品种与别的走势相关性并不高，这该如何看待它们呢？

彭助教：

农产品板块虽然品种很多，但都是各立小山头，品种的独立性很强，比如棉花，它就很少与其他品种保持一致，白糖也很有自己的个性，玉米以及玉米淀粉更是对其他农产品的走势不管不顾……农产品板块其实主要包括豆粕、菜粕、豆一、豆油、菜油、棕榈油这几项，其中，豆粕与菜粕是核心品种。所以，在分析有没有农产品板块聚集在涨跌前列时，也就是看这几个品种的表现。

2019年1月11日这一天，豆粕跌幅第一，菜粕跌幅第二，再加上其他油脂品种的下跌，就可以确定农产品板块的空头属性了。同时，其他三个板块再次上涨，因此，可以确定农产品板块形成了你们上涨我下跌的分化走势，这种分化要比其他类型的分化更稳定，上涨的品种对下跌品种的影响是非常小的，做分化市跷跷板的手法可以操作，也可以直接盯着农产品做空，或是对领涨的板块做多。

2019年1月16日涨跌排行榜（图14-4）。

彭助教：

2019年1月16日能源化工板块成为多头的主力，有色金属板块为第二梯队，黑色系板块在这一天表现一般。只要市场格局没有变化，在这三大板块上涨的时候，农产品板块必定下跌。

代码	序	名称	最新	涨跌	↓涨幅
SR905	1	白糖1905	4918	126	2.63%
bu1906	2	沥青1906	2880	48	1.69%
pp1905	3	PP1905	8776	141	1.63%
sc1903	4	原油1903	422.9	6.6	1.59%
zn1904	5	沪锌1904	20510	295	1.46%
sp1906	6	纸浆1906	5318	76	1.45%
v1905	7	PVC1905	6435	85	1.34%
ni1905	8	沪镍1905	93230	1160	1.26%
ZC905	9	动煤1905	582.2	7.2	1.25%
ru1905	10	橡胶1905	11640	135	1.17%
l1905	11	塑料1905	8655	80	0.93%
j1905	12	焦炭1905	2034.5	15.5	0.77%
cu1904	13	沪铜1904	47340	360	0.77%
FG905	14	玻璃1905	1317	9	0.69%
al1904	15	沪铝1904	13425	90	0.67%
fu1905	16	燃油1905	2636	16	0.61%
hc1905	17	热卷1905	3435	19	0.56%
MA905	18	甲醇1905	2520	11	0.44%
rb1905	19	螺纹1905	3534	15	0.43%
OI905	20	菜油1905	6475	16	0.25%
au1906	21	黄金1906	284.60	0.30	0.11%
eg1906	22	乙二醇1906	5226	5	0.10%
p1905	23	棕榈1905	4616	-2	-0.04%
i1905	24	铁矿1905	511.5	-0.5	-0.10%
SM905	25	锰硅1905	7376	-8	-0.11%
ag1906	26	白银1906	3710	-5	-0.13%
y1905	27	豆油1905	5554	-12	-0.22%
jd1905	28	鸡蛋1905	3423	-8	-0.23%
TA905	29	PTA1905	6096	-22	-0.36%
jm1905	30	焦煤1905	1231.5	-6.0	-0.48%
AP905	31	苹果1905	10660	-52	-0.49%
CF905	32	棉花1905	15055	-75	-0.50%
SF905	33	硅铁1905	5902	-32	-0.54%
RM905	34	菜粕1905	2091	-19	-0.90%
m1905	35	豆粕1905	2535	-42	-1.63%

图14-4

内部培训学员赵占魁：

这一天农产品板块下跌的幅度并不大，但大多数农产品品种全都在跌幅前列，这说明空方力量主要来自农产品板块。同时，豆粕与菜粕两大核心的农产品品种更是处于跌幅第一、二名，这说明农产品板块的下跌还是比较稳固的。

彭助教：

这一天涨幅第一的品种是白糖，属于农产品板块。之前也说过，白糖这个品种独立性非常好，虽然属于农产品板块，但其走势又不与其他农产品品种相关。所以，在进行具体分析时，不要被它干扰。农产品板块看的就是豆粕—菜粕与油脂的表现，因为只有这几个品种走势的关联度才是比较高的。

内部培训学员赵占魁：

就像黄金和白银一样，虽然都属于有色金属板块，但这两个品种的走势与有色金属板块的走势没有关联性。所以，从实战操作的角度来讲，有色金属板块并不包括它们两个。

彭助教：

没错。所谓的板块从实战角度而言，是必须有关联性的，否则就不属于这个板块的一分子。

一旦知道了其他三个板块上涨便可以推断出农产品板块今天的表现肯定不怎么样，因此，可以盯着农产品板块的空单。而一旦农产品板块今天多头表现很好，就可以盯着其他三个板块的空单了。这种现象只要在未来没有发生彻底的改变，就可以一直利用这种规律来指导操作。这种手法属于分化市场操作的一种手段，只不过这种现象能够保持多长时间，还需要未来验证。

玩转期货50招之十五
调虎离山——寻找我方优势位

彭助教：

价格波动的过程中，会形成各种各样的形态，不同位置的形态具备的性质是不一样的，有的形态是介入形态，一旦出现，投资者就需要入场进行操作；有的形态是等待形态，投资者在此时什么也不能做，只能耐心地空仓等待；还有的形态是持仓形态，投资者在此时开仓是不太适合的，只适合已开仓之后的持有，这个时候，持仓的投资者因为成本占优势，所以，占了主动地位，这个时候如果空仓的投资者非要入场操作，往往不会有好果子吃，相比别人的持仓成本被动了很多，所以，此时投资者必须克制自己的冲动。

内部培训学员蔡有斌：

通过跟着老师学习，现在回头看以往的交易，发现亏损大多数的原因都是应当在等待形态出现的时候提前入场进行了操作，这样无疑是在赌方向，但十赌九输，从而出现了亏损。现在知道了若是空仓，唯有介入形态出现才可以操作，交易的行为不盲目了，操盘的获利效果自然一天比一天好。

彭助教：

这一讲讲解的内容"调虎离山—寻找我方优势位"就是教大家如何识别应当放弃的操作区间以及寻找合适操作的区间，就像下棋一样，不断找到自己优势的位置，才可以取得最终的胜利。

原油1903合约2019年1月25日1分钟K线走势图（图15-1）。

彭助教：

原油1903合约在2019年1月25日出现了一轮非常经典的上涨行情，在价格快速上涨的过程中有着怎样的技术特征呢？

内部培训学员蔡有斌：

原油这个品种，通过老师的团队开户之后，我账户现在交易的手续费是

20元,感谢你们帮我节省了交易成本。在原油的价格上涨过程中,成交量的变化还是不错的,伴随着价格的上涨形成了连续放大的态势,这说明资金积极在场中进行做多操作,资金的介入为价格的上涨提供了足够大的动力。此外,上涨过程中的调整走势回落的幅度非常小,这说明空方力量很虚弱,再加上调整时成交量萎缩、并没有什么资金积极参与做空操作,因此,价格继续上涨的概率是非常大的。

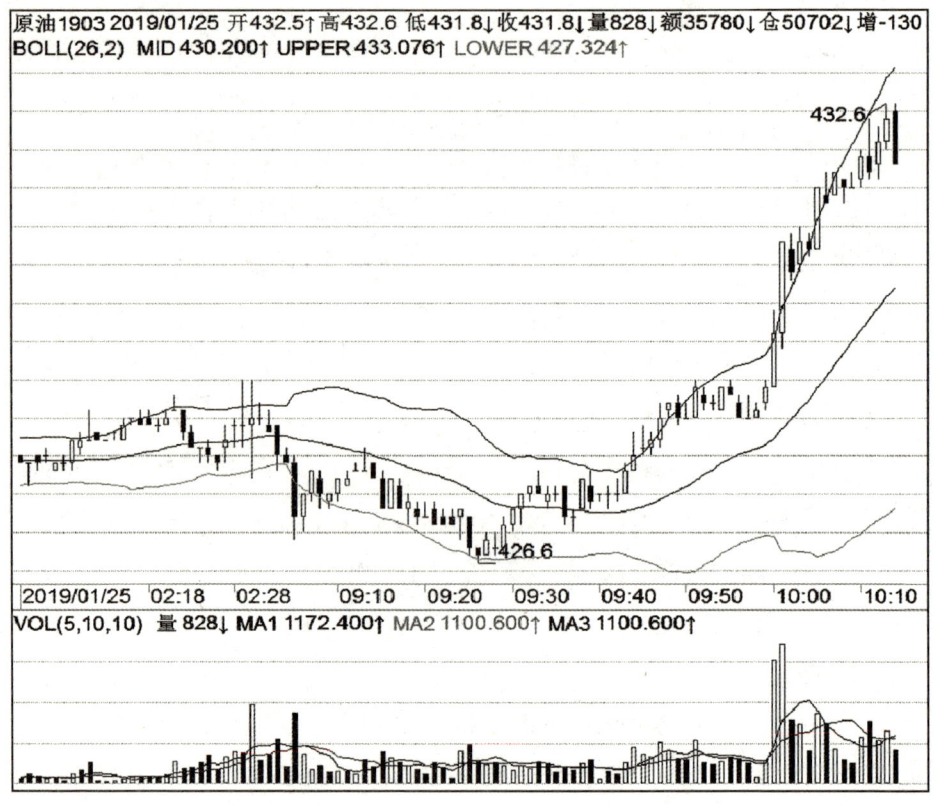

图15-1

彭助教:

此外,价格在上涨的过程中,布林线指标上轨与下轨始终保持着打开的状态,这种技术形态就属于持仓形态,低位介入之后,投资者应当在布林线指标通道处于较宽状态的时候耐心持仓,但是对于空仓的投资者来说,布林线指标较宽的状态就不是介入形态了,这是低成本投资者的优势形态,却是空仓投资者的劣势形态。空仓的投资者如果在此时操作成本将会较高,这是劣势之一；二来，空仓的投资者在较宽的通道内操作，其介入点往往没有统一的技术理由，交易属于随意性较大的追涨操作，进行这种性质的投资容易买在高点区间而后出现亏损，大家仔细回想一下自己以往的操作经历，看是不是有这样的情况？既然在操作上不能获得优势，那面对布林线指标较宽通道状态的时候，就一定要克制自己了。

白糖1905合约2019年1月25日1分钟K线走势图（图15-2）。

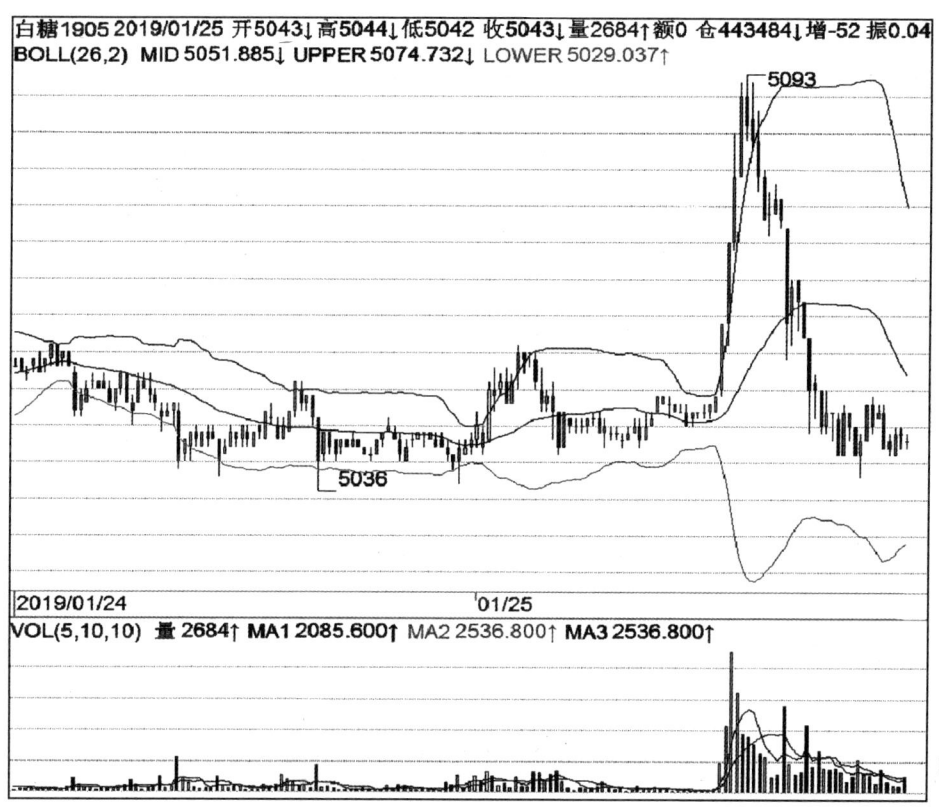

图15-2

彭助教：

白糖在图15-2中出现上涨的时候，成交量非常大，并且阳线的实体也非常大，这种形态的上涨可以在较短的时间内给投资者带来较大的盈利，但是，这种形态也有一个特点，这也是它的不足，你知道是什么吗？

内部培训学员蔡有斌：

一阳老师曾说过：一旦价格出现巨量快速上涨，它的缺点就是上涨的持续性比较差，因为这种方式的上涨非常耗费资金，成交量萎缩，价格就很容易结束上涨。所以，白糖虽然在较短时间内出现了较大的上涨幅度，但是，整体上涨周期并不会太长。白糖这个品种手续费3元，大家可以对比一下，但凡高于3元的都有必要赶紧来节省一些交易成本了。

彭助教：

受到价格快速上涨的影响，布林线指标通道也变得非常宽，通道变宽意味着价格的波动幅度加大，此时若手中有持仓自然是好，但若手中没有持仓而非要在较宽的通道状态下操作，就很容易追在高点的位置，而后价格快速的下跌又很容易导致亏损的出现，操作上完全没有任何优势，失去了优势又怎么可能带来好的盈利呢？

所以，投资者一定要养成一种习惯，在布林线指标通道变宽的时候耐心持仓，并且绝不在此时进行开仓操作，不要眼红价格这一阶段快速的上涨，因为成本不占优势，便无法在价格剧烈波动过程中获得较高的安全性。

白糖1905合约2019年1月18日1分钟K线走势图（图15-3）。

彭助教：

白糖在2019年1月18日这一天再度出现了一轮大幅上涨的行情，价格上涨的形态非常单一，并且涨速也比较快，上涨时成交量也比较大，为何具备与图15-2一样的量价特征，但在此案例中价格却可以涨这么长时间？

内部培训学员蔡有斌：

这是因为成交量始终保持着放大的状态，而没有出现缩量，成交量持续性的放大说明资金正在源源不断地入场进行操作，因此，只要成交量不萎缩，价格的上涨就很难停止。这与上一个案例成交量放大了一会之后马上缩量是完全不同的。

彭助教：

成交量代表的是资金的动向，只要有资金愿意积极在场中进行操作，那么，价格的上涨行情也就很难停下来。在价格放量大幅上涨的时候，布林线指标通道也随之不断打开扩大，这一区间如果想插进一脚，该在哪里介入呢？是不是很难找到适合的介入点？这就是另一个不宜在布林线指标通道处于较宽状态时入场的原因,因为介入点无法统一,只能凭个人的主观感觉进行操作,你觉得能涨你会介入,他觉得涨不动了便不会操作,十个投资者可能会有十个不同位置的介入点,这样就乱了。不能统一介入点的位置,投资者是不占优势的,介入点不容易确定,止损点又如何确定?

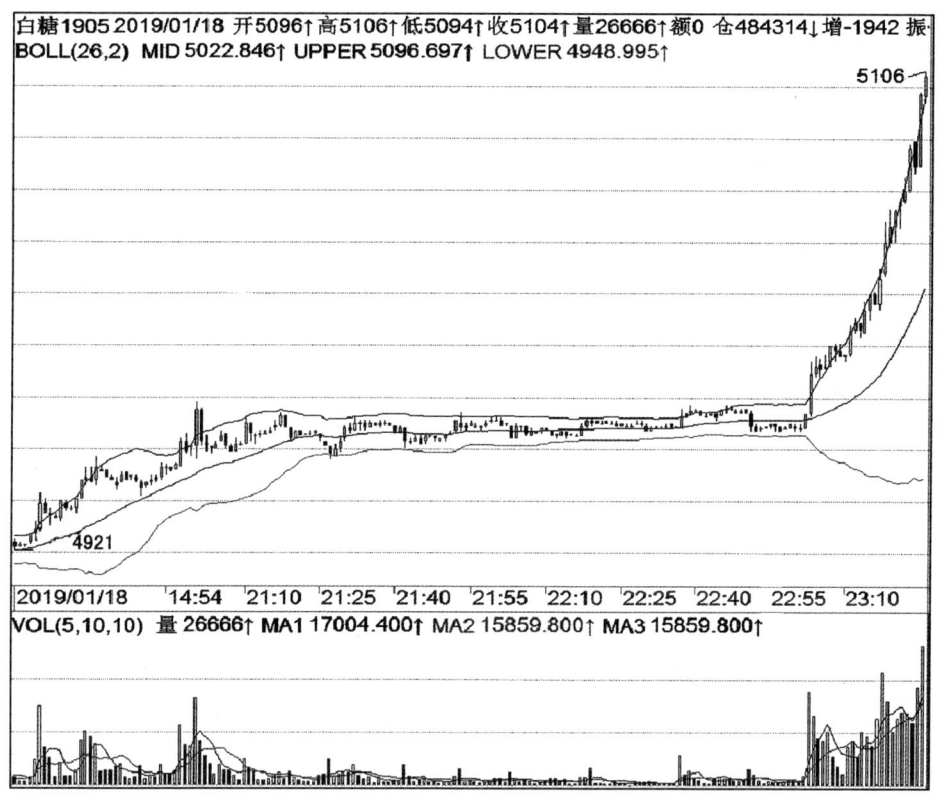

图15-3

原油1903合约2019年1月21日1分钟K线走势图(图15-4)。

彭助教:

通过以上案例可以看到,在价格连续上涨的过程中,布林线指标都会处于不断扩大的状态,这一区间虽然是开仓的劣势区间,但却是持仓的优势区间,只要布林线指标没有任何收窄的迹象,价格的上涨就会不断地延续。

内部培训学员蔡有斌:

布林线指标通道放宽持仓,那么,适合开仓的点位应当就是在布林线指标开始缩口的区间了吧?

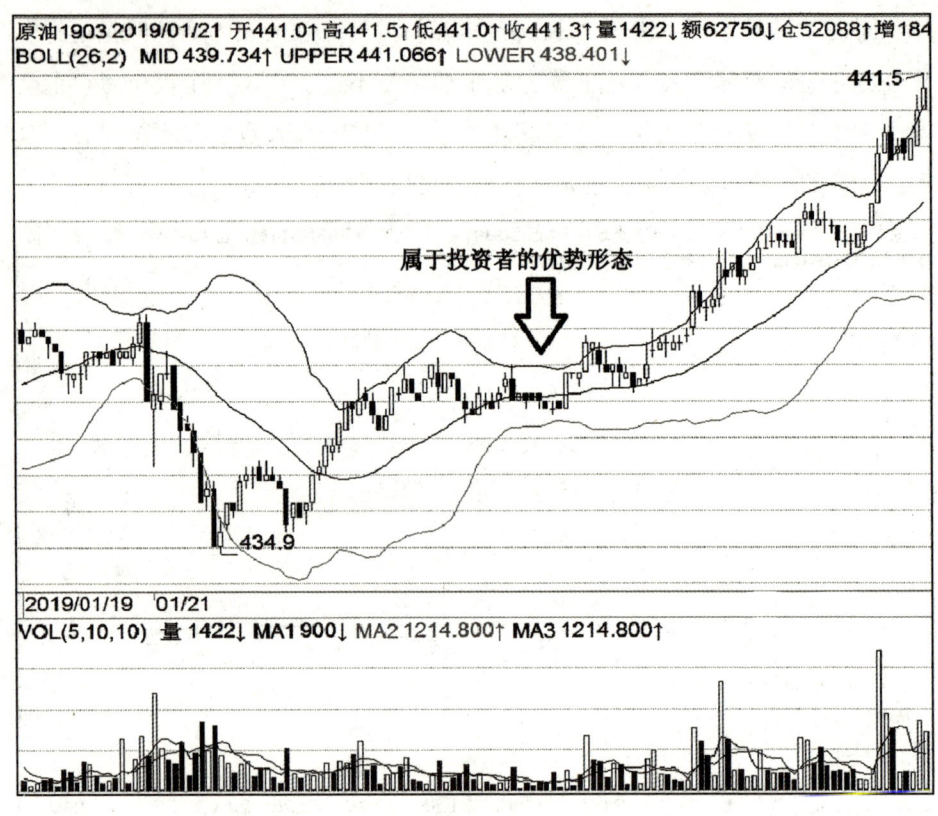

图15-4

彭助教：

价格波动剧烈通道放宽，一旦价格波动幅度减小，那么，布林线指标将会出现收口的态势，放宽与收口就好像人们的呼吸一样，不可能一直保持着宽口的状态，也不可能一直处于缩口状态，两者是交替出现的。

缩口区间无法带来好的收益，因为价格在此区间的波动常常趋于平淡，这是持仓的劣势形态，但缩口却是开仓的优势形态。宽口既然不能做，那么，机会就必然藏在缩口之中，不管价格在什么位置形成的缩口，都将提供机会，只是给出的到底是做多的开仓机会还是做空的开仓机会，就需要再结合整体形式进行一番分析。像图15-4中的走势，通道缩口时中轨依然明确向上，显示，缩口区间对应的就是做多的机会了。

PTA1905合约2019年1月24日和25日1分钟K线走势图(图15-5)。

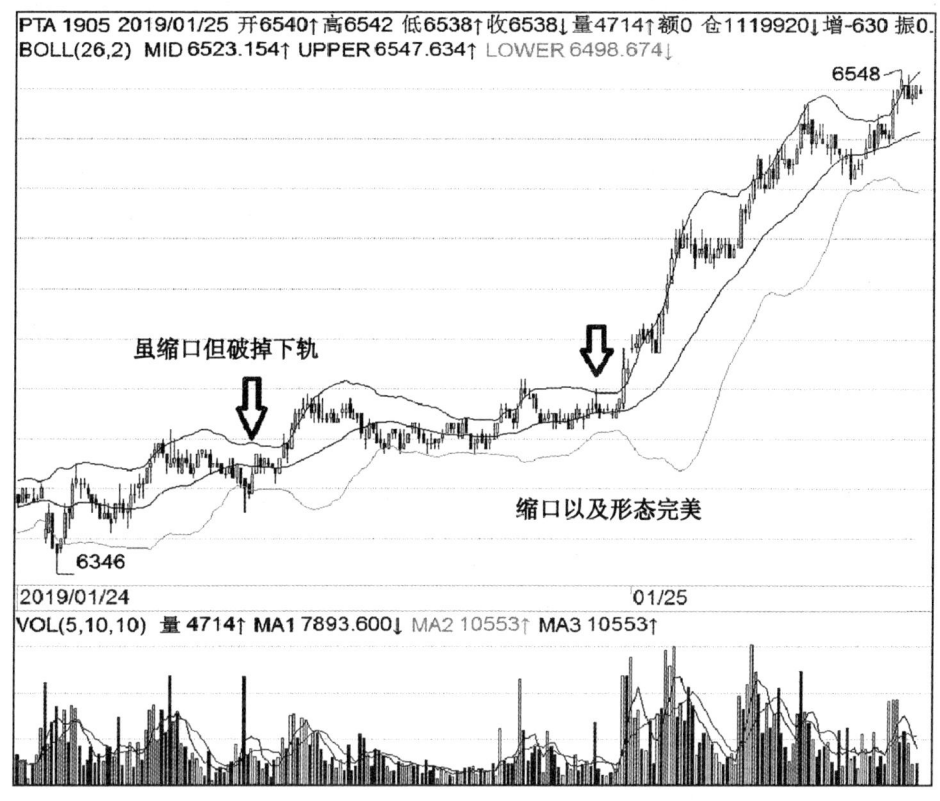

图15-5

彭助教:

PTA在图中更多的时间形成的是震荡上涨的态势,由于没有出现连续性快速上涨走势,所以,通道保持着张大与缩口的交替,这就给投资者留下了许多好的交易机会。图15-5中箭头处第一次缩口处的形态是失败的,其中的原因是什么呢?

内部培训学员蔡有斌:

第一个箭头处布林线上轨与下轨的确形成了缩口的态势,并且中轨方向是向上的,此时缩口带来的机会是多单机会。但是,价格却跌破了布林线指标下轨的支撑,破下轨走势的出现意味着多头形态在此时失败了,是不能够再继续入场进行做多操作的。因为通道比较窄,所以,即使是形态失败造成的止损也并不大,加之我通过老师团队开立的期货账号PTA的手续费是3元钱,更不会过分地加大亏损的额度,所以,形态失败的风险并不大。

彭助教：

价格方向向上的时候，布林线指标下轨是多头形态的最后一道支撑位，这个点位不允许跌破，一旦破掉多单便不可以再介入了，虽然价格后面又涨了起来，但对这种形态见得多了就会知道，价格自跌破下轨之后形成下跌走势的可能性更大。

第二次布林线指标处于较窄状态，形成了开仓优势形态的时候，布林线指标中轨给出了明确的多单方向，同时，下轨的支撑并没有再被跌破，因此，引发了一轮持续的上涨，而上涨的过程中，通道则始终保持着较宽的状态，由此可见，通道放宽带来持仓盈利机会，通道缩口带来开仓的机会，把握好价格波动节奏，识别出开仓的优势位置，操作就会变得简单多了。

锰硅1905合约2019年1月22日和23日1分钟K线走势图（图15-6）。

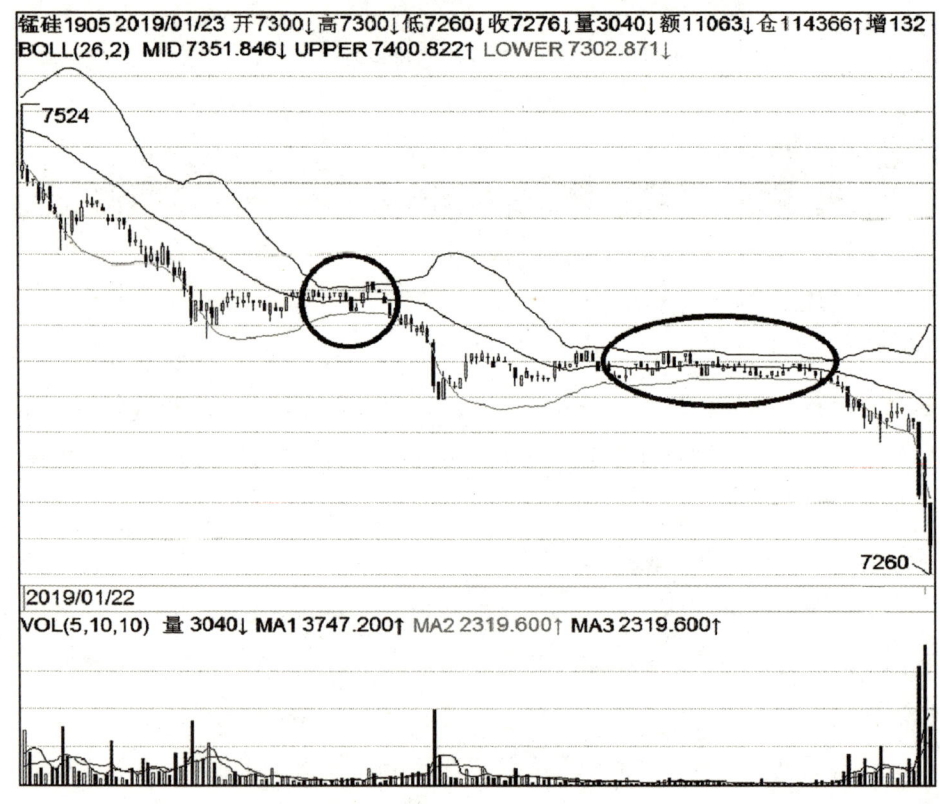

图15-6

彭助教：

图15-6中锰硅的价格在第一个圆圈处经历了通道连续放宽之后，终于形成了缩口的走势，这预示着价格此时的波动将会给投资者带来新的机会，就图中的走势来说，可以入场进行做空操作吗？

内部培训学员蔡有斌：

我认为是不行的，虽然价格此时的整体趋势向下，但是缩口区间布林线指标中轨形成了上升的趋势，尽管中轨只是微微向上，但也使得空头的操作失去了方向上的支持。

锰硅这个品种，我的期货账号的手续费是开仓3元，平仓3元，1手1跳就回本了。通过老师团队开设的0附加手续费账号省了许多费用，而且还在价格处于不利的情况下高挂一跳出局，不仅不会亏损，而且还会盈利，只有低到底的手续费才能达到这样的效果。真是感谢老师给我们带来的福利，正如你们说的那句话：开户，即是给自己省钱。

彭助教：

开仓的第一步一定要先看方向，只有先确定了方向之后才可以再按技术形态进行操作。结合布林线指标中轨的方向来看，虽然缩口缩得很好，也的确形成了开仓的优势形态，但中轨的方向不符，这一区间的做空操作也是不可行的。

第二个圆圈处的前半段走势也是如此，中轨形成了微微向上的走势，但是，后半段的时间，布林线指标中轨方向明确向下，再结合缩口操作优势形态的出现，交易机会由此到来了。缩口提示机会的到来，中轨提示交易机会的方向，中轨向下时，上轨再次提示投资者空单的最后一道防线所在，如此一来，交易的要素都包含了。

玩转期货50招之十六
欲擒故纵——千金难买价回头

一阳：

许多投资者在进行操作时非常担心自己错过机会，因此，当价格出现上涨或下跌走势而没有介入时，就会急匆匆地追进，这种操作最终导致介入的点位非常不理想，往往是价格上涨的高点区域或是低点区域，而后便引发亏损，亏损之后又会导致心态失衡，从而使交易变得更加混乱，陷入恶性循环之中。

内部培训学员董万明：

我之前操作就是这样，很多时候想把单子平在最高点或最低点，但却难得要死，但是，只要一胡乱地追涨或追空，往往介入的单子就是最高点或最低点的那个价格，想想都觉得很郁闷。

一阳：

在进行实战操作的时候，错过机会是太正常的事情！高手，并不是说会的方法多就不会错过机会，而是因为高手知道自己想要的是什么，不属于自己的机会从来不去苛求，因此，才会耐心等到属于自己的机会。

世间万物皆符合阴阳平衡定律，下棋时不能让执白子的一方一直下，而不让黑子下，否则还怎么玩？价格的走势也是如此，一多一空交替进行，一行一手棋，我落一个子，这样才构成了波动。上涨之后价格必然会下跌，其性质或是转势下跌，或是中继的调整；下跌之后必然会上涨，或是转势上涨，或是中继的反弹。价格在一多一空运行之中，力量此消彼长，从而形成了不同幅度的上涨与下跌。只要明白了这个基本的规律，掌握好了市场的呼吸节奏，上涨之后若真错过了机会，那就等待必然的调整走势出现后再择机操作；下跌行情若错过了机会，也不用急，反弹必然出现，等它出现之后再逢高做空就好了。

要知道上涨行情一旦出现，调整就将会是极佳的操作机会，千金难买涨回头！涨得再多再猛也不用觉得可惜，一波巨浪之后，下一波浪也小不到哪去。阳既然没有做进去，那就在阴中找机会，阴之后又将会继续阳的循环。

PTA1905合约2019年1月25日1分钟K线走势图(图16-1)。

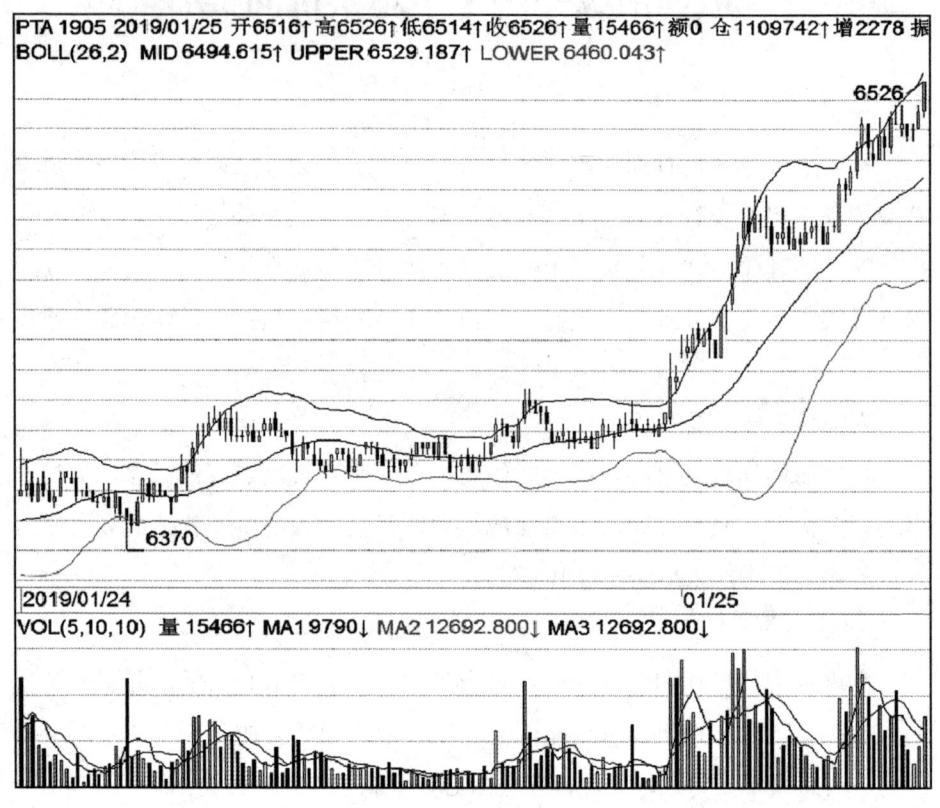

图16-1

一阳：

PTA的价格在图16-1中出现了一波连续上涨的走势，在价格上涨的时候，成交量连续放大，这说明资金在场中交易的积极性非常高，由于价格方向向上，因此确定，资金的操作以多方力量为主。有足够的资金对价格的上涨进行推动，是所有好的上涨行情的共同技术特征。

内部培训学员董万明：

结合成交量进行分析的时候，我发现在长周期上量能的显示没有任何规律，不像短周期的成交量变化规律性很好。

玩转期货50招之十六

一阳：

是这样的，量价分析在股票市场无论什么周期都是适用的，而在期货市场中，成交量分析只适合在短周期K线图中进行，30分钟以上周期的K线图中，成交量就没必要看了，只注重K线形态进行分析就可以了。

从图16-1中成交量的变化中可以看到，就算是量能也符合阴阳循环之道，放量为阳，缩量为阴，一阳一阴构成了规律性的变化。与之对应的就是价格的变化形态，虽然整体是上涨的，但是，价格在上涨一定幅度后必然会出现调整的走势，每一次调整都会给投资者留下不同的操作机会，调整幅度深的带来了逢低做多的机会，调整幅度小的则带来了突破的机会，因此才会说，千金难买价回头！

鸡蛋1905合约2019年1月8日1分钟K线走势图（图16-2）。

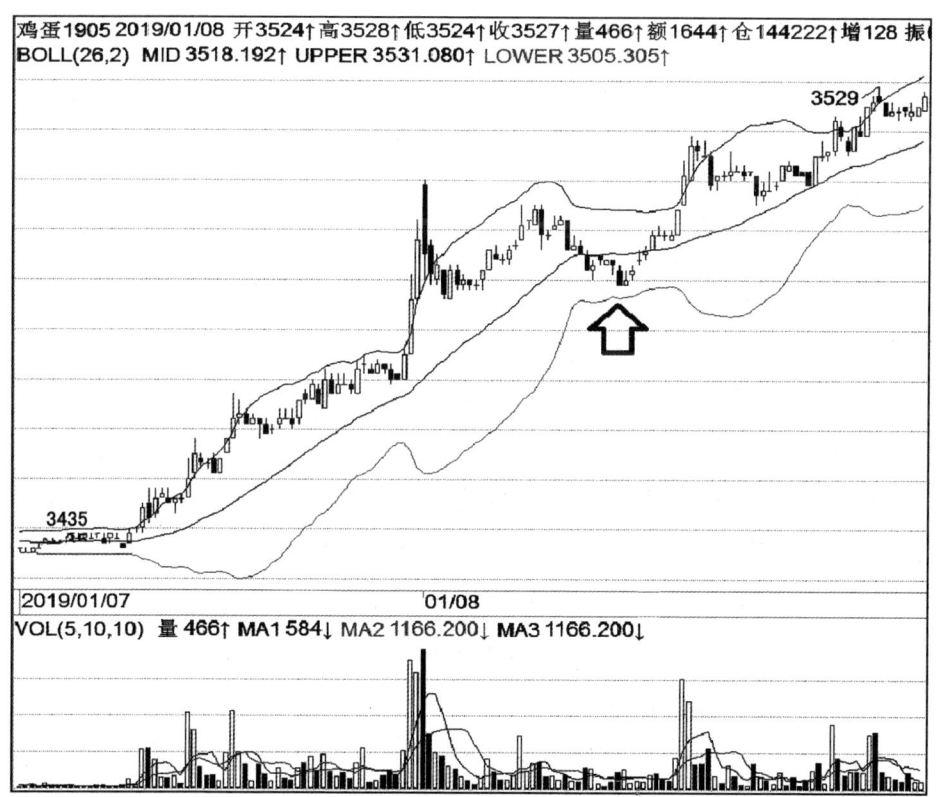

图16-2

一阳：

鸡蛋在图16-2中同样出现了一轮持续性上涨走势，虽然成交量的形态不如PTA的那么完美，但每一波的上涨都会伴随着放量，所以，量价配合倒是合格的。

内部培训学员董万明：

成交量放大价格随之上涨，成交量萎缩价格则出现了调整，多与空不断循环，由于上涨的幅度大于下跌的幅度，从而使得趋势的方向连续向上。

鸡蛋这个品种相比其他品种的手续费高，就算我通过老师的团队开了0附加手续费的账号，它的手续费交易所也是要收取万分之1.5，而且是双边收取，以3500元的价格计算一开一平总共需要10.5元的手续费，如果大家的手续费高于这个标准，就有必要赶紧替自己省一下钱了。

一阳：

多空走势交替是铁定的运行规律，涨得多回落得少是涨，涨得少回落得多是跌。虽然鸡蛋的走势价格连续向上，但在上涨过程依然出现了好多次回落走势，回落的幅度或深或浅，但只要在上升趋势中没有跌破布林线指标下轨的支撑，这些调整都给投资者带来了操作的机会，一波涨完必然调整，一旦调整则必然带来新的机会，明白了价格这个变化规律，当错过机会时自然就不会再着急了。

动煤1905合约2019年1月25日1分钟K线走势图(图16-3)。

一阳：

动煤在图16-3中出现了一波非常经典的五浪上涨的走势，在价格上涨的过程中，每一次上涨都伴随着成交量放大现象，而每当调整走势出现的时候，成交量萎缩，量能的变化就好像人们的呼吸一样，放量是吸气，缩量是呼气，量能缩到了极限又将重新放量，一缩一放推动着价格不断地向上。

内部培训学员董万明：

价格在上涨的过程中，第一次调整的回落幅度深一些，但是此时中轨依然向上，并且低点也没有跌破下轨，多头形态依然存在，这是一次非常标准的逢低做多形态。而第二次调整时，价格回落的幅度比较小，但可以用突破的手法进行操作。

图16-3

动煤我现在的账号手续费是4元双边收取,这个品种我以前的手续费高达20元,一手就帮我节省了12元的费用,减少的手续费就是自己赚的钱啊!

一阳:

面对调整形态一共就两种类型的操作手法,调整幅度深但中轨向上、低点仍在下轨以上的,进行逢低做多的操作,视价格具体形态采取不同的逢低做多的手法;调整幅度小的,因为没有好的低点机会,所以唯有突破这一种方法可以进行操作了。价格的回头必然见到,但回头有各种各样的走法,有的走着走着多头形态就失败了,这也就不能再操作了。并不是说回头了就可以随意操作,一定要结合具体技术形态确定操作的机会。错过上涨之后要做的就是等价格回头,价格回头以后再根据具体走势制订交易计划。

菜油1905合约2019年1月22日1分钟K线走势图(图16-4)。

图16-4

一阳：

布林线指标中轨发生转向之后，价格出现了连续三浪下跌的走势，整体波动过程中技术形态非常标准，投资者该怎么操作呢？要不耐心等待这些标准的形态出现再操作。有朋友曾这样问过我：你们高手是不是可以灵活应对各种形态，标准的不标准的都有办法操作，所以赚的钱才多？我的回答是：别的高手我不清楚，反正我是只做标准形态的，只做自己绝对有把握的事，做多了，赚的钱自然也就多了，不标准的形态肯定存在不完美的因素，对它们进行操作，获利的稳定性肯定是不行的。

内部培训学员董万明：

越是赚不到钱，投资者就越想抓住更多的机会，就越是匆忙地不断交易，这种没质量的交易做得越多，资金就会越来越少。而高手们的交易都是耐心地等待极为标准的形态出现再操作，虽然出手的次数并不太多，但是一出手就是一个准，日积月累资金必然不断地增加。现在我已经深深懂得等待的重要性，并且，已经为自己制定了操作的形态，死等标准的回头走势出现，价格不回头，绝不随便出手。

菜油这个品种目前我0附加手续费的账户是2元单边，这个品种算是活跃的品种之一，最主要的就是手续费超便宜，只要农产品进入活跃的状态，这个品种就一定要重点关注。

一阳：

下跌之后价格必然上涨，有的上涨是反弹性质的，这是可以进行操作的，而有的上涨走势涨着涨着就变成了趋势的逆转，这就要放弃或是止损了。从图16-4中的走势来看，放量下跌结束之后，价格都形成了反弹，这是不是机会？任何品种在波动的时候，绝对不可能不给投资者机会！觉得没机会的人，其实根本不具备捕捉机会的能力，再好的机会摆在他们面前也不会被发现的。

价格回头反弹时，中轨方向向下，上轨的最后一道空头防线未失守，先后两次逢高做空的走势都在后期给投资者带来了盈利的机会，由此可见，错过行情真没有任何关系，因为一个波动的运行绝对不会只有一波！

纸浆1906合约2019年1月24日1分钟K线走势图（图16-5）。

一阳：

纸浆的价格在形成下降趋势以后，出现了较长时间的下跌，大家一定要记住，下跌的周期越长，那么，价格在下跌中途给投资者提供的介入机会就会越多，所以完全没必要为错过一波行情而情绪失控，你错过的只是其中一波而已，还有好几波等着你呢，只要跟对市场的节奏，机会是绝对跑不掉的。

内部培训学员董万明：

纸浆的手续费也很便宜，单边收取并且只有0.5‰，以5300元为例一手仅有2.6元左右。

在价格持续下跌的过程中，成交量都配合着放大，而每当反弹出现的时候，成交量又会萎缩，既然成交量有这样的规律，那是不是就意味着缩量区间就是好的介入位置？

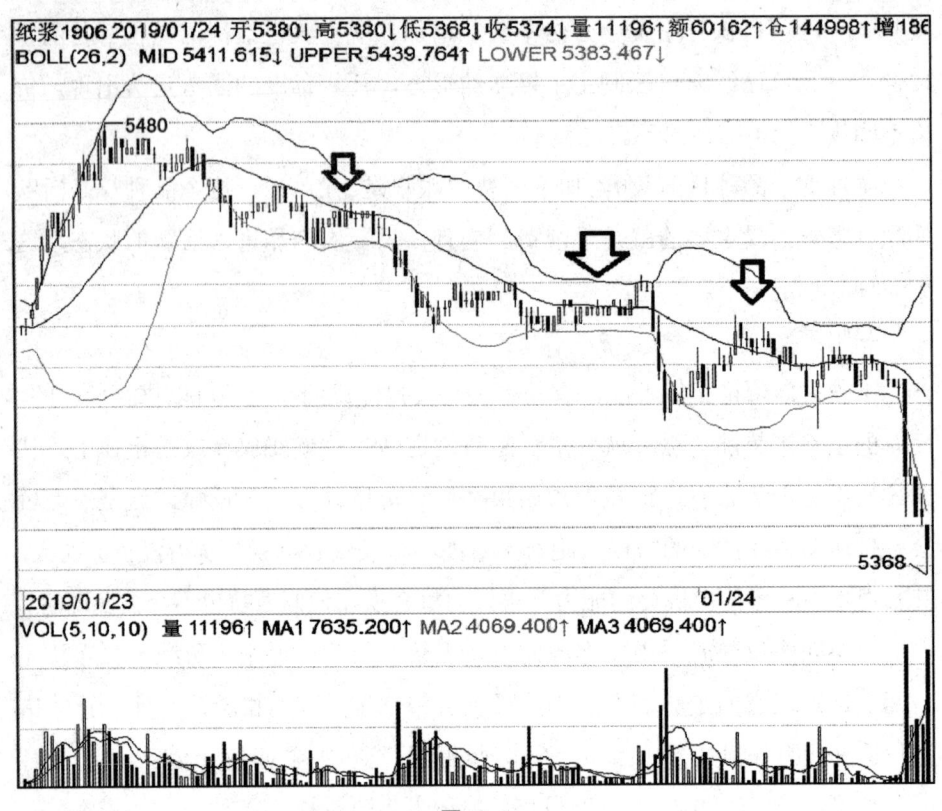

图16-5

一阳：

当然是这样，完美的量价形态就是放量下跌配上缩量反弹，缩量反弹说明没有资金愿意参与做多，因此，局势还将会被空头控制。当然，只看量也是不行的，价格的形态为主，成交量的变化为辅。一旦价格出现了符合要求的反弹走势，成交量再配合萎缩，那就意味着好的逢高做空机会出现了。但若成交量出现了萎缩，但价格反弹向上突破了上轨的压力，那肯定也不能仅因为缩量就入场做空。

价格下跌后必然会反弹，有的反弹不符合操作要求，有的形态不标准，有的反弹幅度较高，对于这些反弹，不管放不放量都要放弃。而下跌后价格回头，走势符合要求，成交量再符合要求，那就是完美的形态了，每一次都在这种情况下入场操作，获利的概率就会非常大。

白糖1905合约2019年1月25日1分钟K线走势图（图16-6）。

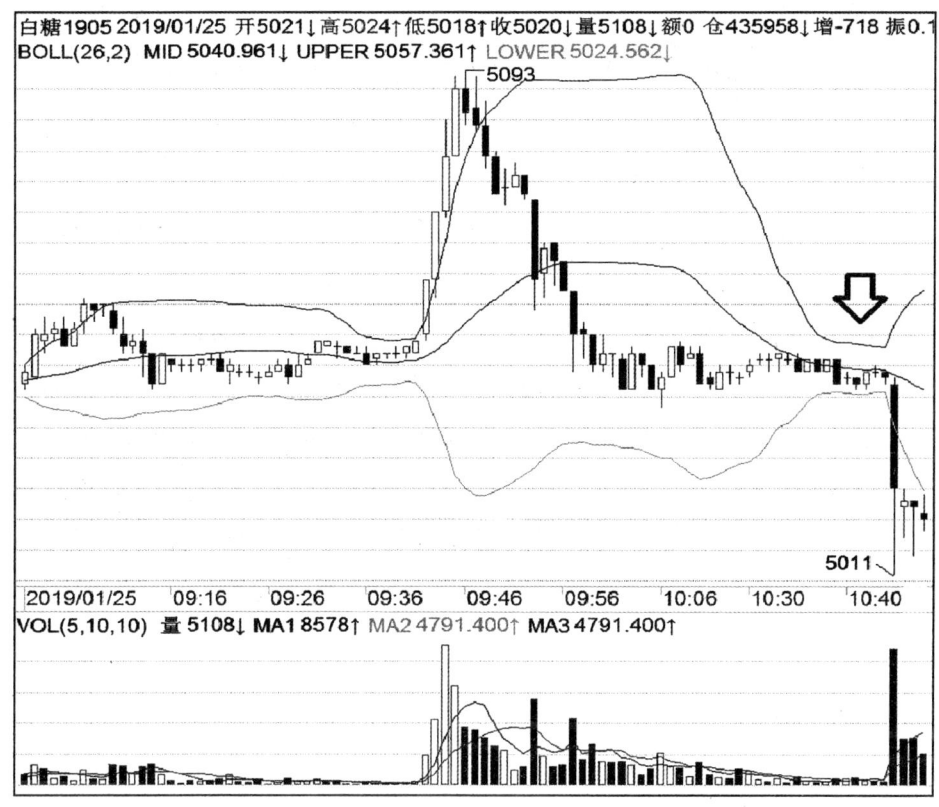

图16-6

一阳：

白糖在图16-6中形成了比较好的走势，一波放量快速上涨之后，价格又大力度下跌，K线形态虽然异常，但却也满足一多一空的运行规律，只不过这一多一空力度一样大。大幅上涨对应大幅下跌，使得未来的形式变得扑朔迷离，这个时候，万不可急于入场操作，一定要等形势稳定后再做打算，在价格大幅下跌之后该如何决策呢？

内部培训学员董万明：

一多一空走完之后，价格肯定要再形成多的走势，因此，要根据后边多的形式再做打算，上涨直接转为下跌，按正常走势，下跌之后将会出现反弹，因此，应当耐心等待反弹出现后再动手操作，若反弹走势符合要求则入场，不符合要求就继续等待机会。

一阳：

下跌之后，价格出现了缩量反弹的走势，这说明没有资金愿意在场中参与做多的操作，成交量变化符合要求。反弹区间布林线指标中轨始终保持着向下的方向，方向也符合操作的要求。价格反弹时，其高点并未向上突破上轨的压力，整体空头形态保持完好。从这几方面来看，此时的反弹属于机会性形态，价格未来下跌的概率较大，值得入场进行操作。

就算之前价格大幅下跌的做空机会错过了又有什么关系？在完美的反弹区间入场做空操作，钱不少赚，而且获利的稳定性还高，这才是最正确的操作。因此，要坦然面对机会的错过，一方面你只是错过了一波行情而已，未来还会有好几波等着你，怕什么？另一方面虽然错过了一波行情，但通过一多一空的对比，形势可以看得更清，制订的操作计划可以更完善，何乐而不为？

玩转期货50招之十七
抛砖引玉——一浪更比一浪强

一阳：

在进行操作的时候，若能够提前推算出未来价格的变化空间，必然会大大提高操作的成功率，并且提高未来盈利的概率，这个市场中有这样的预测方法吗？预测未来的方法其实是有的，只不过肯定具有一些偏差，以及只能预测大致的可能性，毕竟是未来的事情，绝对不可能做到精细。

最常使用的操作方法就是预测未来的上涨或下跌幅度，这对于实战操作来讲非常重要，因为在开仓之后，便可以直接做出未来目标位的交易计划。预测未来涨跌幅度的变化，你认为需要有一个什么样的前提呢？

内部培训学员唐志强：

既然是预测下一波上涨或下跌的幅度，那就意味着必须有当前这一波的上涨或下跌作为参照物，通过与当前这一波的走势形态进行对比，得出未来价格波动变化的可能性。

一阳：

如果没有当前这一波的上涨或下跌作为参照物，便无法预测未来。预测未来并不是凭主观猜想盲目说出一个结论，而是要基于历史普遍存在的事实，得出一种常见的规律性的结论，预先通过历史数据，测算出未来有可能发生的变化，并制定相关的应对策略。

价格未来能上涨多少或下跌多少，最主要的影响因素就是成交量的变化，因为成交量的变化代表了资金的动向，如果没有大量资金入场操作，那么，价格的波动幅度肯定不会大，但若资金积极入场进行交易，那么，价格波动的幅度则必然增大。所以，要判断未来的波动幅度是不是会变大，就要看成交量有没有形成一浪更比一浪强的形态，一旦成交量形成如此的变化，获得更多收益的机会也就到来了！

原油1903合约2019年1月23日1分钟K线走势图（图17-1）。

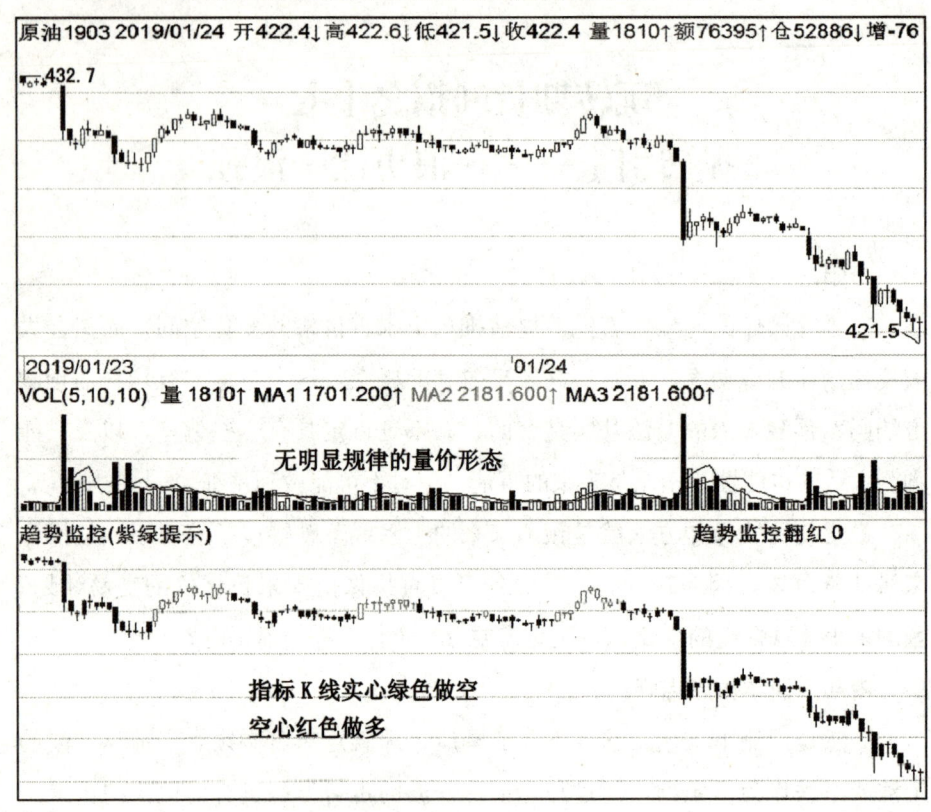

图17-1

一阳：

2019年1月23日这一天，原油出现了震荡下跌的走势，若按趋势监控指标的信号执行操作，机会肯定是可以抓住的。抓住机会其实只是实战操作的第一步，开仓之后，第二步便是要推测未来有可能出现的获利幅度，如果开了仓不能知道未来会赚多少钱，这说明介入的点位存在技术缺陷，虽然有可能是好的介入点，但却并不是完美的交易。

内部培训学员唐志强：

学习了您的持仓逐利术以及高端课程中讲解的以小搏大的交易策略，我认为没有必要去预测什么，一切跟着指标走就行了，亏损时跟着止损指标走，盈利时跟着止盈指标走，不见信号不出手，这样做起来将不会有任何情绪变化，心态平和了交易起来就会更加理性。

一阳：

话虽如此，但毕竟正确的核心方法不是每个投资者都能学到手的，所以，应该学习一下如何推测价格未来的波动幅度。就原油这一天的案例来讲，其实是非常难以判断的，主要的原因就是成交量并没有形成密集性的放量堆，虽然有价格之前的走势作为参考，但因为成交量未形成有规律的变化，所以，价格的参考发挥不了多少作用。这个案例说明：不能只看K线形态，一定要结合成交量进行分析，若成交量没有形成规律性变化，则未来的走势就不能使用这个方法进行判断，此时就需要更换其他方法了。

原油1903合约2019年1月2日1分钟K线走势图（图17-2）。

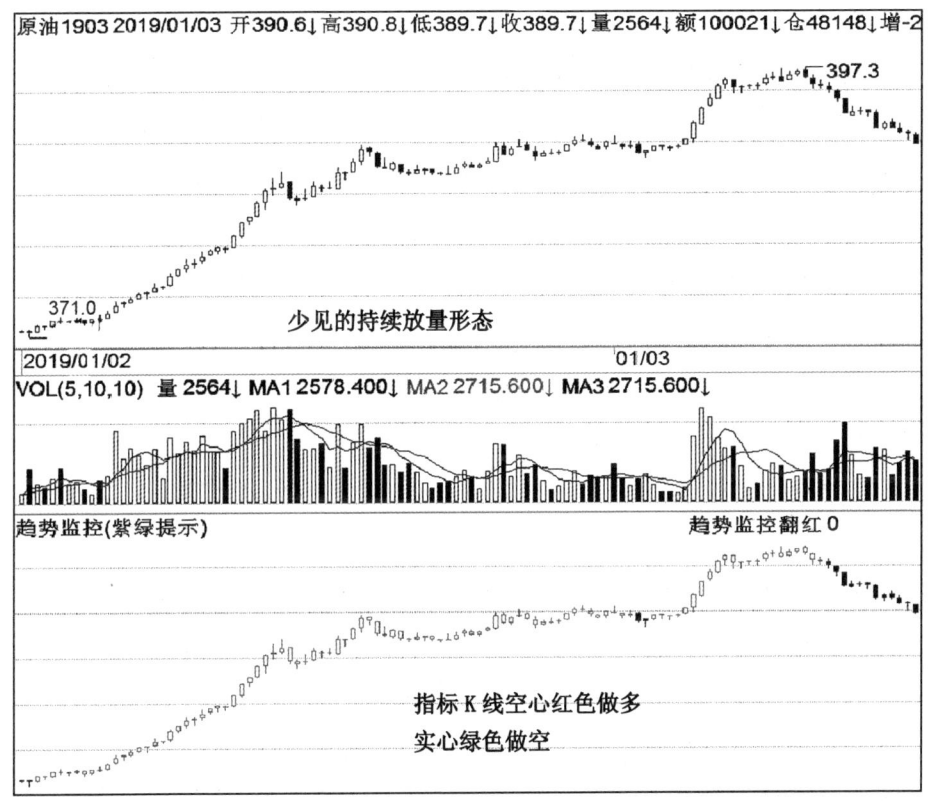

图17-2

一阳：

原油的价格在图17-2中出现了一波非常凌厉的上涨走势，在价格上涨的过程中，阳线连续出现，并且成交量也形成了密集性的放量。2019年1月2日的放量堪称经典，但这样完美的量能其实是很少见的。因为这是价格第一波上涨的放量，因此，它便可以作为参考用来预测未来价格上涨的幅度，那具体该如何做呢？

内部培训学员唐志强：

第一波上涨时的成交量比较大，这说明入场的资金数量较多，以此为基准，如果未来的入场资金数量多于第一波，那么，便意味着有了更多的资金入场，这样一来，价格上涨的幅度肯定会加大。但如果下一波上涨时的资金入场数量减少了，那就意味着推动的力度小了，这样的话，下一波上涨的幅度必然会减小。

一阳：

调整后价格再度上涨时，成交量明显减少，这也使得第二波上涨的幅度非常小，仅仅是创出了新高之后便再度调整了。而第三波上涨的时候，成交量远比第二波大，这说明第三波上涨时入场的资金数量多于第二波，因此，第三波上涨的幅度也远大于第二波。虽然第三波上涨幅度大于第二波，但是，与第一波相比放量的程度有所减少，所以，第三波的上涨幅度将不会超过第一波。从成交量的变化来看，价格上涨的幅度变化被成交量完美地体现了出来，退潮则幅度小，但若形成一浪更比一浪强的形态，投资者的获利目标就可以加大一些。

原油1903合约2019年1月25日1分钟K线走势图（图17-3）。

一阳：

原油的价格在低位徘徊一段时间后，出现了第一波的上涨走势，这一波上涨的时候，技术形态是好的，但是，成交量变化却不怎么样，并未形成明显的连续放量现象。通过调整的缩量以及调整回落幅度较小的现象可以判断出：未来价格继续上涨的概率将会是极大的。那么，该如何推算未来有哪些可能的涨幅呢？

内部培训学员唐志强：

此时可以将第一波上涨的成交量作为参照，如果未来上涨的时候成交量无法放大，那么，就将会与第一波一样，无法出现较大的上涨幅度。但如果价格后期上涨时成交量明显大于此时的量能，那么，幅度上就会出现加大的可能。

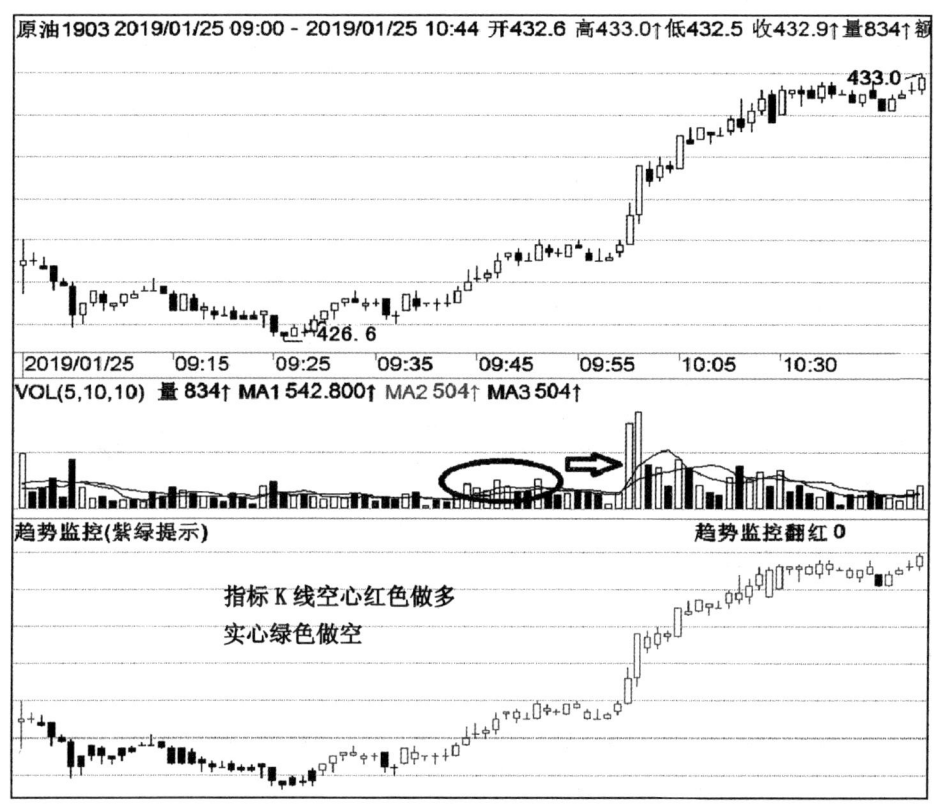

图17-3

一阳：

价格在后期上涨的过程中，成交量出现了放大的态势，无论是突破时的量能，还是整体上涨时的量能都大于第一波，这意味着第二轮上涨时的资金入场数量增多了，这对价格推动力度也必然会加大，因此，第二轮的涨幅必定比第一轮大。

当发现第二轮上涨明显放量，并且上涨幅度还没有超过第一轮的时候，一定不要过早地进行平仓操作，在放量的情况下，价格的上涨空间只会加大而不会减少，所以，第一轮上涨了多少，在此基础上可以再看高一线。有工具的，也可以完全按指标信号走，什么时候形成实心绿色状态时再将多单平仓出局。

乙二醇1906合约2019年1月22日1分钟K线走势图（图17-4）。

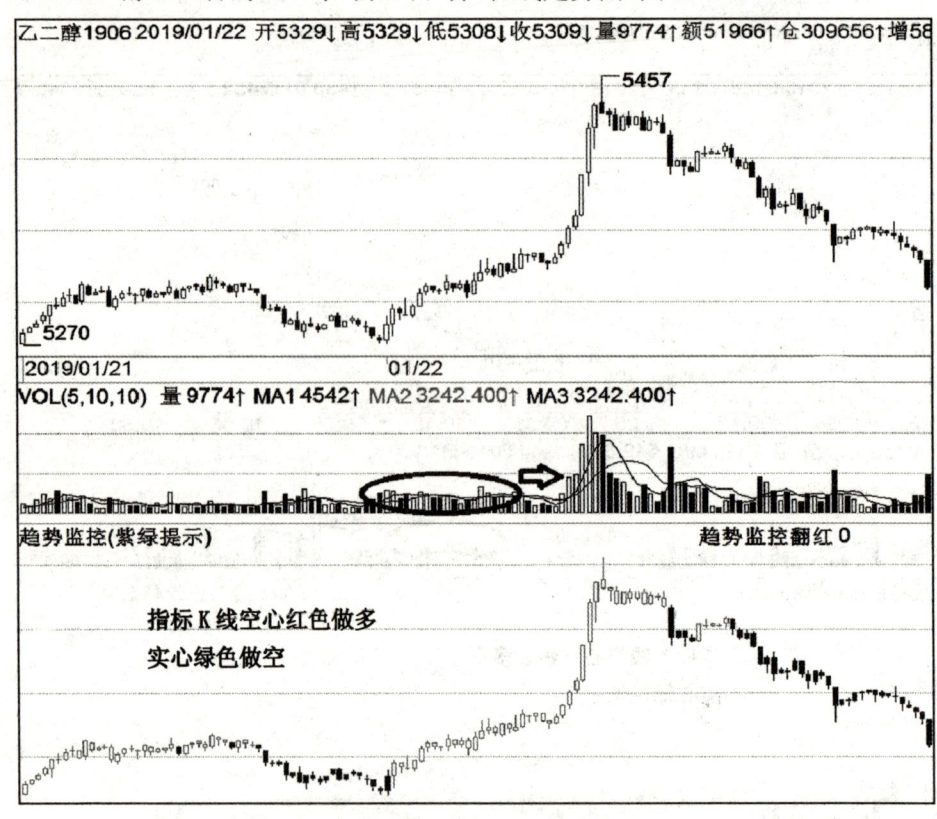

图17-4

一阳：

乙二醇经过一波下跌之后，价格形成了上涨的走势，在上涨的初期阶段，趋势监控指标便向投资者发出了空心翻红的做多信号，指标第一次的翻红便是买点，持续翻红阶段便可以持续持仓。

第一轮上涨的时候，成交量表现平平，没有什么明显的放大迹象，对于这样的上涨，后市该如何预期呢？

内部培训学员唐志强：

由于第一轮的上涨走势并不好，所以，对于后面价格上涨的幅度不能预期过高，就好像是盖楼一样，基础没打好的情况下，过高的预期是不恰当的。不过，并不代表未来一定不会有好的表现，如果后面的上涨过程中成交量出现了明显的放大，那么，价格后期上涨的空间也将会加大，成交量是价格后期表现一般还是会更好的关键。

通过老师团队开设了0附加手续费的期货账号后,乙二醇这个品种的手续费是4元双边(平今减半),也就是说日内交易时一开一平一共是4元。

一阳:

第一轮的上涨量价配合得不好,但是当第二轮上涨出现的时候,成交量则明显放大,这是资金积极入场的信号,有了更多资金的推动价格出现更大的涨幅也就是很正常的了。只要形成一浪更比一浪强的现象,投资者就应当牢牢拿着手中的多单,只要没有出现远超过前一波的涨幅就死不撒手,当见到趋势监控指标出现翻绿卖出信号时再出局。

动力煤1905合约2019年1月25日1分钟K线走势图(图17-5)。

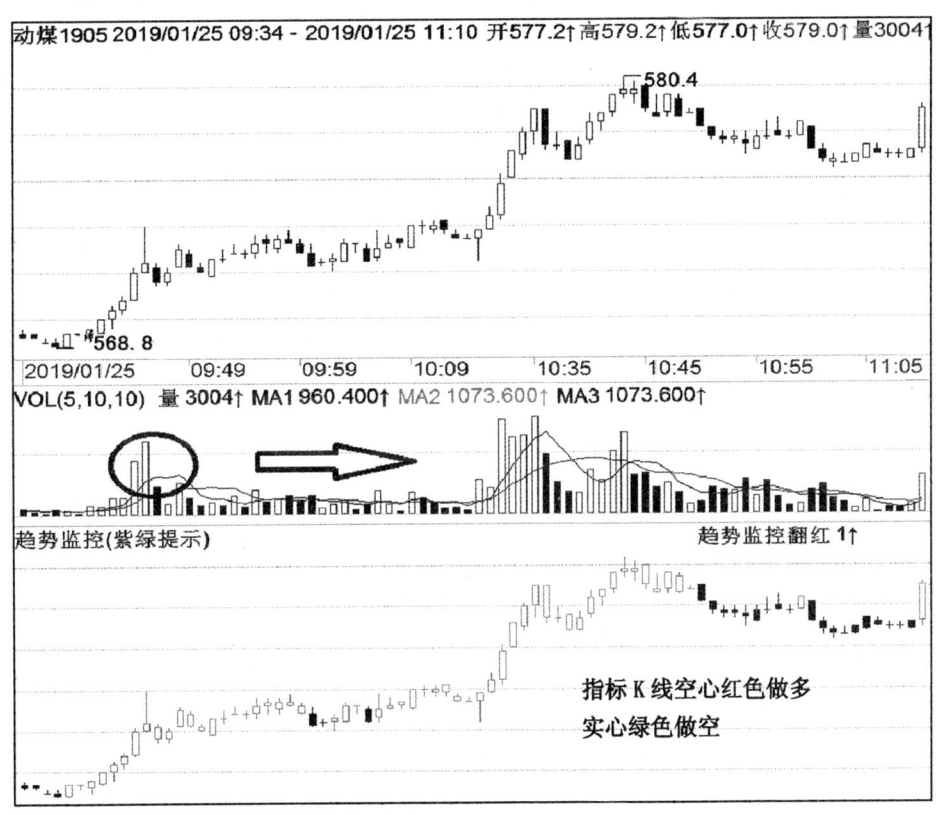

图17-5

一阳:

动煤的价格在第一轮上涨的时候,成交量出现了放大的迹象,有了这一波放量上涨做参照，价格未来是涨得更多，还是涨幅会衰减，都可以通过对比成交量的大小做出判断。后面的成交量超过之前量能的，未来上涨幅度将会加大；后面的成交量若小于第一波量能的，上涨的幅度将会减小，这算得上是一条铁律，大家应当牢记。

内部培训学员唐志强：

那在具体分析时，当后面成交量放大的时候，价格具体会超过第一波多大的幅度？如果衰减又会减少多少呢？

一阳：

你这个问题很重要！这种方法是预测的方式，它都是基于历史数据去判断未来的，所以，不可能精细化，一定要意识到这一点！所做出的判断也仅是作为参考，虽然放量，但也有极个别情况是涨幅减小的，难道就死拿着吗？也有缩量但却出现上涨幅度加大的，难道就一定要提前走吗？所以，一定要灵活地看待这个问题，虽然结论并不能精细化，但有总比没有强吧？

依据我个人经验，一旦第二波上涨时的成交量超越第一波的量能，第二波上涨往往会是第一波上涨幅度的1.3～1.5倍，这个数值已经够精细了，大家学习之后也没有必要企图再去寻找更精细的数据了，在这个案例中可能是1.3倍，另一个案例就可能是1.6倍甚至更多了，就算不知道这个数据，按指标做也是完全可以的，只要趋势监控指标翻绿便止盈多单，不管你涨得多还是涨得少，都不用付出更多精力了。

PP1905合约2019年1月4日1分钟K线走势图（图17-6）。

一阳：

PP的价格在图17-6中出现了连续震荡上涨的走势，之所以形成一波大的上涨行情，与成交量的放大配合是脱不了干系的。无论是上涨时的第一波还是后两波的上涨，成交量都保持着放大的态势，并且在价格调整的时候，成交量也均出现了萎缩，量价配合非常完美。

内部培训学员唐志强：

从这几个案例来看，量价配合越是完美的形态，价格也就越容易出现大的行情。您始终要求我们耐心地等待标准形态的出现，原来，只要它们一出现，将会极可能给我们带来收益。

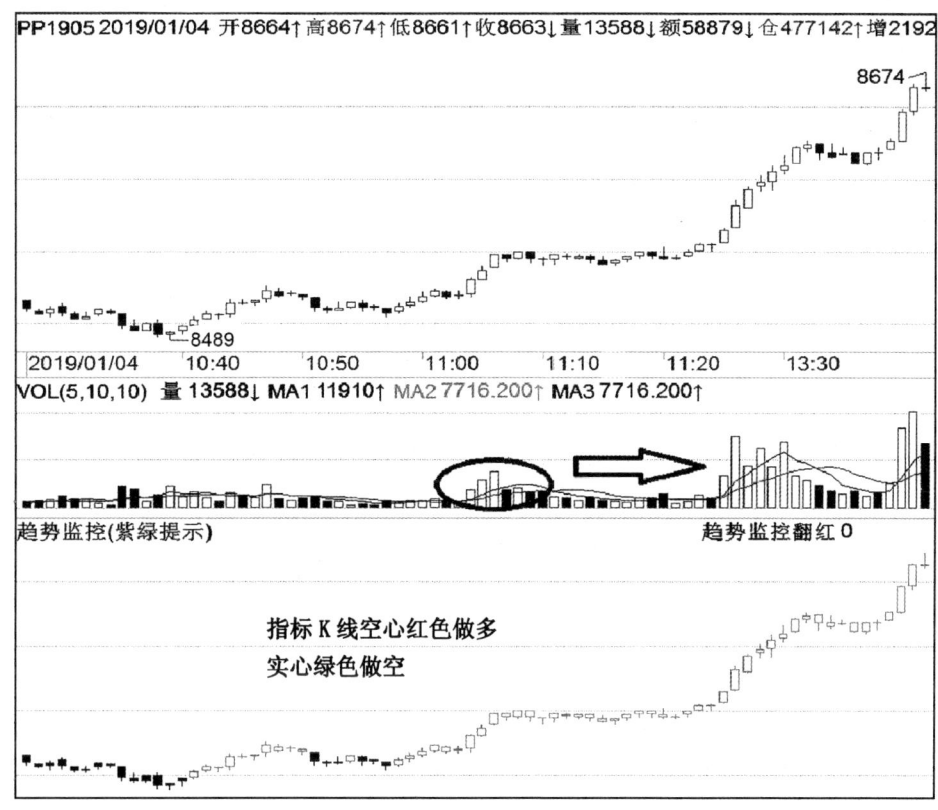

图17-6

PP这个品种我目前也经常操作，因为它非常活跃，并且手续费非常低，它的费率是万分之0.6双边，且手续费平今减半，以8600元的价格计算，一开一平只需要2.58元。

一阳：

第一波放量上涨缩量调整结束之后，在第二波上涨行情中，成交量出现了明显的放大，无须仔细测量，从视觉效果来看，第二波的上涨幅度是第一波的1.5倍左右。在第三波上涨出现的时候，成交量进一步增大，从这种走势来看，第三波的幅度应当比第二波还要大，但这里大家要注意一个问题。第二波上涨对应的是波浪理论中的主升三浪，所以，它涨得多是正常的，而第三波上涨对应的是波浪理论中的第五浪，而第五浪不可能是最长的，再加上价格之前累积的幅度已经较大，价格未来是否还有更大的上涨空间是未知的，所以，在结合成交量进行分析的时候要记住一个原则：只针对第二波上涨最适用！

PP1905合约2018年12月20日1分钟K线走势图（图17-7）。

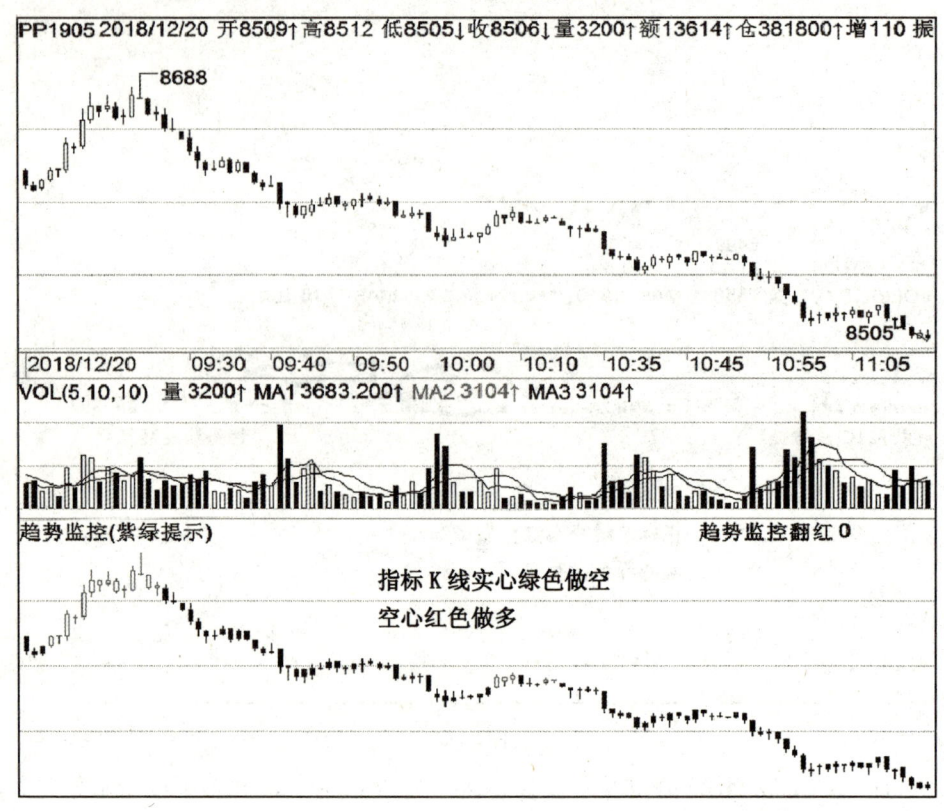

图17-7

一阳：

PP1905合约在2018年12月20日这一天出现了延续时间较长的下跌行情，之所以能够跌这么长时间，与成交量的放大有着直接的关系，资金始终愿意积极地不断入场做空，那么，价格自然会在资金的推动下不断地下行。怎么才能找到大机会呢？其实大机会就藏在那些可以放出成交量的品种中，越是放量，机会越多。

内部培训学员唐志强：

这个案例有些特殊，价格下跌放量的时候，成交量虽然有大有小，但整体上平均的程度都差不多，这种量能前后差不多的情况该如何分析呢？

一阳：

之前讲解的案例要么是成交量减少导致了后期价格波动幅度的减小，要么是成交量放大导致第二波上涨幅度的加大。而本案例的确特殊，成交量保持着基本一致的状态，这并不难分析，量能一致说明入场的资金数量一致，入场资金数量一致说明推动力度基本一致，这种情况下，后面价格下跌的空间将会与前边下跌的空间一致。

通过第二波与第一波的成交量进行对比，可以得出三条规律：第二波的成交量小于第一波的，涨跌幅将会减小；第二波成交量大于第一波的，涨跌幅度将会加大；第二波成交量等于或基本等于第一波的，涨跌幅度将会基本一致。

焦炭1905合约2018年12月18日1分钟K线走势图（图17-8）。

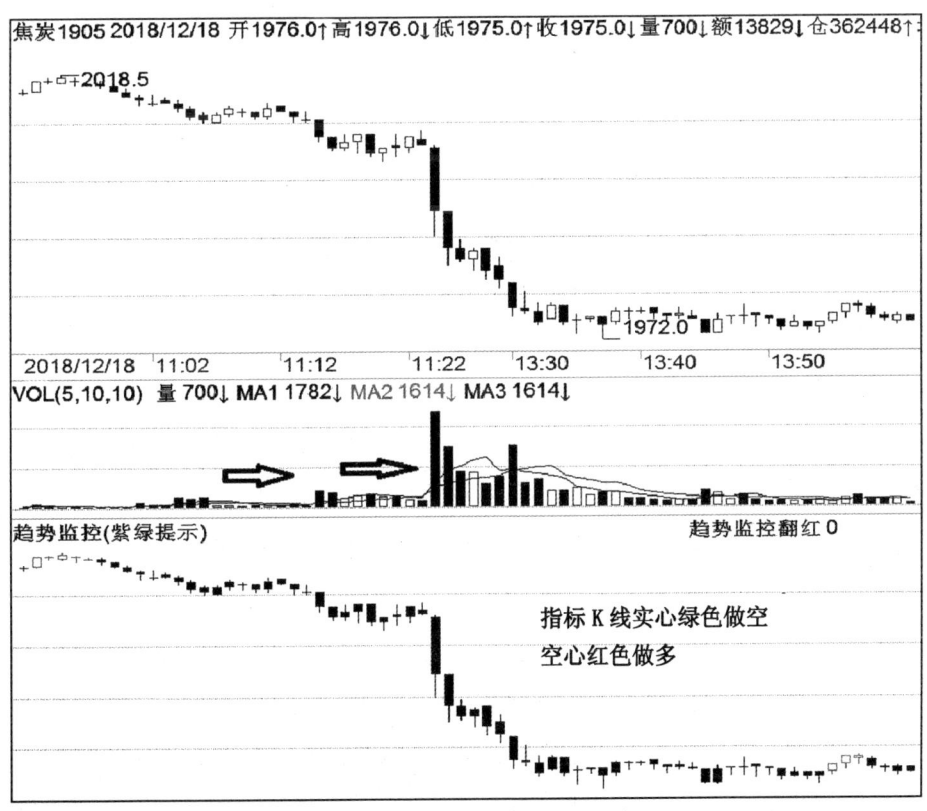

图17-8

一阳：

焦炭的价格第一波下跌的时候，成交量比较小，面对这种较小的下跌量能要做好两种打算：一种是基础没有打好，未来不能有过大的收益预期，这是最常使用的分析方式；第二种就是如果整体环境配合价格出现较大的下跌，但前提是成交量必须明显放大，若一直处于小成交量的状态，大幅度的下跌行情也是无法出现的。

内部培训学员唐志强：

第二波下跌的时候，成交量形成了明显放大的态势，资金蜂拥入场，在大量做空资金的推动下，价格下跌的速度也是非常快的。第二波下跌的跌幅基本上是第一波的两倍，远超1.5倍的经验值，不过这并不影响操作，因为价格下跌时的形态非常简单，到了1.5倍跌幅位置时也是连续收阴线，并不会对持仓造成太大的压力。特别是如果按照趋势监控指标进行操作，更是可以在下跌的过程中一路持仓。

焦炭虽然是活跃的品种，不过它的手续费相比其他品种要贵一些，日内交易的手续费是万分之1.8，双边收取，按2000元的价格计算一开一平手续费是72元，价格需要跳两跳才可以赚钱，而不像其他许多品种一跳就盈利了，不过它的优点在于，它黑色系的常规龙头，又是波动非常活跃的品种，所以，手续费问题不是太大。

一阳：

对价格未来的走势进行判断有许多方法，这一节讲解的是如何通过成交量进行判断，这种方法只适合在短周期K线图中运用，因此，非常适合大家在日内操作时进行，若是查看长周期K线就需要使用别的方法进行判断了。它的使用也没有什么太多的难度，就是将第二波的成交量与第一波进行对比，量大则资金多，资金多则价格上涨力量大，上涨力量大则第二波上涨的幅度大，反之则幅度减少，若前后成交量一样，那幅度也将会基本一致。在具体操作时，最有指导意义的就是一浪更比一浪强的形态出现，第一波的小量就是砖，引来的就是玉，所以，当这种形态出现时，一定要记住：市场给出了赚大钱的机会，可千万不要过早平仓！

玩转期货50招之十八
擒贼擒王——锁定龙头盈利高

一阳：

进行实战操作时，每个投资者都想获得更高的收益，那么，高收益从何而来呢？取决于这几方面：①市场的配合度，如果当前存在大行情的机会，赶上了傻瓜式行情，只要点一下鼠标，每个人都能赚钱，如果没有行情的配合，凭你有再高的水平也不可能赚到高收益；②在市场机会一致的情况下，能不能获得高收益取决于投资者自身的操盘水平，操盘水平越高获得大收益的机会也就越大，就像打牌一样，你的牌技不如其他人，你怎么可能赢？③在市场机会一致的情况下，你没有高超的操盘技巧，想要获得高的收益就要取决于你是否有好的操盘工具，比如你拥有了我发明的趋势监控股期两用操盘指标，只要严格按照双红双绿操盘技巧与突破战法去执行操作，想都不用想，直接跻身高手的行列！若你一没技术，二没工具，那这个市场比你聪明、比你经验丰富、比你操盘技术熟练的投资者多了去了，你凭什么赢走别人的钱？

内部培训学员林华莉：

之前操作的时候就是认为自己很聪明，工作做得那么出色的人又怎么可能笨呢？想必有许多投资者跟我一样，深信自己的能力，可最终在这个市场面前，才发现自己有多"笨"，赔了那么多钱。在看了您的书以后才意识到：投资是一件严肃的事情，是一件专业性很强的工作，绝对不是随便看几本书，随便网上搜一些视频就可以盈利了，否则，这个市场岂不是遍地都是赚钱的人，谁还不看几本书，谁还不看一些视频或是直播？可为什么输呢？学是学了，可能许多投资者也学得不少，但是，学得并不专业，学得并不系统，学的东西更是没有触及操盘的核心要点！

听了您的建议知道了该如何去学习真正的核心要点之后，现在的操作改变了很多，我在您的指引下，面对这个市场开始变得聪明了起来。

一阳：

在有了正确的操盘方法之后，投资者要做的第二件事就是要选对目标，这个市场里有太多一厢情愿的投资者，他们单方面喜欢着某些品种，可惜的是，这些品种总是让他们失望，因为总是不给他们带来更多收益的机会。所以，选对目标品种是在掌握了正确买卖方法之后必须具备的技巧之一。

那什么样的品种才是最佳对象呢？

内部培训学员林华莉：

您之前已经讲过相关的方法，可以使用您的日均涨跌幅来锁定目标品种，看一下最近一段时间内谁的波动幅度最大。

一阳：

日均涨跌幅衡量的是整体一段时间内的平均涨跌幅度，它是一种选择目标的好方法，但也可能会产生这样一个问题，一段时间内波动幅度最大的品种恰好今天波动变小，而常态波动小的品种今天波动变大，这该怎么办呢？所以，还得需要再从盘中的走势再次进行确认。

盘中确认好的目标方法很简单，记住一个原则：擒贼先擒王。每一天处于上涨前五名或是下跌前五名的品种都是当日内操作最佳的对象！特别是前五名的品种构成了明显的板块效应，这简直就是市场大发红包的行情了。只要大家每天操作的目标都集中在上涨或下跌前五名品种之中，获得大的盈利也就变得非常简单了，以前每天赚一点小钱，就这么一个简单的识别方法，就能帮你把收益提高五倍甚至更多！

2019年1月4日涨跌幅排行榜（图18-1）。

一阳：

2019年1月4日这一天，盘中大多数品种保持着上涨的态势，从上涨家数来看，整体环境为标准的多头市场，在多头市场之中该如何操作呢？

内部培训学员林华莉：

应当放弃所有的做空操作，在这一天连做空的想法都不能有！一门心思进行做多操作，并且在进行做多的时候，一定要去操作那些多头迹象最为明显的品种，也就是您讲的：目标一定要锁定在涨幅的前五名！

代码	序	名称	最新	涨跌	↓涨幅
bu1906	1	沥青1906	2736	106	4.03%
fu1905	2	燃油1905	2492	84	3.49%
ru1905	3	橡胶1905	11845	395	3.45%
sc1903	4	原油1903	398.0	12.6	3.27%
TA905	5	PTA1905	5834	166	2.93%
i1905	6	铁矿1905	511.0	14.0	2.82%
pp1905	7	PP1905	8707	196	2.30%
l1905	8	塑料1905	8645	165	1.95%
ni1905	9	沪镍1905	89950	1580	1.79%
RM905	10	菜粕1905	2177	38	1.78%
MA905	11	甲醇1905	2481	42	1.72%
m1905	12	豆粕1905	2698	37	1.39%
v1905	13	PVC1905	6405	85	1.34%
sp1906	14	纸浆1906	5140	58	1.14%
zn1904	15	沪锌1904	19960	220	1.11%
FG905	16	玻璃1905	1316	13	1.00%
SM905	17	锰硅1905	7382	70	0.96%
jd1905	18	鸡蛋1905	3425	32	0.94%
SR905	19	白糖1905	4713	43	0.92%
AP905	20	苹果1905	10768	97	0.91%
rb1905	21	螺纹1905	3486	31	0.90%
jm1905	22	焦煤1905	1185.5	10.0	0.85%
CF905	23	棉花1905	14955	90	0.61%
SF905	24	硅铁1905	5768	32	0.56%
al1904	25	沪铝1904	13480	70	0.52%
eg1906	26	乙二醇1906	5152	25	0.49%
ag1906	27	白银1906	3779	17	0.45%
ZC905	28	动煤1905	563.4	2.4	0.43%
hc1905	29	热卷1905	3363	13	0.39%
y1905	30	豆油1905	5540	18	0.33%
OI905	31	菜油1905	6540	16	0.25%
j1905	32	焦炭1905	1941.0	4.0	0.21%
p1905	33	棕榈1905	4634	4	0.09%
au1906	34	黄金1906	290.55	-0.15	-0.05%
cu1904	35	沪铜1904	47160	-180	-0.38%

图18-1

一阳：

从涨幅前五名的品种来看，全部都是能源化工板块中的品种，龙头板块非常突出，请记住：板块结构越明显，当天行情也就越稳定！因此，这一天除了能源化工板块，其他的品种都没有去看的必要了。

内部培训学员林华莉：

前五名的品种全部都是能源化工品种，那具体该对谁操作呢？难道只能对沥青进行交易吗？

一阳：

如果涨幅前五名的品种都是一个板块的，那就看哪个率先形成做多的介入形态了，所以，并不是只可以做涨幅第一的沥青。因为都属于市场中的强势品种，所以，谁在时间上最早形成交易形态，谁就是当前最具有交易价值的品种。

2018年12月25日涨跌幅排行榜（图18-2）。

代码	序	名称	最新	涨跌	↓涨幅
au1906	1	黄金1906	287.10	1.65	0.58%
AP905	2	苹果1905	11327	47	0.42%
sp1906	3	纸浆1906	5000	18	0.36%
m1905	4	豆粕1905	2631	8	0.30%
al1904	5	沪铝1904	13850	40	0.29%
jd1905	6	鸡蛋1905	3498	3	0.09%
ag1906	7	白银1906	3593	1	0.03%
SM1905	8	锰硅1905	7244	0	0.00%
FG905	9	玻璃1905	1281	-1	-0.08%
RM905	10	菜粕1905	2107	-4	-0.19%
cu1904	11	沪铜1904	47980	-100	-0.21%
zn1904	12	沪锌1904	20100	-115	-0.57%
SR905	13	白糖1905	4806	-28	-0.58%
l1905	14	塑料1905	8440	-55	-0.65%
OI905	15	菜油1905	6458	-51	-0.78%
pp1905	16	PP1905	8313	-76	-0.91%
SF905	17	硅铁1905	5826	-56	-0.95%
i1905	18	铁矿1905	486.0	-5.0	-1.02%
v1905	19	PVC1905	6410	-70	-1.08%
y1905	20	豆油1905	5402	-60	-1.10%
hc1905	21	热卷1905	3375	-50	-1.46%
rb1905	22	螺纹1905	3398	-53	-1.54%
ni1905	23	沪镍1905	88880	-1420	-1.57%
p1905	24	棕榈1905	4480	-76	-1.67%
ZC905	25	动煤1905	555.4	-9.6	-1.70%
CF905	26	棉花1905	14700	-345	-2.29%
jm1905	27	焦煤1905	1168.0	-31.0	-2.59%
ru1905	28	橡胶1905	11050	-300	-2.64%
TA905	29	PTA1905	5750	-160	-2.71%
eg1906	30	乙二醇1906	5174	-158	-2.96%
MA905	31	甲醇1905 ⇦	2317	-98	-4.06%
j1905	32	焦炭1905	1888.5	-91.5	-4.62%
bu1906	33	沥青1906	2580	-146	-5.36%
fu1905	34	燃油1905 ⇦	2349	-153	-6.12%
sc1903	35	原油1903	355.6	-29.2	-7.59%

图18-2

一阳：

2018年12月25日这一天，大多数品种出现了下跌的走势，只有少数品种上涨，并且上涨品种的涨幅非常小，连下跌品种的零头都不够，从涨跌家数以及涨跌幅度对比中可以看出，这一天的环境是明显的空头市场，投资者放弃所有做多的想法，坚定地进行做空操作。

内部培训学员林华莉：

从排行榜的数据来看，下跌居前的品种是能源化工板块，有四个品种占据了下跌的前五名，板块结构非常好，这使得它们的跌幅都非常大。只不过，它们已经跌了这么多，还有机会吗？

一阳：

这么大的跌幅不可能立马就形成，肯定是从小跌幅开始的，经过连续的下跌最终形成了较大的跌幅。在板块结构明显的市场中往往会有这样一种现象：从开盘到收盘能源化工板块将会一直处于跌幅前列，也就是说从小跌幅的时候，能源化工板块就在跌幅榜前列，到了大跌幅的时候它们依然在跌幅榜前列，这种现象大家可以在未来看盘的时候留意一下，看上一个月的盘，这种现象就会了解的更深了。

从跌幅数据来看，前五名的品种跌幅都在4%以上，排名越往后，跌幅就越小，如果从小跌幅时开始一直做的都是跌幅前五名的品种，无疑在当天的收益将会是最大的，但若做了那些跟风下跌的小跌幅的品种，收益就会大打折扣，花同样的精力，赚到手的收益却差了好几倍，谁会愿意？改变很简单，只要目光始终锁定在跌幅前五名的品种上，收益的幅度自然就会提高了。

2019年1月22日涨跌幅排行榜（图18-3）。

一阳：

2019年1月22日这一天下跌的家数仍然大于上涨的家数，并且下跌品种的跌幅明显大于上涨品种的涨幅，所以，这一天仍然是要坚定进行做空操作，不能有任何做多的想法。但是，这一天跌幅前列的品种却出现了问题，与前两个案例完全不同，这些处于跌幅前列的品种有着怎样的情况呢？

内部培训学员林华莉：

与之前两个案例不同的是：下跌前五名的品种没有构成一个明显的板块，农产品的有，黑色系的有，能源化工的也有，五个品种涉及三个板块，犹如一盘散沙。

玩转期货50招（三）

代码	序	名称	最新	涨跌	↓涨幅
OI905	1	菜油1905	6655	60	0.91%
hc1905	2	热卷1905	3546	31	0.88%
v1905	3	PVC1905	6545	45	0.69%
RM905	4	菜粕1905	2159	14	0.65%
jm1905	5	焦煤1905	1215.5	1.5	0.12%
eg1906	6	乙二醇1906	5277	4	0.08%
SF905	7	硅铁1905	6000	2	0.03%
au1906	8	黄金1906	283.25	0.05	0.02%
y1905	9	豆油1905	5676	-2	-0.04%
TA905	10	PTA1905	6420	-6	-0.09%
m1905	11	豆粕1905	2580	-5	-0.19%
rb1905	12	螺纹1905	3633	-12	-0.33%
sp1906	13	纸浆1906	5430	-18	-0.33%
ag1906	14	白银1906	3644	-17	-0.46%
cu1904	15	沪铜1904	47540	-230	-0.48%
AP905	16	苹果1905	10696	-53	-0.49%
j1905	17	焦炭1905	2019.0	-11.0	-0.54%
p1905	18	棕榈1905	4726	-26	-0.55%
zn1904	19	沪锌1904	21015	-125	-0.59%
FG905	20	玻璃1905	1333	-10	-0.74%
al1904	21	沪铝1904	13420	-125	-0.92%
sc1903	22	原油1903	434.5	-4.3	-0.98%
ni1905	23	沪镍1905	94040	-940	-0.99%
fu1905	24	燃油1905	2711	-29	-1.06%
l1905	25	塑料1905	8695	-95	-1.08%
i1905	26	铁矿1905	526.0	-7.0	-1.31%
pp1905	27	PP1905	8772	-117	-1.32%
CF905	28	棉花1905	15150	-230	-1.50%
bu1906	29	沥青1906	3036	-48	-1.56%
SR905	30	白糖1905	5024	-83	-1.63%
ZC905	31	动煤1905	576.0	-11.8	-2.01%
ru1905	32	橡胶1905	11580	-265	-2.24%
SM905	33	锰硅1905	7304	-178	-2.38%
MA905	34	甲醇1905	2501	-61	-2.38%
jd1905	35	鸡蛋1905	3356	-92	-2.67%

图18-3

一阳：

通过与前两个案例进行对比，这种散乱性质的下跌就很明显了，面对这种没有板块效应的下跌该如何选择目标对象呢？其实思路是一样的，它们都是王者，都值得关注，既然涉及三个板块，那就从这三个板块里各挑一只来看，错开板块也有一个好处，那就是介入点可能会分散开时间，如果是同一个板块，往往各品种具备同涨同跌的特性，这样一来，同一时间有可能只有一次机会，而一旦错开了板块，你这会儿跌，我在反弹，我一会儿跌，他又在横盘，如此，机会出现的次数反而会增多。

2019年1月21日涨跌幅排行榜（图18-4）。

代码	序	名称	最新	涨跌	↓涨幅
bu1906	1	沥青1906 ⇐	3084	106	3.56%
TA905	2	PTA1905 ⇐	6426	194	3.11%
MA905	3	甲醇1905 ⇐	2562	77	3.10%
SR905	4	白糖1905	5107	146	2.94%
FG905	5	玻璃1905	1343	32	2.44%
eg1906	6	乙二醇1906	5273	117	2.27%
y1905	7	豆油1905	5678	98	1.76%
AP905	8	苹果1905	10749	177	1.67%
ru1905	9	橡胶1905	11845	185	1.59%
p1905	10	棕榈1905	4752	74	1.58%
sc1903	11	原油1903	438.8	6.8	1.57%
fu1905	12	燃油1905	2740	42	1.56%
RM905	13	菜粕1905	2145	30	1.42%
OI905	14	菜油1905	6595	88	1.35%
sp1906	15	纸浆1906	5448	68	1.26%
jd1905	16	鸡蛋1905	3448	40	1.17%
m1905	17	豆粕1905	2585	25	0.98%
ni1905	18	沪镍1905	94980	900	0.96%
i1905	19	铁矿1905	533.0	5.0	0.95%
CF905	20	棉花1905	15380	100	0.65%
al1904	21	沪铝1904	13545	60	0.44%
rb1905	22	螺纹1905	3645	12	0.33%
pp1905	23	PP1905	8889	23	0.26%
l1905	24	塑料1905	8790	10	0.11%
v1905	25	PVC 1905	6500	-5	-0.08%
hc1905	26	热卷1905	3515	-3	-0.09%
cu1904	27	沪铜1904	47770	-70	-0.15%
zn1904	28	沪锌1904	21140	-55	-0.26%
SF905	29	硅铁1905	5998	-18	-0.30%
SM905	30	锰硅1905	7482	-28	-0.37%
ZC905	31	动煤1905	587.8	-3.8	-0.64%
au1906	32	黄金1906	283.20	-1.85	-0.65%
ag1906	33	白银1906	3661	-50	-1.35%
j1905	34	焦炭1905	2030.0	-35.5	-1.72%
jm1905	35	焦煤1905	1214.0	-24.0	-1.94%

图18-4

一阳：

2019年1月21日这一天大多数品种保持着上涨的状态，并且上涨的品种涨幅要比下跌品种的跌幅大，这说明整体环境偏向于多头，因此，做多是当天的主要选择。但是，这一天盘面的多空状态跟之前的案例又有所不同，你能看出来问题所在吗？

内部培训学员林华莉：

涨幅前三名的品种都是能源化工，说明这一天能源化工是多方龙头，应当对它们进行积极地做多操作。而下跌的品种虽然幅度小了一些，但是，也构成了板块效果，黑色系是当天的主要空头力量。上涨的品种有板块效应，下跌的品种也有板块效应。

一阳：

这种两头都有板块效应的盘面，对投资者来说便意味着多空都有机会进行操作，多头的王者与空头的王者同时出现，机会自然就增加了。同时，还需要注意一个问题，虽然同时出现了多方龙头与空方龙头，但还是要看一下幅度变化的，因为幅度直接反映了力度，显然，多方的力量是更强一些，因此，做多是主，做空为辅。如果两边的涨跌幅都差不多，那就没什么主次之分了。

2019年1月17日涨跌幅排行榜（图18-5）。

代码	序	名称	最新	涨跌	↓涨幅
CF905	1	棉花1905	15300	245	1.63%
hc1905	2	热卷1905	3458	23	0.67%
RM905	3	菜粕1905	2103	12	0.57%
v1905	4	PVC 1905	6470	35	0.54%
sc1903	5	原油1903	425.2	2.3	0.54%
rb1905	6	螺纹1905	3551	17	0.48%
SF905	7	硅铁1905	5930	28	0.47%
zn1904	8	沪锌1904	20600	90	0.44%
i1905	9	铁矿1905	513.5	2.0	0.39%
l1905	10	塑料1905	8680	25	0.29%
ZC905	11	动煤1905	583.8	1.6	0.27%
jd1905	12	鸡蛋1905	3431	8	0.23%
au1906	13	黄金1906	285.10	0.50	0.18%
SM905	14	锰硅1905	7386	10	0.14%
m1905	15	豆粕1905	2538	3	0.12%
cu1904	16	沪铜1904	47370	30	0.06%
al1904	17	沪铝1904	13430	5	0.04%
j1905	18	焦炭1905	2034.5	0.0	0.00%
jm1905	19	焦煤1905	1231.5	0.0	0.00%
AP905	20	苹果1905	10658	-2	-0.02%
sp1906	21	纸浆1906	5316	-2	-0.04%
ag1906	22	白银1906	3706	-4	-0.11%
pp1905	23	PP1905	8765	-11	-0.13%
OI905	24	菜油1905	6456	-19	-0.29%
bu1906	25	沥青1906	2870	-10	-0.35%
ni1905	26	沪镍1905	92820	-410	-0.44%
TA905	27	PTA 1905	6068	-28	-0.46%
fu1905	28	燃油1905	2623	-13	-0.49%
SR905	29	白糖1905	4892	-26	-0.53%
ru1905	30	橡胶1905	11575	-65	-0.56%
p1905	31	棕榈1905	4578	-38	-0.82%
FG905	32	玻璃1905	1306	-11	-0.84%
y1905	33	豆油1905	5504	-50	-0.90%
eg1906	34	乙二醇1906	5159	-67	-1.28%
MA905	35	甲醇1905	2481	-39	-1.55%

图18-5

一阳：

2019年1月17日这一天形势又发生了变化，每一天的情况都不同，十分考验投资者的看盘能力与盘中的决策能力。依然由你来说一下这一天的多空情况。

内部培训学员林华莉：

从上涨与下跌的家数来看，两者基本对半，这种盘面多空状态就是您讲解过的分化盘面，一半涨一半跌。这种盘面下的操作就是盯着两头的品种，涨幅居前的做多，跌幅居前的做空。不过这一天的情况并不是太好，涨幅居前的品种没有板块效应，跌幅居前的品种也是如此，都是一盘散沙状。

一阳：

没错，这正是本案例与前几个案例的不同。那具体该怎么做呢？其实思路讲过了，如果多头散乱怎么办？涨跌幅前几名的品种各挑一只，这样一来问题其实就解决了。上涨的品种盯着棉花、热卷和原油，之所以不盯PVC，是因为它的波动活跃度不如原油高。下跌的品种则盯着甲醇、豆油，因为玻璃波动太呆滞，所以没必要看它。这五个品种便是当天多方与空方的王者，想要获得更高的收益就一定要盯紧这五个品种。

因为这一天上涨的幅度不大，下跌的幅度也不大，所以，没有主次之分，就看这五个品种谁先发出交易的信号，然后对谁操作就可以了。

2018年12月27日涨跌幅排行榜（图18-6）。

一阳：

2018年12月27日这一天又构成了分化市的状况，18个品种上涨，一家平盘，16个品种下跌，基本上对半，上涨与下跌的数量差不多，这便是分化盘面的主要特点。再从上涨的幅度与下跌的幅进行对比便可以看到，这一天多方明显压倒了空方。

内部培训学员林华莉：

这一天上涨的前五名全部都是能源化工品种，板块结构非常好，这也是这些品种能够出现大涨幅的主要原因。而下跌的品种则是一盘散沙，没有明显的板块结构，因此，它们下跌的幅度远小于上涨的品处。

代码	序	名称	最新	涨跌	↓涨幅
sc1903	1	原油1903	383.4	26.1	7.30%
fu1905	2	燃油1905	2428	93	3.98%
bu1906	3	沥青1906	2640	68	2.64%
ru1905	4	橡胶1905	11255	215	1.95%
MA905	5	甲醇1905	2382	36	1.53%
pp1905	6	PP1905	8540	101	1.20%
ZC905	7	动煤1905	559.8	6.6	1.19%
l1905	8	塑料1905	8570	85	1.00%
ag1906	9	白银1906	3638	22	0.61%
CF905	10	棉花1905	14845	75	0.51%
cu1904	11	沪铜1904	48230	240	0.50%
sp1906	12	纸浆1906	4952	14	0.28%
jd1905	13	鸡蛋1905	3473	9	0.26%
p1905	14	棕榈1905	4504	6	0.13%
ni1905	15	沪镍1905	87960	90	0.10%
zn1904	16	沪锌1904	20200	20	0.10%
FG905	17	玻璃1905	1284	1	0.08%
jm1905	18	焦煤1905	1172.0	0.5	0.04%
v1905	19	PVC 1905	6475	0	0.00%
TA905	20	PTA 1905	5762	-2	-0.03%
j1905	21	焦炭1905	1889.0	-3.5	-0.18%
i1905	22	铁矿1905	491.5	-1.0	-0.20%
SM905	23	锰硅1905	7264	-16	-0.22%
RM905	24	菜粕1905	2102	-6	-0.28%
AP905	25	苹果1905	11285	-33	-0.29%
eg1906	26	乙二醇1906	5135	-17	-0.33%
m1905	27	豆粕1905	2625	-9	-0.34%
OI905	28	菜油1905	6436	-24	-0.37%
rb1905	29	螺纹1905	3396	-13	-0.38%
y1905	30	豆油1905	5388	-22	-0.41%
au1906	31	黄金1906	286.30	-1.20	-0.42%
al1904	32	沪铝1904	13760	-110	-0.79%
SF905	33	硅铁1905	5736	-46	-0.80%
hc1905	34	热卷1905	3335	-33	-0.98%
SR905	35	白糖1905	4733	-89	-1.85%

图18-6

一阳：

　　如果下跌的品种也有板块效应，操作的机会则会更多一些，虽然幅度小，也可以在多单没机会的空闲期小做一下空单，但可惜的是跌幅前列呈现散沙状，因此，这一天就不要有任何做空的想法了，一定要盯着能源化工的品种进行操作，它们才是今天真正的王者。由于前五名全部是能源化工品种，走势上具备明显的同涨同跌特征，因此，可以从中挑选一个多头形态更明显的品种进行关注，或是同时关注，看哪个品种先形成介入信号就对哪个品种进行操作。